北京大学区域与国别研究院　主办

《北大区域国别研究》
编委会

编委（以姓氏笔画为序）
王　丹　王保顶　李　昀　昝　涛
钱乘旦　唐士其　章永乐　翟　崑

编务　张安琪

投稿邮箱　pkuias@pku.edu.cn
北京大学区域与国别研究院官网　ias.pku.edu.cn

北京大学

北大区域国别研究

PKU Journal of Area Studies

第8辑

本辑主编　昝　涛

江苏人民出版社

图书在版编目(CIP)数据

北大区域国别研究. 第 8 辑 / 昝涛主编. -- 南京：
江苏人民出版社，2024.4
ISBN 978-7-214-29064-9

Ⅰ. ①北… Ⅱ. ①昝… Ⅲ. ①国际关系-研究 Ⅳ.
①D81

中国国家版本馆 CIP 数据核字(2024)第 072111 号

书　　　名　北大区域国别研究　第 8 辑
主　　　编　昝　涛
责 任 编 辑　于馥华
装 帧 设 计　刘葶葶
责 任 监 制　王　娟
出 版 发 行　江苏人民出版社
地　　　址　南京市湖南路 1 号 A 楼,邮编:210009
照　　　排　江苏凤凰制版有限公司
印　　　刷　江苏凤凰数码印务有限公司
开　　　本　718 毫米×1000 毫米　1/16
印　　　张　15.5　插页 2
字　　　数　250 千字
版　　　次　2024 年 4 月第 1 版
印　　　次　2024 年 4 月第 1 次印刷
标 准 书 号　ISBN 978-7-214-29064-9
定　　　价　68.00 元

(江苏人民出版社图书凡印装错误可向承印厂调换)

目录

特　稿

从"世界史"到"全球史"：现代性的兴衰与困顿

安 然

摘要：一般认为，当前全球史的兴起，意味着全球史范式对现代化范式的替代、全球性对现代性的超越。但这背后有更复杂的内涵。世界史有自由主义和左翼两个来源。自由主义世界史以现代化范式和民族国家历史比较研究为基础，根植于启蒙理性，在多重现实需求下产生，拥有世界视野和对现代性的思考；左翼世界史致力于资本主义批判和世界体系构建，对现代性抱以价值性否定和史实上的认可，是价值"反叛"的现代性。这两种世界史在后期经历了各自转型和突破。全球史在全球化进程全面铺开的现实背景和反西方中心论持续深化的思想背景下兴起，聚焦于全球流动性主题，试图以全球性替代现代性，全面铲除西方中心论，实现史学范式全面革新，但面临诸多难题。现代性是全球性绕不开的根基，全球性需在扬弃现代性的基础上全球共建。

关键词：世界史 全球史 现代性 全球性

21世纪以来，历史学的全球化转向趋势显著，全球史成为一种学术语境。然而，全球史是一个相当庞杂的概念。学者们对"全球史"的理解和运用包含着相当大的差异。一个颇为值得玩味的问题是，以往习惯于使用的"世界史"和近年盛行的"全球史"之间有何区别？ 一种看法是将二者等同视之，都是全球视野的代名词①；另一种看法是将全球史作为世界史的一个新兴分支②；第三种看法则将全球史视为史学发展的新阶段和未来方向，是相对于过去世界史的"新世界史"。③

就词汇的初始表意而言，"世界"与"全球"基本没有差别。 在某些场合下，人们仍然使用其本意。 不过，当越来越多的学者不约而同地刻意使用"全球史"一词时，就意味着某种转变正在发生。 从"世界史"到"全球史"的用词变化背后，是史学范式和历史观念的变化：世界史在欧美学界兴盛于 20 世纪六七十年代，有自由主义世界史与左翼世界史两个来路，以不同形式遵循着现代化范式，体现了现代性对西方性的替代；发端于 20 世纪 90 年代、21 世纪以后全面兴起的全球史，体现了以全球史范式代替现代化范式、以全球性取代现代性的努力。 下文将就世界史与全球史各自的发展路径、范式差别及其转换背后现代性情结的兴衰变迁进行梳理和分析。

一、世界史的自由主义路径：现代性的凝练

世界史的主流是自由主义学术传统在特定社会形势下的产物。 这一路径下的世界史，主要受 20 世纪五六十年代在美国社会科学中占主导地位的现代化理论影响，但近期和远期、理论和现实、学术与政治等多重因素都发挥了作用。

初始意义上的"世界史"即自身之外地区的历史，它根植于人们了

---

① 参阅葛兆光：《设想一种全球史的叙述方式》，《声回响转：讲稿八篇》，成都：四川人民出版社，2023 年，第 1—37 页。

② 参阅〔美〕帕特里克·曼宁：《世界史导航：全球视角的构建》，田婧、毛佳鹏译，北京：商务印书馆，2016 年，第 199—202 页；黄进兴：《从普遍史到世界史和全球史——以兰克史学为分析始点》，《北京大学学报》（哲学社会科学版）2017 年第 54 卷第 2 期，第 54—67 页。

③ 参阅〔德〕塞巴斯蒂安·康拉德：《全球史是什么》，杜宪兵译，北京：中信出版社，2018年，第 174—198 页；〔美〕柯娇燕：《什么是全球史》，刘文明译，北京：北京大学出版社，2009 年，第 99—111 页。

解或改变外部世界的朴素愿望，可以追溯至历史学产生之初。野心勃勃的征服者、怀有拯救意识的宗教人士、科学家、哲学家乃至一部分普通人，对与自身相关的周边地区和想象中的外部"世界"持有一种本能的兴趣，而且这种兴趣常常不自觉地带有某种自我中心倾向。在具有较高文明基础和历史书写能力的地区，历史学家们基于各自的文明标准对周边地区的情况进行记录和评价，这种书写范例在世界各地的古代历史著述中多有体现。①

人类认识世界总是遵循先己后人、推己及人的次序，但这一本能的认识路径在外部环境和学科逻辑的合力作用下会发生偏转。13世纪蒙古人的扩张和1500年前后的新航路开辟使得世界各大洲和主要文明区发生了连接与互动，大大激发了人们对外部世界的兴趣，为世界视野的形成奠定了基础。17世纪在德国兴起的官房学，17、18世纪英国和法国创建的东方学，尤其是18世纪中期英国出版的历史科普著作《普世史》，堪称代表。这里既有对自身文化传统的宣扬，也有对外部文明的好奇和仰慕，如18世纪的西方社会出现过一股"中国热"的时尚潮流。19世纪欧洲的民族主义崛起和霸权扩张推动了民族国家史学传统的确立和强化，对外部世界的兴趣蜕变为文明优越感，本能的自我意识则放大为欧洲中心观，此时西方学者笔下中国形象的扭曲变形就是一个证明。然而，第一次世界大战沉重打击了这种乐观主义情绪，反推了世界意识的增长。文明生态史观基于比较视角，以具有文化同质性的文明区域作为研究单位，标志着历史书写突破民族国家史观的首次尝试。斯宾格勒对西方文明的悲观主义和宿命论立场，汤因比对世界各大文明兴衰与互动规律的探求和多元文明秩序的想象，从正反两面体现了这一时期欧洲的世界历史意识。美国由于远离欧洲战场，受这股相对主义、悲观主义情绪的波及较小，而第二次世界大战则进一步坚定了其对自由主义制度

---

① 参阅〔德〕塞巴斯蒂安·康拉德：《全球史是什么》，第14—31页；〔美〕帕特里克·曼宁：《世界史导航：全球视角的构建》，第133—142页。

和价值观的信心，认为正是相对主义的自我怀疑削弱了自由民主体制，导致法西斯主义崛起。 对西方文明先进性再确认奠定了二战后西方世界史的基调。

二战后美国世界史的发展受经典现代化理论影响很大。 经典现代化理论 20 世纪五六十年代在美国兴起并占据主流地位，包罗了政治学、社会学、经济学、历史学、心理学等各个学科。 它并不是一个严格意义上的学派，但拥有一种颇具代表性的理论范式：现代性—传统性两分法、以西方现代社会基本特性为标准的一元现代性观、倡导西方现代化模式、以民族国家为主体的内因论分析。 鲜明的意识形态色彩使其遭到强烈质疑，被视为西方中心论的代表和冷战意识形态的产物。 "现代化理论决不仅仅是一种纯粹学术性的学说。 到 20 世纪 60 年代时，现代化理论已经成为一种关于进步的幻象，它预言世界的未来发展方向是自由主义、资本主义和非革命化的。"①尽管有着严重缺陷，但现代化理论对战后世界史的兴起至关重要：在研究视野上，它聚焦于此前被忽略的非西方社会，以第三世界国家的现代化进程为主要研究对象，突破了美国史、欧洲史的垄断地位；在研究框架上，提供了一种分析世界历史的范式；在学科体系上，确立了诸多世界史领域的研究项目和科研建制；在研究方法上，充分发展了历史比较法，从各个领域出发对民族国家、区域、文明体进行比较分析，为 60 年代以后一批有影响力的世界通史的诞生积累了素材。

需要注意的是，现代化范式具有双重属性，既有意识形态化、西方中心论的一面，也有非意识形态化、现代性探索的一面。 后一种属性根植于现代化理论的学术渊源和历史背景中，发挥着更长远、更深层的影响，不应忽视。

就学术渊源来看，现代化理论的理论源流很长，根植于启蒙时代以

---

① 〔美〕雷迅马：《作为意识形态的现代化：社会科学与美国对第三世界政策》，牛可译，北京：中央编译出版社，2003 年，中文版序。

来自由主义思想的基本价值前提与理论脉络之中。正如富永健一所言："若把现代化的主要指标归结为工业化和民主化，则不能说研究现代化的理论是在 60 年代的美国首先开始的，可以说起源于启蒙思想的社会科学的产生本身就是'现代化理论'的最初形态。"[1]这种思想底蕴使得现代化理论具备相当大的容量、弹性和反思能力，从 60 年代中期开始，一些现代化理论的学者就从内部发起了自我批判，针对一些关键问题提出质疑。比如，为什么第三世界国家一定沿着西方国家的道路发展？经济发展离不开民主吗？第三世界没有其他选择吗？能否自己创造出一种发展模式？传统主义价值真的是现代化的障碍吗？现代化能完全取代传统价值吗？现代化理论的修正派学者们关注现代化的复杂性、多样性和非连续性，经常使用"变迁""危机""中断"等词汇，承认西方的理论不一定适用于第三世界国家，甚至还指出要警惕由于研究者是欧美人所导致的西方优越论和种族中心主义倾向。[2]"用这些理论来研究南亚欠发达国家——这些理论并不适用于这些国家，后果就严重了"[3]，在亚洲的发展中，亚洲人自己是主角，其他人是配角。到 70 年代末，现代化理论完成了自我更新。以历史社会学为例，在该学科二战后的三个发展阶段中，第一阶段研究（50 年代初到 60 年代中期）以正统自由主义理论为基础，第二阶段研究（60、70 年代）则在社会权利运动的冲击下发生了分化，修正理论出现，马克思主义研究流行，到第三阶段（70 年代中期到 80 年代），中左翼和左翼学者占了相当大的一部分。因此，所谓

---

[1] 〔日〕富永健一：《"现代化理论"今日之课题——关于非西方后发展社会发展理论的探讨》，载谢立中、孙立平主编：《二十世纪西方现代化理论文选》，上海：上海三联书店，2002 年，第 306 页。

[2] 苏耀昌：《对现代化学派的批评》，载谢立中、孙立平主编：《二十世纪西方现代化理论文选》，第 195—196 页；〔美〕M. 列维：《现代化的后来者》，载谢立中、孙立平主编：《二十世纪西方现代化理论文选》，第 811—814 页；〔美〕詹姆斯·奥康内尔：《现代化的概念》，载〔美〕西里尔·E. 布莱克主编：《比较现代化》，杨豫、陈祖洲译，上海：上海译文出版社，1996 年，第 19—34 页。

[3] 〔瑞典〕冈纳·缪尔达尔：《亚洲的戏剧：南亚国家贫困问题研究》，〔瑞典〕塞思·金缩写，方福前译，北京：商务印书馆，2015 年，第 13 页。

"现代化范式"并未停留在简单化、极端化的最初版本上，而是即时更新的。这一时期写作世界通史的史学家们，大部分持有温和自由主义倾向甚至左翼倾向，更多接受修正版的现代化范式。

就历史背景而言，现代化理论确实是因冷战之需、受美国政府资助发展起来的，但学术发展有自身的独立逻辑，对于政治有一定的抗干扰能力，这使得历史背景的另一面——二战后反殖民运动的大规模兴起、大批第三世界民族国家的独立、美国国内民权运动和新左派运动的爆发，以及 70 年代以后欧美的滞涨危机和对外援助指导计划的受挫等，有机会通过另外的途径在学术研究的某些领域发挥影响，这一点在美国的区域研究中表现尤为明显。

美国区域研究是二战后世界史的前身，但始终保持着独立的传承。区域研究的兴起早于现代化理论。二战期间，出于了解世界事务的需要，美国政府于 1941 年设立"战略事务办公室"，网罗了费正清、巴林顿·摩尔、马尔库塞、保罗·斯威齐等一大批观点差别很大的顶尖学者从事区域研究。二战后，为了形成对非西方世界的真实认知、重构美国的国际知识体系，1946 年，美国社会科学研究委员会组建"世界区域研究专业委员会"。在政府、大学、私人基金会的多方推动下，一场影响深远的地区研究运动拉开序幕。① 区域研究与现代化理论密切相关，一方面，它遵循现代化范式，其许多课题、成果本身就构成了现代化理论群落的一部分。但另一方面，"区域研究的兴起带来了学术上的反殖民化及民主化"。② 冷战意识形态与去殖民化动机分别驱动着不同地区的区域研究，同时造就了现代化范式的支持者和抵制者——拉美研究、东亚和南亚研究坚持现代化范式，而中东研究和非洲研究则率先抛弃了现代化范式，中东研究侧重于东方学批判，非洲研究则注重殖民主义和种族主义批

---

① 牛可：《美国地区研究创生期的思想史》，《国际政治研究》2016 年第 6 期，第 12—40 页；刘超：《美国区域研究的历史经验与发展脉络》，《学海》2022 年第 2 期，第 57—59 页。
② 〔美〕帕特里克·曼宁：《世界史导航：全球视角的构建》，第 175 页。

判。① 区域史研究的繁荣将世界史研究的重心朝"全球"的方向又推进了一步。 即使对中东和非洲某地的地方性研究，对于扩大世界史研究覆盖面、推动研究布局均衡化也有意义。 同时，区域研究带来了方法论的更新，一是人文与社会科学交叉的跨学科研究兴起，"在没有获得太多的学术声誉的情况下培育了大视野"②，二是后来全球史研究所倚重的多语种、跨文化研究初步兴起。③ 此外，由于区域史研究容易获得资助，更多的世界史教学和科研实体得以建立。

20 世纪 60—90 年代，美国出版了一系列影响巨大的通史类世界史著作，标志着世界史的兴起。 此类历史学家的代表包括威廉·麦克尼尔、斯塔夫里阿诺斯，更早的赫伯特·乔治·韦尔斯和较晚的杰里·本特利等。他们的通史作品突出地体现了这一时期世界史的双重特点：一方面，视野扩大到全球，尝试使用新的研究方法；另一方面，基本遵循现代化范式和历史比较方法，民族国家仍占主要地位。 以韦尔斯的《世界通史》(*The Outline of History*) 为例，该书意在借助多种学科研究方法的综合，向大众科普整个人类"世界"的历史。 韦尔斯起笔从容，先用了整整一编的篇幅介绍"人类出现之前的世界"，第一章的标题"空间和时间中的地球"将历史视线瞬间拉入整个宇宙，第二编又花了七章介绍"人类的形成"，这两部分合计占有全书近三分之一的章节。 此外，一些章节也体现了其全球性思路和多元视野，比如对"航海民族和经商民族""古代普通人"的关注，将"犹太、希腊、印度"并提，"基督教与伊斯兰教"并列。④

再以威廉·麦克尼尔的世界史为例。 1963 年出版的《西方的兴起》(*The Rise of the West*：*A History of the Human Community*) 通常被学

---

① 〔美〕帕特里克·曼宁：《世界史导航：全球视角的构建》，第 175 页；〔德〕多米尼克·塞森迈尔：《全球史及其多元潜力》，李俊姝、王玖玖译，《历史研究》2013 年第 1 期，第 33—34 页。

② 〔美〕威廉·麦克尼尔：《全球观：征服者、灾难和群落》，任一译，北京：北京大学出版社，2023 年，第 7 页。

③ 〔美〕帕特里克·曼宁：《世界史导航：全球视角的构建》，第 179—181 页。

④ 〔英〕赫伯特·乔治·韦尔斯：《世界通史》，一兵译，北京：新世界出版社，2016 年，第十四章、第十七章。

界奉为全球史的开山之作。 1967 年，麦克尼尔出版了该书的简编本《世界史》(*A World History*)，作为其所讲授的世界史课程的教材。 康拉德评价麦克尼尔的著作"典型地反映了宏观视野下的欧洲中心论霸权"。①这一论断有失武断。 实际上，麦克尼尔笔下的世界历史充分体现了这一时期世界史乃至现代化范式本身的双重性——发展序列观念与整体性视野并存。 发展序列观念主要体现在地理大发现之后的历史叙述中（曼宁称之为"欧洲扩张范式"）。 他明确承认现代与传统的分野，承认近代以来"西方的支配地位"和在主要社会事务上的领先性，以其他国家和地区能否成功应对工业革命、民主主义和西方殖民入侵的挑战作为判断其发展程度的标准。 整体性视野体现在：（1）吸收、改造了文明史范式，将欧洲之外的几大古典文明纳入叙述主线，注重文明间的横向比较和评判。 在比较了公元 600—1000 年的中国、印度与欧洲后，他得出结论："显然欧洲内部发生了最为剧烈的变化"，"但是，几乎无论以任何可以想象的标准来衡量，当时的伊斯兰教世界、中国和印度都远远超过欧洲文明的水平"②；（2）将文明互动作为历史发展的动力。 互动既包括正面的联系与共性，麦克尼尔提到公元前 500 年—公元 200 年的基督教、大乘佛教、新印度教之间存在相似性，并将其"归因于这个时代的精神"③；也包括负面的征战与攻防，在介绍公元前 1700—前 500 年的中东时，他使用"世界主义"一词描述当地部族间相互掺杂、文明中心区与蛮族征服者融合互渗的状态④；（3）关注贸易、技术、民族迁徙、宗教与艺术、疾病与气候等全球性的新维度。他提出，公元 1、2 世纪的鼠疫同时冲击了汉朝和罗马帝国，可能是导致两大帝国灭亡的主要原因。⑤

　　20 世纪 70 年代以后，自由主义的世界史面临诸多压力：新史学的社

---

① 〔德〕塞巴斯蒂安·康拉德：《全球史是什么》，第 27 页。
② 〔美〕威廉·麦克尼尔：《世界史：从史前到 21 世纪全球文明的互动》，施诚、赵婧译，北京：中信出版社，2013 年，第 214—215 页。 书中第十二、十四、十五、十六章都存在类似的比较。
③ 〔美〕威廉·麦克尼尔：《世界史：从史前到 21 世纪全球文明的互动》，第 160 页。
④ 〔美〕威廉·麦克尼尔：《世界史：从史前到 21 世纪全球文明的互动》，第 44 页。
⑤ 〔美〕威廉·麦克尼尔：《世界史：从史前到 21 世纪全球文明的互动》，第 160 页。

会转向、文化多元主义和碎片化研究挑战了其宏大叙事结构，左翼理论挑战其现代化范式，90 年代全球化浪潮的兴起对其民族国家本位观造成冲击。 这一阶段的世界史在回应中做出了调整，在坚持现代化范式的同时，谨慎地反思和防范自身的"西方中心论"倾向，向"全球性"靠拢。 在麦克尼尔后期的学术生涯中，他进一步专注于早期作品中出现但未及展开的新史学元素，1978 年出版了《瘟疫与民族》，1990 年出版《火药帝国时代》。 甚至汤因比也参与了这种转向。 他在最后一部作品《人类与大地母亲》中融入新的视角和思考，凸显了对西方文明中心论乃至人类中心论的忧虑，转向生态中心的全球史观。 在多个章节中，汤因比反复重申西方文明的物质强大与精神停滞带来了巨大的"道德鸿沟"，"使人类为其自身种下了极为惨重的灾难"，倡导结束"政治方面的这种全球性的无政府状态"，"因为人类文明世界在技术和经济方面已经成为一个整体"。①

总体而言，自由主义路径下的世界史建立在比较历史研究和现代化范式之上，将世界历史理解为人类社会从传统形态到现代形态的整体进化过程，将民族国家之间的差异解释为现代性的差距。 短期的意识形态取向和政治需要与更长远的思想源流和学术需要之间的张力使之具有多元性和流变性，不可简单地以西方中心论盖棺定论。 研究方法和学术视野的更新一直在进行，后期尤为明显；对西方中心论的反思和剔除以自由派的方式持续推进，提出以"现代性"取代"西方性"就是一个证明。 在其勾画的现代化蓝图中，能够沉淀出学术性的成分和触及现代文明根基的理性思考。

二、世界史的左翼路径：价值"反叛"的现代性

世界史的另一个发展路径是左翼批判理论，在此基础上形成了世界史的左翼传统。 它处于非主流地位，时时针对现代化理论，但同样影响巨大。

---

① 〔英〕阿诺德·汤因比：《人类与大地母亲：一部叙事体世界历史》，徐波等译，上海：上海人民出版社，2001 年，第 636—637 页。

　　左翼世界史起源于马克思的世界历史观念。马克思对世界历史做过一段经典论述:"各个相互影响的活动范围在这个发展进程中愈来愈扩大,各民族的原始闭关自守状态则由于日益完善的生产方式、交往以及因此自发地发展起来的各民族之间的分工而消灭得愈来愈彻底,历史也就在愈来愈大的程度上成为全世界的历史。"①结合他的另外两处表述——"资产阶级社会的真实任务是建立世界市场和以这种市场为基础的生产"②,"工业较发达的国家向工业较不发达的国家所显示的,只是后者未来的景象"③,马克思所理解的世界历史包括三重含义:一是形态上的整体性和结构性,真正的世界历史不是各民族国家历史的汇合加总,而是建立在不平等的世界市场和国际劳动分工基础上、各国历史相互影响的交集地带;二是过程上的扩散性,世界历史由资本的全球扩张所推动,随着各民族封闭状态的渐次打破而扩大;三是属性上的双重性,世界历史有发达、先进的一面,但也充满了剥削和苦难,其"未来景象"是资本剥削在工业国家中带来的"现代的灾难"的放大加强版。④

　　马克思对世界历史体系架构、发展动力的解释以及对其剥削性的批判为左翼学者所继承和发展,沿着帝国主义理论⑤、依附论、世界体系理论等多条路线延续下来。其中,依附论和世界体系理论影响尤其大,奠定了左翼世界史的范式基础。它与现代化范式针锋相对,先是激烈否定以西方为中心的世界体系的价值合理性,后来又试图从历史层面否定现代性的西方起源论和西方中心性,强调其全球性。

---

① 马克思、恩格斯:《德意志意识形态》,《马克思恩格斯选集》第 1 卷,北京:人民出版社,1972 年,第 51 页。

② 马克思:《马克思致恩格斯(1858 年 10 月 8 日)》,《马克思恩格斯全集》第 29 卷,北京:人民出版社,1972 年,第 348 页。

③ 马克思:《资本论》第一卷第一版序言,《马克思恩格斯选集》第 2 卷,北京:人民出版社,1995 年,第 100 页。

④ 吴浩:《重新解读马克思〈资本论〉中"后者未来的景象"》,载董向荣、安然主编:《现代化的历史进程:理论探讨与亚洲实践》,北京:中国社会科学出版社,2021 年,第 104 页。

⑤ 包括列宁、罗莎·卢森堡等人的早期帝国主义理论,保罗·斯威齐、保罗·巴兰等二战后马克思主义经济学家的帝国主义理论,以及更晚近的大卫·哈维、迈克尔·哈特、安东尼奥·奈格里等人的新帝国主义理论。

依附论专攻后发现代化国家发展中的"欠发达"（underdevelopment）①
问题。它最初由拉美经济学家在二战后提出，20 世纪 60 年代末、70 年代初
在美国流行起来，恰好与世界通史的兴起同时。依附论有多个分支，基本主
张包括：不平等的"中心—边缘"结构，即西方工业国家（中心）对第三世
界国家（边缘）施加控制和剥削的依附结构，是导致后者陷入"欠发达"状
态的根本原因；边缘国家的现代化不能以西方模式为标准，追赶西方有害无
益；边缘国家的出路是与资本主义体系"脱钩"，"积极而有节制地参与全球
化"，用社会主义代替资本主义。② 依附论对世界史研究的影响在于：首
先，对第三世界国家的关注弥补了世界史研究范围的缺失；其次，中心—边
缘模型将立体化、结构化的体系框架引入了世界历史，突破了单一的时间序
列和历史比较；最后也最重要的是，它对现代化范式激烈的价值否定和制度
批判改变了历史研究的基调，对西方中心论的自省逐渐进入主流学术传统。

沃勒斯坦的世界体系理论比依附论更系统地阐释了"世界历史"的表
现形态和理论架构。他将近代以来的世界历史描述为一个资本主义"现代
世界体系"，成型于"延长的 16 世纪"（1450—1640），从西欧逐步扩张至
东欧、拉美、非洲和亚洲，直至全球一体化。这个历史体系的基本框架是
以不平等的全球生产体系和全球交换体系为支撑的世界经济体③，上面叠
加着由民族国家组成的世界政治体系④和文化霸权主导的全球文化体系⑤，

---

① 指只有经济指数的增长而缺乏发展质量的畸形经济增长。依附论认为这是在发达资本主义国家
的控制和压榨下，第三世界国家对外形成依附关系的结果。

② 〔埃及〕萨米尔·阿明：《不平等的发展》，高铦译，北京：商务印书馆，2000 年，第 1、8 页、
第 329—330 页；〔德〕安德烈·冈德·弗兰克：《依附性积累与不发达》，高铦、高戈译，南
京：译林出版社，1999 年，第 24—25 页、81—83 页；〔巴西〕特奥托尼奥·多斯桑托斯：《帝
国主义与依附》，毛金里等译，北京：社会科学文献出版社，1999 年，第 302、416、460、474—
487 页。

③ 〔美〕伊曼纽尔·沃勒斯坦：《现代世界体系》第一卷，罗荣渠等译，北京：高等教育出版社，
1998 年，第 97 页。

④ Immanuel Wallerstein, *The Politics of the World-Economy: the States, the Movements and the
Civilizations* (New York: Cambridge University Press, 1984), p. 14.

⑤ 〔美〕伊曼纽尔·沃勒斯坦：《现代世界体系》第一卷，第 79 页；Immanuel Wallerstein, *The
Politics of the World-Economy: the States, the Movements and the Civilizations*, p. 160.

以"持续追求无止境的资本积累"为动力①，受到资本周期（康德拉杰耶夫周期）和霸权周期的支配，兼具等级性和动态性、进步性与堕落性。　等级性表现为中心—半边缘（由上升中的边缘和下降中的中心组成）—边缘的三级结构；各国在激烈的竞争中沿着三级阶梯上下移动，意味着体系具有流动性②；中心国家物质技术的快速发展体现了进步性；但发展必须以其他国家的落后和牺牲为代价，则说明了体系道德上的堕落和制度上"彻彻底底的非理性"。③ 因此，增长极限和"结构性危机"的到来是必然的，这个世界体系的结局是在 2040—2050 年崩溃④，人们将"有五成的机会"凭借"自由意志"创建一个"真正合理的世界"。⑤

　　沃勒斯坦的世界体系理论看起来非常激进，其实是对世界史发展前期成果的综合呈现，对自由派和左翼理论进行了有机"融合"：一方面，他秉承左翼理论的分析框架和价值取向，吸收了马克思的政治经济学、罗莎·卢森堡的早期帝国主义理论、依附论的中心—边缘模型，激烈抨击近代以来世界历史的资本主义属性；另一方面，他又以其原创的"半边缘"结构，客观上论证了现代化理论的结论——资本主义世界体系是长期、灵活、稳定的。　他还拒绝将西方性与现代性在事实层面加以剥离，以致被后来的全球史学者当作固守欧洲中心论的反面典型。⑥ "融合性"为世界体系理论赢得了空前的影响力，同时为自由派和左翼学者所接受，整体化、

---

① 〔美〕伊曼纽尔·沃勒斯坦等：《资本主义还有未来吗？》，徐曦白译，北京：社会科学文献出版社，2013 年，第 10 页。

② 〔美〕伊曼纽尔·沃勒斯坦：《现代世界体系》第一卷，第 463 页。

③ 〔美〕伊曼纽尔·沃勒斯坦等：《资本主义还有未来吗？》，第 10 页；Immaneul Wallerstein, *The Politics of the World-Economy：the States，the Movements and the Civilizations*，p. 156.

④ 〔美〕伊曼纽尔·沃勒斯坦等《资本主义还有未来吗？》，第 20—24 页。

⑤ 〔美〕伊曼努尔·华勒斯坦等：《自由主义的终结》，郝名玮、张凡译，北京：社会科学文献出版社，2002 年，第 406、408 页；〔美〕伊曼纽尔·沃勒斯坦等《资本主义还有未来吗？》，第 35 页。

⑥ 〔德〕塞巴斯蒂安·康拉德：《全球史是什么》，第 41—43 页、179 页，〔美〕珍妮特·阿布-卢格霍德：《间断性与连续性：单一世界体系还是体系系列？》，载〔德〕安德烈·冈德·弗兰克、巴里·K. 吉尔斯主编：《世界体系：500 年还是 5000 年？》，郝名玮译，北京：社会科学文献出版社，2004 年，第 333—334 页。

结构性的世界体系观念由此深入人心。

沃勒斯坦的理论对西方性的价值批判和事实承认两方面都达到了新的高度。 此后的世界体系理论试图在新的方向上做出突破。 阿瑞吉的尝试较为温和，他的世界体系分析比沃勒斯坦更趋历史化、中性化、网络化。他聚焦于霸权周期理论，结合近代以来欧洲各国的历史，围绕地缘政治、商业组织、社会结构、国际关系四个主题，将经济因素与非经济因素、国内变革与全球性变革结合起来，探讨霸权兴衰规律，纠正了沃勒斯坦的经济决定论倾向。 他根据历史观察（而不是沃勒斯坦式的对体系不合理结果的预言和推断）来判断体系变革的契机："资本的过度积累和各国对流动资本的激烈竞争"导致"全系统金融扩张"①，进而造成两极分化加速、社会冲突激化、世界中产阶级遭到侵夺、世界阶级力量失衡，这些都是霸权转移的征兆。② 他对霸权的态度趋于价值中性化，认为霸权依靠的不单是剥削与支配，而是支配集团领导整个国际社会朝一个方向发展的综合能力，过度强化自身利益的霸主终将衰落，而追求"普遍利益"的霸主才能得到认可。 与沃勒斯坦侧重强调世界体系等级化的纵向维度和结构性特征相比，阿瑞吉的标志性转变在于更关注世界体系的横向维度和网络化特征③，将大西洋贸易网络视为一个由跨大西洋的宗主国与殖民地白人统治阶级联合共治的阶级与种族复合体。④

后期弗兰克⑤的突破极为"激进"。 他从沃勒斯坦的价值批判继续往前走，致力于构建一种堪称"泛"世界体系的框架，试图在史实层面消除

① 〔美〕乔万尼·阿瑞吉、〔美〕贝弗里·J.西尔弗：《现代世界体系的混沌与治理》，王宇洁译，北京：生活·读书·新知三联书店，2003年，第36—38页。
② 〔美〕乔万尼·阿瑞吉、〔美〕贝弗里·J.西尔弗：《现代世界体系的混沌与治理》，第1、4、26、164—165页。
③ 〔美〕乔万尼·阿瑞吉、〔美〕贝弗里·J.西尔弗：《现代世界体系的混沌与治理》，第31页。
④ 〔美〕乔万尼·阿瑞吉、〔美〕贝弗里·J.西尔弗：《现代世界体系的混沌与治理》，第171页。
⑤ 20世纪90年代以后，弗兰克的思想发生了很大转变，从激进依附论的代表变为修正派世界体系论的领军人物。 他与依附论和世界体系论的正统派萨米尔·阿明、沃勒斯坦，以及持折中观点的阿布-卢格霍德之间就世界体系的起源、属性、西方在世界体系中的地位等问题进行过激烈而不失友好的辩论。

西方在世界历史上的特殊地位。 在弗兰克看来，各种版本的西方中心论无处不在，从以欧洲文艺复兴为界划分世界古代史与近代史的惯常做法，到认为 1500 年以后发生了重大变革的共识，都是"由一种欧洲中心视角造成的""种族中心主义的一种误解"。①他提出"以人类为中心""以生态为中心"，雄心勃勃地试图颠覆整个西方社会人文科学的认识论基础和学科体系，全面彻底地剔除西方中心论。② 为此，他对世界体系进行了极具争议性的重建。 弗兰克吸收了珍妮特·阿布-卢格霍德对世界体系的修正。阿布-卢格霍德认为，历史上出现过若干前后相继、有着不同结构及霸主的世界体系；世界体系的起点早于 1500 年，发源地也不在西方。 至少在 13世纪中叶，已经有了较成熟的世界体系，"该体系并不亚于 16 世纪时的世界体系"③，由地处西北欧与中国之间、由八个相互交接的贸易圈和三个体制各异、实力相当的中心地区构成，欧洲只是刚刚加入的外围。 不过阿布-卢格霍德仍试图对世界体系的属性（宽泛界定还是严格限定、多个共存还是只有一个、从来就有还是现代才有）及其背后的现代性问题进行调和，"我力主不仅要研究亚体系层面的连续性，也要研究大范围内至为明显的间断性"④。 而弗兰克走得更远，认定史实层面的西方中心论本质上也是意识形态，必须清除，资本主义批判也不构成认可西方先进性的理由。其具体主张可概括为：

（1）淡化历史的断裂性，强调连续性。⑤ 从古至今一直有且只有一个世界体系，西方的崛起很晚、很偶然，维持时间也不会长。"当代世界

① 〔美〕K. 埃克霍尔姆、〔美〕J. 弗里德曼：《古代世界体系中的"资本"帝国主义与剥削》，载〔德〕安德烈·冈德·弗兰克、〔英〕巴里·K. 吉尔斯主编：《世界体系：500 年还是 5000年？》，第 88 页。

② 〔德〕安德烈·冈德·弗兰克、〔英〕巴里·K. 吉尔斯：《5000 年世界体系：跨学科研究法初探》，载〔德〕安德烈·冈德·弗兰克、〔英〕巴里·K. 吉尔斯主编：《世界体系：500 年还是5000 年？》，第 3—7 页、29 页。

③ 〔美〕珍妮特·L. 阿布-卢格霍德：《欧洲霸权之前：1250—1350 年的世界体系》，杜宪兵等译，北京：商务印书馆，2015 年，第 344 页。

④ 〔美〕珍妮特·阿布-卢格霍德：《间断性与连续性：单一世界体系还是体系系列？》，第 347—348 页。

⑤ 〔德〕贡德·弗兰克：《白银资本——重视经济全球化中的东方》，刘北成译，北京：中央编译出版社，2000 年，第 454 页。

体系有着至少一段 5000 年的历史，首次出现在公元前 3000 年后的南美索不达米亚。 欧洲和西方在这一体系中升至主导地位只不过是不久前的——也许是短暂的——事件。"①生产方式变化对体系存续没有实质影响， 1500年以后崛起的世界体系只是原体系"霸权重组或'霸权转移'——世界经济积累中心转移的结果"。②

（2）从资本主义批判转向西方性批判。 弗兰克等人不否认左翼世界史家资本主义批判的立场："如果说世界历史有什么真正的'目的'的话，很可能就是（资本）积累进程本身"，而非自由或民主之类"伟大的历史信念"。③ 但由于资本主义批判必须以承认西方先进性为前提，弗兰克提出"彻底抛弃'资本主义'这个死结"④，转向全面铲除西方中心论。 他通过多中心论、亚洲中心论来达到目的。 "整个世界体系绝不会由某一大霸权国独立主宰，而是由相互关联的多个霸权国共同主导"⑤，世界体系的主导者以前不是、不久后也将不是西方，而是亚洲，尤其是东亚。⑥ 西方从不具备任何先天优势，甚至并不拥有资本积累的"专利"。 无论非货币形态的资本积累（武力掠夺、征收贡赋），还是货币形态的资本积累（跨地区商业贸易），私人资本积累还是国家资本积累，本质上都是资本积累⑦，世界体系五千年的运行一直以资本积累为驱动力。

---

① 〔美〕K. 埃克霍尔姆、J. 弗里德曼：《古代世界体系中的"资本"帝国主义与剥削》，第 71 页。

② 〔德〕安德烈·冈德·弗兰克：《意识形态上的过渡与生产方式》，载〔德〕安德烈·冈德·弗兰克、〔英〕巴里·K. 吉尔斯主编：《世界体系：500 年还是 5000 年？》，第 254—255 页；〔英〕巴里·K. 吉尔斯：《世界体系中之霸权转移》，载〔德〕安德烈·冈德·弗兰克、〔英〕巴里·K. 吉尔斯主编：《世界体系：500 年还是 5000 年？》，第 133 页。

③ 〔英〕巴里·K. 吉尔斯：《世界体系中之霸权转移》，第 143 页。

④ 〔德〕贡德·弗兰克：《白银资本——重视经济全球化中的东方》，第 441 页。

⑤ 〔英〕巴里·K. 吉尔斯：《世界体系中之霸权转移》，第 140 页。

⑥ 〔德〕贡德·弗兰克：《白银资本——重视经济全球化中的东方》，第 29 页。 彭慕兰、王国斌、罗森塔尔等学者对弗兰克的这一观点做了进一步阐发和论证。 参阅〔美〕彭慕兰：《大分流：中国、欧洲与现代世界经济的形成》，黄中宪译，北京：北京日报出版社，2021 年；〔美〕王国斌、〔美〕罗森塔尔：《大分流之外：中国和欧洲经济变迁的政治》，周琳译，南京：江苏人民出版社，2019 年。

⑦ 〔美〕K. 埃克霍尔姆、〔美〕J. 弗里德曼：《古代世界体系中的"资本"帝国主义与剥削》，第 70 页；〔英〕巴里·K. 吉尔斯：《世界体系中之霸权转移》，第 133—147 页。

（3）西方崛起于外部性而非先进性。亚洲的衰落早于西方兴起，所以东降西升并非二者竞争的结果。① 西方崛起主要是因为其巧妙利用了亚洲和自身发展的外部性。一方面，西方在 19 世纪中后期利用世界市场，"从亚洲在世界经济中的支配地位中谋取好处"②；另一方面，如同伊利亚·普里高津的耗散结构理论所说，西方工业化地区成功地实现了增长成果的内移与增长成本的"耗散"，崛起是"负熵/秩序向内转移，熵/失序向外转移的结果"。③

（4）全球网络。真正的世界体系是一个"由许多不同的、不断变化的部分所组成的社会—文化—政治—经济的整体"，"欧亚大陆上发生的所有事件"之间都存在联系。资本剥夺依赖于网络中"剩余价值有效的转移和相互交融的积累"。④

超国家、超地域的左翼理论具有天然的世界史视野。从马克思到依附论、从世界体系理论到其修正论，世界历史的概念和框架、结构与机制、政治经济维度与社会文化维度，都得到深入探讨和推进。

主流的左翼世界史虽然激烈地批判资本主义和西方性，与秉承现代化范式的自由主义世界史针锋相对，但二者也有一些基本共性：一是时序性，都认为全球化、世界史有一个起点（1500 年前后），真正的世界史或全球史的形成是现代化的标志，存在传统性与现代性的分野。二是结构性，都承认世界历史进程中存在中心与边缘、先进与后进的结构性差别，无论差距由内因还是外因造成，结构和差距本身是存在的。三是方向性，自由主义和左翼世界史都认为文明可进化、历史有方向。作为左翼世界史的典范，L. S. 斯塔夫里阿诺斯的《全球分裂：第三世界的历史进程》充分

---

① 〔德〕贡德·弗兰克：《19 世纪大转型》，吴延民译，北京：中信出版社，2019 年，第 86—87 页。
② 〔德〕贡德·弗兰克：《白银资本——重视经济全球化中的东方》，第 26 页。
③ 〔德〕贡德·弗兰克：《19 世纪大转型》，第 118—120，142 页。
④ 〔德〕安德烈·冈德·弗兰克、巴里·K. 吉尔斯：《5000 年世界体系：跨学科研究法初探》，〔英〕巴里·K. 吉尔斯、〔德〕安德烈·冈德·弗兰克：《世界体系周期、危机和霸权转移》，载〔德〕安德烈·冈德·弗兰克、〔英〕巴里·K. 吉尔斯主编：《世界体系：500 年还是 5000 年？》，第 33 页、第 169 页。

印证了上述三个特征。 一方面，全书以第三世界为中心书写世界史，勾勒第三世界现代化的矛盾历程，欧美世界则隐退为背景；但另一方面，其叙述脉络——第三世界 1400 年从东欧发轫，逐步向拉美、非洲、中东和亚洲铺展以至形成全球体系①，仍然体现了以西方为主导的结构、动力和方向。 这种折中性在其更具影响力的《全球通史》一书中体现得更为明显。

可以说，左翼世界史代表了一种价值上"反叛"的现代性。 这种情况在弗兰克等人的世界体系修正论中有所松动。 不过即便弗兰克，也支持"普世"的现代性，只是砍掉了其西方源头和主导性。 他激烈抨击亨廷顿的文明冲突论"全是些分离性的意识形态胡说，……反映出一种固有的或原始的反统一性的多样性的存在"。② 左翼的现代性是自我批判、自我反思的，也是犹疑的。

三、全球史：现代性的替代及难题

"全球史"在 20 世纪 90 年代的兴起，得益于全球化进程全面铺开的现实背景，也受惠于自由主义和左翼世界史的方法论基础和理论框架，尤其是二者持续深入的自我反思造就的发展定势。 全球史与后期转型中的世界史在时间上有重叠、研究方法和选题上有衔接，不易区分。 全球史据以自立并与"世界史"拉开距离的关键是"全球性"，试图以全球性取代现代性/西方性，以全球联通和流动取代现代化标尺下的国家比较和体系建构或重构。

早期的世界史家们并未刻意区分"世界"与"全球"的概念。 斯塔夫里阿诺斯在著作标题中交替使用"Global History"和"World History"。③ 时

---

① 〔美〕斯塔夫里阿诺斯：《全球分裂》，王红生译，北京：北京大学出版社，2017 年。
② 〔德〕安德烈·冈德·弗兰克：《全球化，非西方化》，载〔巴西〕弗朗西斯科·洛佩斯·塞格雷拉主编：《全球化与世界体系》（上），白凤森等译，北京：社会科学文献出版社，2003 年，第 187—188 页。
③ 以"全球史"命名的书目例如：L. S. Stavrianos, *The World Since 1500：A Global History*, 1966；*A Global History of Man*, 1962；*Global Rift：The Third World Comes of Age*, 1981；以"世界史"为题目的著作如：*Readings in World History*, 1962；*Lifelines from Our Past：A New World History*, 1989.

至今日，仍然有人将二者混用。伊格尔斯认为，20世纪90年代以来的世界史和全球史无实质区别，都体现了从现代化范式向"真正的全球史研究"的转向。① 区别主要在时段上：全球史侧重于地理大发现以后，尤其是20世纪后30年的全球化历史，而世界史则囊括现代早期和前现代。这种区分也不十分准确，在伊格尔斯提及的两份代表性期刊《世界史杂志》（*The Journal of World History*）与《全球史杂志》（*The Journal of Global History*）上，近年所刊文章的选题和时段并无明显差别。但全球史学者极力强调区别，将世界史与欧洲中心的目的论相联系，而全球史是对这种历史哲学的突破性努力。②

事实上，从"世界史"到"全球史"，表面上看是表述习惯的变化，背后则是学术取向的转变："世界史"一词曾为自由主义和左翼世界史所广泛使用，与现代化范式联系过于紧密；而"全球史"最初用得较少，词义也含有更鲜明的空间感、整体感和流动性，因而受到新一代学者青睐。随着全球史定位的升高，世界史有时会被"降格"使用，相当于区域史或跨国史，因而也有"比较史、世界史、全球史"这种并列的用法。

当前，全球史研究有三种典型形式③：一是"边际补充"，即打通空间和时间分隔，在世界史所忽略的领域进行填补性研究，从以往认为无关联的事件、主体、现象、地点之间发现联系，建立网络。聚焦于移民、远洋贸易、物种和技术转移、观念与文化传播等流动性主题的全球微观史就属于此类研究。

二是"整体重述"，即从跨国交往与互动的角度重新讲述已知的历史，通过叙述重点的转移和关联性史实的重置，从原本耳熟能详的历史中

① 〔美〕格奥尔格·伊格尔斯、王晴佳：《全球史学史：从18世纪至当代》，杨豫译，北京：北京大学出版社，2011年，第413页。

② 〔美〕柯娇燕：《什么是全球史》，第99—110页。

③ 奥斯特哈默总结了全球史的七种界定：（1）挑战民族主义主导的国家史；（2）大多坚持"'世界主义'眼光"；（3）全球史有不同的国别风格；（4）被指责有"总体化"野心；（5）关键术语是"关联"；（6）习惯于使用高度抽象的概念；（7）中心主义的棘手问题。〔德〕于尔根·奥斯特哈默：《关于全球史的时间问题》，张楠译，《复旦学报（社会科学版）》2018年第1期，第56—57页。

发掘全球性。 此类作品一般是断代史或通史。 托马斯·本德的《万国一邦》在全球史视野下重新讲述美国从殖民地时期到进步主义时代的历史，揭示美国与欧洲、拉美和亚洲部分国家在重大历史事件或关键历史时期的关联性、同步性和互动性，突出美国始终是"众国之一"（A Nation Among Nations）、从无例外的主题。① 丹尼尔·罗杰斯的《大西洋的跨越：进步时代的社会政治》聚焦于进步主义时代，分析美国与北大西洋经济体各国之间如何在历史转型期里同频共振、相互影响，处理解决工业化带来的社会政治问题。② 霍普金斯的《美利坚帝国：一部全球史》以全球史的思路写作美国通史，以三次全球化浪潮、现代性、殖民体系兴衰等全球性主题为线索重述美国历史。③ 奥斯特哈默《世界的变迁》以及他与入江昭主编的《世界史》都将地方性叙事融入全球视野来编写通史。④

三是"载体叙事"，即以某一具有全球属性的物品为载体，将技术发明、地方经济、国家权力、文化观念、价值系统等相关史实编织进一个跨国、跨区域乃至跨界、跨领域的叙事体系中。 以传统的史学规范来看，这个叙事结构有主题离散之嫌，而从网络化、关联性的标准看，则是一部"具体而微"的全球史。 资本主义史的作品往往采取这种书写形式。 此类作品是全球史范式对左翼世界史范式的改造，通过某一商品在全球范围内的生产、流动、布局和与地方政治社会及世界局势的互动，整合出一部以一斑窥全豹的资本全球史。 比如《棉花帝国》、《咖啡帝国》、《土豆帝国》、《茶业战争》、《蚊子帝国》（Mosquito Empires：Ecology and War in the Greater Caribbean，1620 - 1914）等。 某种全球性现象（奴隶贸易、种

---

① 〔美〕托马斯·本德：《万国一邦：美国在世界历史上的地位》，孙琇译，北京：中信出版集团，2019 年。

② 〔美〕丹尼尔·T. 罗杰斯：《大西洋的跨越：进步时代的社会政治》，吴万伟译，南京：译林出版社，2011 年。

③ 〔英〕A. G. 霍普金斯：《美利坚帝国：一部全球史》，薛雍乐译，北京：民主与建设出版社，2021 年。

④ 〔美〕哈里·李伯森：《什么是全球史？——新讨论与新趋势》，乐启良译，《社会科学战线》2019 年第 3 期，第 114—119 页。

族歧视、工业革命等)也可以充当载体。《不可抗拒的帝国》①梳理了美国消费观念的全球传播扩张史,呈现"市场帝国"如何凭借商业化推动价值和制度输出的主题。

全球史范式明显不同于现代化范式之处是:(1)淡化时序性,淡化现代性起点和传统性—现代性的分野。全球史更关注空间,强调"共时性",目的就是针对现代化范式的"时间性隐喻"(传统与现代二分、现代性意味着西方性和先进性),"将历史时间从现代的目的论中解放出来"。②(2)弱化结构性和中心化叙事,转向网络性和整体化叙事。整体性有不同的表现形式,比如阿布-卢格霍德的"不约而同"的整体性:在早期世界体系内,各地自发形成资本主义萌芽,呈现出整体一致性和网络关联性;弗兰克的"同形异构"的整体性:无论运行机制如何不同,世界体系还是那同一个体系;更多的是全球微观史"见微知著"的整体性,通过历史解释将有限的史实整合起来,阐发其中折射的整体性,影射背后更宏大的整体性。(3)去除方向性,凸显对等性。淡化差异、冲突和流动的方向,突出联系与共性、互动与流通。

全球史的优势很明显。首先,它能够更充分地折射当前世界的特征。"在这个全球化的当下,全球史有助于我们理解身处其中的世界。要在21世纪当历史学家,从根本上意味着要做一个全球史学家。"③其次,激活历史思维、丰富历史认知,令人耳目一新。全球史将研究维度拓展到与正式制度较少联系的被忽略的跨界领域,以其特有的方式突破常识、扭转成见,使人们看到,看似无关的事件和现象,原来切切实实地被历史的红线牵系着,原以为的内部事件和地方性现象,其实有着更宏大的背景。

但全球史的问题也很突出。曼宁和康拉德着重分析了其中的技术性问题:第一,主观化、去历史化。曼宁认为全球史过于超前,超越了当前的

---

① 参阅〔美〕维多利亚·格拉齐亚:《不可抗拒的帝国:美国在20世纪欧洲的扩展》,何维保译,北京:商务印书馆,2014年。
② 〔德〕塞巴斯蒂安·康拉德:《全球史是什么》,第119—120页。
③ 〔德〕塞巴斯蒂安·康拉德:《全球史是什么》,第175页。

历史阶段。"'全球化'思想的直接影响还是将历史边缘化，并且认为一个勇敢的新世界正被创造，它与那些业已逝去的生活和经验没有太多的联系了。"①康拉德热切地倡导全球史，但不满意当前全球史的研究主题："对流动性的迷恋却很容易将历史简化为全球化的历史背景"，"将不具备流动能力的群体转变为他们所钟爱的流动性的牺牲品"，这相当于取消了守土安民的主体人群的历史存在感，而"将特权授给了精英阶层"。② 第二，主题狭窄、分析肤浅。 过分聚焦流动性主题会将历史狭窄化，分析难以深入。"如果我们将所有历史传记、故事与事件都简化为关于全球性的隐喻，那我们只能看到单调、肤浅的历史图景"③，因为"对全球性问题的分析倾向于关注短期的传播学动力，其传播的源头被认为是财富和权力的中心"④。 网络化的全球史既不关注内部社会变迁，又"掩盖了形塑现代世界的社会等级秩序与权力不均"，抹杀了历史的丰富性与复杂性。⑤ 第三，可能导致意想不到的现实后果。 比如，可能反向刺激另外的国家中心主义，"有些群体明确将世界史与全球史用作凸显、强化自身国家的手段……用以解释、促进国家的成长"。⑥ 或者，可能因过度强调外部联系而模糊了历史责任主体，"混淆个体在历史中应当承担的责任"。⑦

概言之，当前全球史所面临的困境和问题出在"愿望导向"的研究思路所导致的学术理想与学术实践的落差上。 实践中，全球史是一个新的流派，采用新范式（规避旧范式）、关注特定问题；但在理想中，全球史被寄希望成为史学发展的全新方向，承担着彻底突破西方中心论、民族国家本位论，在超然的全球视野下关照人类历史的"关联性和整合进程"的重任。⑧ 但这二者之间存在"天然"的落差，导致了一系列问题。

---

① 〔美〕帕特里克·曼宁：《世界史导航：全球视角的构建》，第 206 页。
② 〔德〕塞巴斯蒂安·康拉德：《全球史是什么》，第 191 页。
③ 〔德〕塞巴斯蒂安·康拉德：《全球史是什么》，第 190—191 页。
④ 〔美〕帕特里克·曼宁：《世界史导航：全球视角的构建》，第 207 页。
⑤ 〔德〕塞巴斯蒂安·康拉德：《全球史是什么》，第 193 页。
⑥ 〔德〕塞巴斯蒂安·康拉德：《全球史是什么》，第 176 页。
⑦ 〔德〕塞巴斯蒂安·康拉德：《全球史是什么》，第 189 页。
⑧ 〔德〕塞巴斯蒂安·康拉德：《全球史是什么》，第 53—56、61—63 页。

首先是一个最现实，但全球史家们不常提及的难题——史料支持。 全球（微观）史的确拥有一些前人未曾留意的史料来源，但宏大的框架使作者很难有足够的时间和精力在每一个环节上都运用同等数量和质量的一手史料来支撑一部严谨的、非通史性的全球史专著。 柯娇燕承认，"没有什么档案材料、文物和个人证言可供我们研究全球史"，解决的方案是以二手资料作为合理补充，"发现史实和汇编初级历史这类基本工作不是全球史研究者要做的事"，要"利用其他历史学家所做的研究对其进行比较"，服务于自身的历史解释。① 这样的做法中隐含着将历史研究主观化的风险，不易得到主流史学界的认可。 要追求扎实的史料支持，只能回到"见微知著"的全球微观史。

接下来是选题困境。 即便在微观史领域，选题也有局限。 因为在真正意义的全球化时代到来以前，全球联系并未规模化、常态化，选题自然只能局限于特定领域和个体。 令康拉德深感不满的选题扎堆现象其实是全球史宏大的理论诉求与局限的案例支撑之间的落差所致。 学者的解释与勾连虽然可以为全球网络的存在提供例证，但个例的丝缕过于细弱分散了，说明不了网络的普遍性和全局性。

对此，曼宁提出了一个较为保守的办法：奉行兼容原则，全球史与国别史、区域史、文明史同步推进，"联系""选择""比较""搭建研究模型""转换视角"等方法同样重要，但以"联系"为主。② 这个建议其实早就在实践中自动运用，毋宁说是一种事实存在。 越来越多的研究喜挂"全球史"之名，但严格意义的全球史研究并不多。 更激进的全球史学者显然不满足于此。

于是，康拉德提出了一种理想化的终极解决方案。 他承认原则与实践不对等，主张诉诸"涵化"原则，即把全球史"当作战斗口号"，推动全球史思维的普遍化③，使之融渗于历史研究的各个领域，"重塑知识景观、改

---

① 〔美〕柯娇燕：《什么是全球史》，第 3 页。
② 〔美〕帕特里克·曼宁：《世界史导航：全球视角的构建》，第 429 页。
③ 〔德〕塞巴斯蒂安·康拉德：《全球史是什么》，第 92—94、196—198 页。

造知识生产机制"，"从容器式思维中拯救历史"，最终实现史学范式革命，做到无史不全球。"倘若有朝一日，我们能够更加透彻地理解全球结构，更加平和地看待全世界的发展动态，解释'全球'这个概念将隐退为背景，将舞台中央重新让给具体事件。"①此想法很好，但落到学术实践上，则要面对具体问题的检验。

首先是解释的不确定性。怎样的思维算是"全球思维"？何谓"真正的""彻底的"去西方中心论？以工业革命为例，"工业革命是一个全球性现象"这个论断，从一个角度看，意味着工业革命并非欧洲独创，世界各地都为此做出了贡献，是非西方中心论的②；但从另一个角度看，这说明世界各地都在西欧工业国家的引领下行动，最终必须接受这个被强加的结果，岂不又成了潜在的西方中心论调？未曾超越先陷入内耗，在不同版本的西方中心论间进退两难。

其次，对批判对象的潜在依赖。全球史旨在通过去起点、去中心、去结构实现话语权的平等化，对冲现实的不平等，甚至滑向了一种相反的目的论——一切历史存在的意义似乎就是为了印证全球性。但以话语上的去结构来替代现实中的反结构，会引发始料未及的后果。因为这个目标只有在对不平等的现实结构有充分认识的前提下才可见到，所以，如果由于话语上的刻意回避，现实中的结构性/不平等真的隐退了，被新一代读者淡忘了，那么去结构话语的意义将何所依附？康拉德将"世界公民"作为全球史理想的写作对象是过于超前了，全球史研究的现实动力其实有两面：正面是对全球化现实的呈现，反面则是对民族国家意识的回应与节制。若后者无法彰显，全球史的价值至少减半。

所有问题最终都落到无法回避的"标准问题"。在一个多元化的全球体系中，是否存在普遍适用的评估标准？是否存在基于普遍评价标准的、不同层次的跨国/全球框架？全球框架下的趋同性与多元性是兼容的还是

---

① 〔德〕塞巴斯蒂安·康拉德：《全球史是什么》，第198页。
② 〔美〕帕特里克·曼宁：《世界史导航：全球视角的构建》，第11—12页。

互斥的？　谋求客观性、平衡性的全球史，如果不想从多元主义滑入相对主义和虚无主义，如果想将对非西方社会的关照从态度支持延伸为切实的帮助，就不能回避标准问题，而标准的本质不是全球性，仍然是现代性，因为全球性是现代性的结果，而非相反。欧美学界，尤其是美国学界对重提现代性顾虑重重，非西方国家倒是有着更明确的意识。"在亚洲，主要是在印度，已经有一种开展反帝批评和提出自己独特发展道路的长期传统。但是……也不得不从在传统与现代、落后与发展之间做出选择开始。"①

将自由主义世界史、左翼世界史、全球史加以客观比较：就抵制价值层面的西方中心论、补充非西方历史而言，三者是一致的；在突破民族国家本位方面，左翼世界史和全球史更胜一筹；从史实层面的反西方中心论来说，弗兰克等人的修正世界体系理论和全球史异曲同工。其实，全球史家多为温和的调和论者。在方法论上，主张防范史学范式单一化和全球史本身的狭窄化，"平衡各式各样的尺度以及相应的诠释主张"②，康拉德甚至暗指弗兰克式的泛世界体系是"粗暴地使用概念"③。在历史观上，不否认现代性及世界体系的结构性特征，主张关注现代性的全球接受史及其与地方性融合的状况。④ 全球史的激进性主要体现在推动史学范式全球化转型的愿景和言辞上，但这个主张在实践中面临上述诸多技术性和理论性难题，很难激进得起来。全球性未能超越现代性，只是表达了一种更强烈的开放、包容、平等、自我反思的意愿和态度。

余　论

世界史观的形成是一个与历史进程和时代需求之间相互形塑、渐进积累的过程，经历了从原初外部意识到民族性，进而西方性，进而现代性，

---

① 〔巴西〕特奥托尼奥·多斯桑托斯：《"依附论"的历史与理论总结》，载〔巴西〕弗朗西斯科·洛佩斯·塞格雷拉主编：《全球化与世界体系》（上），第 66—67 页。
② 〔德〕塞巴斯蒂安·康拉德：《全球史是什么》，第 134 页。
③ 〔德〕塞巴斯蒂安·康拉德：《全球史是什么》，第 197 页。
④ 〔德〕塞巴斯蒂安·康拉德，《全球史是什么》，第 64、82—83、196 页。

最终全球性的发展历程。 在民族国家形成和发展早期，通过强化民族历史来塑造民族意识、培育国家观念，将个体意识从家族、地方小共同体、王朝、宗教共同体中释放出来，是历史学的主要任务。 在世界经济和民族国家体系已趋成熟的全球化时期，历史学又承担了推动民族国家观念的扩大化、兼容化，培育世界眼光和全球视野的使命。 世界历史确立研究和教学范式的关键，是处理民族国家历史与其他国家历史、与世界整体历史的关系。

由于西方民族国家的发展几乎与殖民扩张同步，民族国家史学中因此渗透了强烈的优越感和扩张性，西方性超越了早期对"外部性"的朴素关心。 然而，全球化进程以其经济连动性、政治互制性乃至世界战争的惨痛代价施加了反制，从 20 世纪上半期到二战后数十年间，反思和破除西方中心论的潮流由弱到强，成为世界史学科发展的主要推动力。 自由主义世界史的现代化范式和区域国别比较研究、左翼世界史对西方性的价值批判和世界体系理论，共同奠定了世界史的学术基础。 20 世纪 90 年代以来兴起的全球史，凭借其网络化思维、对流动性主题的关注、对世界历史的重新叙述和再结构，推动了世界史新阶段的到来。 如今，全球史尽管方兴未艾，面临种种难题，但"全球性"的确已成为一种学术语境、一种显性话语。 不过，全球性的语境是超前于全球化的现实发展的。 自我反思的努力、拉动现实的意愿与自我彰显的动力、争夺话语权的渴望等相互矛盾的动机交杂着对全球史的话语提出要求。 正是这种超前性为世界史学科的进一步发展摆下了诸多不易解决又不容回避的挑战。

中国的世界史与全球史有自身的发展路径。 第一阶段，中国的世界史发端于 19 世纪末、20 世纪初中国学者从日本引进的世界历史教学体系和学科分类标准。[①] 此后，西方和苏联的世界史传统也由留学海外的中国学者带回，中国的世界史体系很早就呈现出多元性特征，其影响可及于 20 世

[①] 北京师范大学的刘芳副教授对中国近代世界历史教科书的演进和中外历史分科的形成做过专门研究，此处借鉴她的结论。

纪 50 年代初。① 第二阶段，自新中国成立后至 20 世纪 80 年代中期，中国的世界史主要受苏联影响，设立了单独的世界史教学和科研实体②，苏联史、国际共运史、国际关系史和第三世界国家反抗斗争史在世界史体系中占据较大比重，研究遵循革命史范式。 第三阶段，20 世纪 80 年代后期，中国引进了修正后的现代化理论，现代化范式成为与革命史范式并重的主流叙事。 第四阶段，近十年左右，全球史兴起。 作品译介、研究机构设立、专业课程设置，以及相关选题的讲座论坛、专题论文和学位论文的数量增长，都呈现出全球史"语境化"的趋势。 "世界史"的繁荣发展与现代化范式的引入关系密切，"全球史"的兴起则伴随着现代化范式的衰落。

但在民族国家仍占主导地位的时代，民族中心性很难避免，全球性也无法超前，全球史、全球性需要全球共建。 一种办法是彼此尊重、各自表达。③ 另一个相反的做法则是"相向而行"。 现代性作为一种客观历史存在，一味张扬与刻意铲除都是反历史的。 在中国这样的发展中国家，世界史发展面临着更为复杂、艰难的主题：既要克服对西方中心论的盲从，也要克服自身民族中心主义的盲目；既要处理好价值性问题，防范研究立意于简单化的道德口号，更要直面史实性难题，明确对西方历史地位的夸大叙述与事实陈述之别。 "相向而行"意味着西方与非西方对各自缺陷的反思、对彼此优势的认可、探究客观历史的诚意，以及共同面对历史复杂性的勇气。

（安然，北京师范大学历史学院教授）

---

① 1951 年，时任北京师范大学历史系副教授丁则民先生曾为本系大三学生开设专业选修课《美国史》。 黄安年：《就 1950 年学年开设美国史课程 丁则民先生给我的亲笔信》，黄安年博客，2010 年 4 月 18 日，https://blog.sciencenet.cn/blog-415-313473.html（2024 - 03 - 13）。

② 不少综合性大学在 50 年代初设立了世界史教研室，有些学校还按时段或地区细分出世界古代中世纪史、世界近代现代史、亚非拉史等教研室。 1963 年，北京大学历史系设立了全国首个世界史专业。

③〔德〕于尔根·奥斯特哈默：《关于全球史的时间问题》，第 57 页；葛兆光：《设想一种全球史的叙述方式》，第 29—34 页。

自主知识
体系与区
域国别研
究新视野
专题

快速工业化、全球化和"新全球化"：
理解当代中国工业发展的几次转变[*]

封凯栋

一、研究的源起

就中国在全球化背景下的快速工业化和创新转型这个主题，我在过去几年中出版了两本作品：一本是 2023 年由中国人民大学出版社出版的《潮起：中国创新型企业的诞生》（下简称《潮起》），另一本是北京大学出版社在 2022 年出版的《国家的双重角色：发展与转型的国家创新系统理论》。这两本书分别从理论讨论和聚焦中国工业发展历程两个方面，尝试呈现我对中国工业创新在不同阶段发展模式的理解。

《潮起》关注的是中国工业从市场换技术到自主创新的转变，这是我在过去 20 年里研究的主题。当然，我个人在这 20 年的研究历程中的想法也发生了一些变化。首先是在以 2005 年为中心的前后共 7—8 年的时间里，我在路风老师的研究团队中探索中国工业能力和自主创新政策的问题，这些工作是当时国内"自主创新"政策大讨论的一部分。在中央明确推动政策转型［以《国家中长期科学和技术发展规划纲要（2006—2020 年）》

---

[*] 根据 2023 年 10 月 9 日同名讲座文字记录整理。

文件出台为标志］之前，持不同观点的人就应该继续"市场换技术"还是应该转型强调"自主创新"形成了泾渭分明的阵营。 包括我在内，当时人们的观点往往是非此即彼的。

　　近些年我的思考有了一些变化。 尤其是在 2017 年大国竞争格局重新浮现后，我们认识到整个工业经济系统创新转型的问题此前没有得到充分的重视。 在"自主创新"政策大讨论时，人们仅仅是在企业或产业的层面上强调自主创新；然而在百年未有之大变局中，当美西方针对中国搞"脱钩断链""去风险化"时，创新系统（包括人们所说的创新链产业链）的重要性前所未有地凸显了出来。 这不仅仅引发了我一些新的理论思考（见《国家的双重角色：发展与转型的国家创新系统理论》一书），并促使我在近些年来一直尝试着将创新研究和发展型国家理论做结合；更重要的是，当我认识到我们自身认识创新和创新战略问题的时代局限性时，我就陆续对中国的发展战略为何有从"市场换技术"到"自主创新"的演变有了新的理解。 这种新的理解的"新"并不是简单地对人们在 20 年前"自主创新"政策大讨论中各种观点的评价有什么反转，而是我们如果能从自身认知的局限性出发，就能更好地理解矛盾的发展和变化过程。

　　我们对创新发展认知的时代局限性，来自创新和工业化发展情景的复杂性。 从历史上来看，每一个成功完成快速工业化的国家，历程总有其独特性。 这种独特性既来自时代背景，也来自相应国家在实现自身快速工业化时的战略选择。 按照阿里吉在《漫长的 20 世纪》里给出的四个全球资本体系积累周期的说法，我们当今所面对的是美国体系的积累周期。 被美国体系所替代的英国体系在经济活动上的核心是以"世界工厂＋全球殖民地"为特征的，海外殖民地扮演了中心国家的工业体系中的廉价原材料、劳动人口的供应地和产品的倾销市场。 所以不论是德国的李斯特还是美国的汉密尔顿，他们在批评"世界主义"经济学时，他们关于发展本国工业的政策主张均会被人们识别为"幼稚产业保护"，即保护工业产品为主要载体的本国工业。

　　然而，20 世纪后半叶占据主导的美国体系在经济上的核心却是以大型跨国公司在全球范围内开展全球产业协作。 由发达国家跨国公司引领的全球产业协作一方面将发展中国家拉入了原材料加工、制造组装等环节的工业化之门，但同时又通过在科技、关键器件、生产设备和资本的全球循环中掌握主导权而控制发展中国家经济活动的空间。 这就塑造了中心国家和边缘国家之间新的关系：就工业化活动本身而言，发达国家表面上并没有"踢掉梯子"①限制发展中国家开展工业化活动，相反发达国家向部分"被选中的"发展中国家伸出了梯子，将后者纳入了自身的全球生产体系，然而这把梯子实际上并不为后来者提供逐级爬到顶端的机会。 在这一体系下，发展实践和发展目标之间关系的复杂性，使得被卷入全球化体系的发展中国家难以坚决地采用保护主义的工业发展战略，其国内社会又难以整体摆脱对现有国际大循环的依赖。 然而，从20世纪90年代开始，研究创新和国家体系的学者开始观察到"生产能力"和"技术能力"在世界范围内的分离，即很多发展中国家企业通过融入全球化体系，拥有了生产制造特定产品的能力，但却并不掌握产品和设备背后的技术诀窍。② 然而对于大部分后发国家的民众和决策者而言，他们很难在初次接触全球化体系就能形成充分的辨析能力。

　　所以我们需要用一个演进的视角来理解中国是如何逐步进行发展道路的决策。 每一个时代的人们对发展逻辑的认知都不可能是完美的。 在20世纪70—80年代的发展历程中，决策者对道路的探索同样是在迷雾中进行

---

① "踢掉梯子"是韩国发展经济学家张夏准在其2002年出版的著作 *Kicking Away the Ladder: Development Strategy in Historical Perspective* 的书名(该书已有中文版，《富国陷阱：发达国家为何踢开梯子》，北京：社会科学文献出版社，2020年)。 这个表述后来被广泛地用于描述发达国家通过倡导自由主义国际贸易而限制后发国家采用先发国家工业化早期的政策措施(包括贸易保护)的做法。

② 与之相随的是发展中国家在加入分工的全球化体系之后，企业在市场竞争上所面对的全球化：发展中国家的工业企业往往在其起步时，就必须要面对来自跨国巨头的竞争。 这就大大提高了尝试走出独立发展道路的发展中国家企业的存活门槛。 这使得当美国这套体系在20世纪七八十年代彻底定形之后，除中国外事实上就几乎没有发展中国家成功地从头启动并完成快速工业化(韩国的快速工业化起步于60年代)。 无论是当初的拉美还是后来的东南亚，这些国家与地区的工业化发展都呈现出剧烈的周期性波动，以至于经济学家们发明了"中等收入陷阱"这个术语。 但讨论"中等收入陷阱"这个问题时，仅从国内经济政策和经济结构来寻找答案是不够的；"中等收入陷阱"这个问题本身就内嵌了生产能力与技术能力的分离，必须纳入国际政治经济的考量才能有效地理解问题的实质。

的；发达国家为了扩张自身所主导的全球体系，事实上也持续地向发展中国家推广它们所制造的理念。 我们必须要正视这一点，即关于如何指导发展，是存在一个"思想市场"的。 在经验和文化影响力上占据优势的发达国家会努力地通过向"思想市场"输出，来影响发展中国家的决策。 而外部信息环境的复杂性从客观上使得处于后发境地的国家更难以轻易地掌握全球产业和技术的全貌。

理解矛盾发生发展和持续演变的过程至关重要。 正好比我们只有深刻理解了"市场换技术"实践的短板，才有可能更加理解中国后来要强调"自主创新"。 同样也只有当我们理解了为什么仅在单个企业、产业层面推动自主创新是不够的，我们才能更好地明白为什么从 2019 年开始中国就反复强调要利用新型举国体制的手段来推动整个创新发展道路的转型，以及新型举国体制应该用什么样的手段、应该发展什么样的产业政策。 这一系列问题的答案都与中国工业发展走过的道路有密切的关系。

二、关键的概念

要想打破创新和工业化发展的不同情景给人们带来的困惑，我们就需要回到讨论创新和快速工业化的两个基本概念。 第一个是在创新活动里面的组织性：创新活动本质上是不同参与者之间的互动式过程。 这个概念能够帮助我们用企业组织、产业组织的视角来辨析中国工业结构性转变前后不同的发展模式。 第二个概念来自政治经济学，即格申克龙的危机驱动系统转型。 格申克龙是追赶式发展研究的鼻祖。 后来的像迈克尔·霍布迪（Michael Hobday）、爱丽丝·安士敦（Alice Amsden）这样一些著名的研究追赶发展的学者，都是沿袭着格申克龙的框架开展的工业追赶研究。

（一）创新活动的组织性

创新活动本质上是一个不同参与者之间的互动式过程，这就决定了创新活动是"有组织"的。 现代的工业和创新活动中，"有形之手"也就是通过行政手段而不仅仅是市场手段来组织协调工业和技术活动，这是很重要的。对"有形之手"的强调并不新鲜。在 20 世纪七十年代石油危机所引发的激烈竞争中，人们就认识到组织协调对于大规模生产体系的重要性。顾名思义，大规模生产体系需要在所有的制造环节中都投入大量资源，例如在一个年产 30 万台汽车的体系中，企业们需要使上万个不同零部件都按相应数量得以生产制造并实现及时交付。而反过来在这样一套体系中，外部冲击对任一环节所造成的扰动（供应失灵或延误）都可能使整体停摆而造成巨大损失。这使得大规模生产体系实质上是一套脆弱的体系，要素和劳动力价格的重大变化（如石油危机和劳资纠纷）都有可能对整个体系带来重要影响，而当时日本企业通过精益生产所实现的"柔性化生产"更是对美式大规模生产体系提出了巨大的挑战。由此，美国工业在八九十年代尝试完成的一系列革新，如由不同企业通过组织协调而形成的"虚拟企业"以及它们所追求的"大规模定制"生产模式，事实上就是尝试用"组织性"的手段以改造原有的大规模生产体系。

在创新研究中对"组织性"的强调也是在 80 年代开始进入高峰。因为在现代的分工体系里，不同的分工环节在组织上是区隔开来的，且创新的对象又是此前市场上并不存在的产品、技术或服务。因此，如果不同的组织单元在创新过程当中没有"有形之手"进行充分的信息交互，市场上只传递价格和数量信息，那么技术创新就会变成"开盲盒"的游戏。也就是说，由于供求双方事先并没有必要的信息互通，产业链创新链上的需求方不知道生产者会交付什么技术、什么产品，生产者在交付之前也不知道需求方期待什么技术、什么产品；相关的信息只有产品或技术交付时才会揭晓（"开盲盒"）。那么生产和需求双方能彼此匹配上的概率就非常低，这种理论预设导致市场机制在创新活动中是非常低效的，是不现实的。所以创新活动在本质上必须存在着非常强的交互性。要实现双方或多方的交互以提高创新的成功率，那就有交互的方式、交互所传递的信息内容和边界、如何形成规则与共识等一系列问题，人们就需要发展出相应的组织化的手段去实现它。因此，行之有效的创新机制，从本质上是有"组织性"的。

创新中的"组织性"互动机制也有明显的层级性。也就是说，创新过程中不同的主体都会存在跟他人的互动，但互动的强度和重要性会因人而异，同时互动本身也存在一套结构。例如，在大规模制造业中，我们一般会用核心供应商、重要供应商，以及标准化供应商这些术语来区别它们跟整车企业的关系，这就导致创新竞争从来就不是单个企业之间的竞争，它一直都是由不同的互动关系所塑造的阵营与阵营之间的竞争。在整个产业系统里还有其他很特殊的参与者，如果我们将产业内的互动关系图像化的话会变得很复杂。比如说资本品工业包括机床和工业软件等，它们会同时跟不同产业里的企业，以及跟同一个产业内的多个竞争对手都发生互动性关联，导致整个结构图（假设我们有这么一张图）不仅仅围绕着不同的产品集成企业集中，同时又会通过资本品企业形成不同阵营之间的"大陆桥"。

当我们将创新竞争理解为阵营之间竞争的时候，我们就需要意识到必须要用"组织性"甚至"社会性"的视角去理解创新竞争，即当两个阵营之间的竞争导致淘汰时，失败的阵营里面大部分的技术都会被从市场上放弃掉，不管其中的某个单项技术有多好，它都会被放弃，因为这是一个带"政治性"的现象，而不纯粹是理论上的经济竞争现象。这个逻辑反过来说也一样，每一个创新产品的竞争力都是由它所依托的阵营整体系统的能力决定的，而不是由单个企业单项技术的能力决定的。

创新活动中的组织性还可以由另一个维度来呈现，即目前科技政策讨论中人们常常呈现的"从基础科研到产业创新，中间包括多个发展阶段，整个科技转化创新过程有组织性"。这一点在近年来人们已经讨论得很多了，甚至"有组织的创新"已经成为科技政策界的一个热门话语。但事实上它反映的是人们对创新的线性模型的一个反思，即在第二次世界大战结束后美国科学界领袖布什等人 1945 年在撰写《无尽的前沿》时，还认为从科学到应用再到产业创新是一个线性关系，而现在人们意识到中间存在巨大的不确定性，而且每一个环节的认知模式、所需要的资源条件、组织机制和激励方式都不相同，从 20 世纪 70 年代开始就有许多的反思之作了

（最早的时候从 50 年代就开始了）。 例如，柯拉尔等在 2010 年出版的著作《有组织的创新：美国繁荣复兴之蓝图》（*Organized Innovation: A Blueprint for Renewing America's Prosperity*）中就详细叙述了美国在二战之后整个创新经济，从基础研究到原创技术开发，到概念证明，再到风险投资、产业投资整个转移的过程，并且强调这个过程期间也是由美国联邦政府在不同时期所推行的一系列的制度安排来完成科技转化创新所需的组织协调功能。

创新活动中的组织性是如此重要，以至于"组织性"活动发生的时间、频度、强度和重要性，都远远超出大部分经济学管理学教科书作者们的想象。 我们拿汽车工业来举例子，当一家整车企业要研发新车型时，大部分核心供应商会在项目启动的第一天就以矩阵式组织的形式，加入由整车厂发起的组织协调机制里来。 也就是说，发动机、变速箱、电机、各种控制模块的供应商，都会在第一天就会向整车企业矩阵式项目管理团队派驻代表，这些在产权上可以毫无关联的企业，它们共同来推动产品与技术的研发。

"组织性"在创新活动中的重要性，说明现代的工业技术创新从来就不是完全依托于经济学教科书中那种"完美市场"，即人们在市场上依托价格与数量信号，在数量巨大的候选企业中选择自己的供应商。 主流经济学和管理学中讨论企业时的一个重要命题是企业在面对一项技术或产品时，它需要决定"自制还是购买"（make or buy）。 这个问题之所以重要，是因为理论家认为它决定了企业的行政组织边界。 但在真实的工业和创新活动里，选择从来就不是仅仅在"自制还是购买"中进行的，选择是在"自制"（make）或者"合作"（ally）和"购买"（buy）等诸多选项之间进行的。 在"自制"和"购买"中间有一个非常庞大的中间环节，它的协作机制既非企业内部的行政性协调，但也绝不是自由市场上仅传达价格和数量信息的交易关系，而是有"组织性"的。 正是这样一个非常庞大的中间环节维系和推动了整个工业技术进步的发生与发展。 事实上，对创新活动的互动性、组织性的讨论也成为著名的国家创新系统这样一套分析范式的微观理论基石。

　　而我个人所关注的重点主要是在产业和企业层面上。 在企业内部，人们会有不同的分工，因而企业内部的不同的组织单元也需要根据当时当地技术发展的需求而进行紧密互动，这也决定了企业是否能够有效解决创新中所出现的问题从而发展企业的关键技术能力。 我之所以聚焦于企业内部以及企业之间的互动性，是因为在后发国家中，关于"创新型企业应当是怎么样的""如何才能催生创新型企业"，我们并没有完美的认识。 我们不知道，或者我们以为自己知道，因为存在一个"思想市场"，各方尝试向我们灌输他们制造出来的概念，但这些概念认识很可能都不是答案。 当然，从矛盾论的角度来说，绝对的答案本身就是不存在的。

　　人们天天在谈创新型企业，但对创新型企业应该是怎么样的，应当具有一些什么必要的特征，人们往往是语焉不详的。 比如，今天的社会公众都认为华为是很好的企业，但是华为具体是如何运作的？ 能回答的人是很少的。 我们只是有一个大致的概念，华为那样做是对的。 但是如果你说我要参考华为的经验塑造一个新的企业，那华为的经验具体是什么？ 我们发现信息非常多，但真实有效的经验总结很少，理论化的归纳和讨论就更少。

　　但是在这个思想市场里却有非常强的"思想供应商"，20 世纪 80 年代，我们搞"市场换技术"实践的过程，其中就会有西方的企业、学者、媒体、政客努力地在"现代企业制度""现代市场经济制度"这些概念的包装之下向我们灌输他们希望我们接受的理念。 具体来说，他们希望中国能够加入由"先进的国际化大企业"所主导的全球生产网络，并让我们信服这是一条建设本土工业能力的有效阶梯。

　　这就要回到我们此前所提到的，"生产能力"与"技术能力"在全球生产网络内的分离。 生产能力和技术能力的分离本来就是技术分工、劳动分工的一个过程，并不难以理解；它最早是在同一个经济体内实现更高水平的分工，比如，人们让一部分专业科技人员脱离日常的生产活动，专门组成了大企业内部的研发部门负责新产品新技术的开发；专门负责制作与维修机器的职能被分离出去，发展成为专门的机床企业，等等。 但在传统的工业模式中，这种分工主要还是在特定工业聚群、特定地区或者特定国家内完成的，人们能较好地掌握工业和技术的整体面貌，也就是分工活动和人们对分工的认识是基本对应的。

然而随着美国体系在 20 世纪 70—80 年代的彻底成形，"生产能力"与"技术能力"分离的现象变得非常突出。 因为它是在全球化的背景之下，在庞大的全球协作网络中完成的，发展中国家的参与者并不掌握工业和技术的全貌，而为了撬动发展中国家的投入和参与，发达国家又提供了另一套解释。 这就导致发展中国家误以为自己走的是不断深化工业化发展的康庄大道，但事实上却是"引进设备—本地化生产—（落后）—再引进设备—再本地化生产"的怪圈。 发展中国家引进国外的机器设备和产品图纸进行本地化生产之后，并没有带来技术能力的根本性提高，而是不断地陷入了引进之后逐渐落后，甚至刚引进就落后，然后不得不反复引进的困境。 这种怪圈式的现象并不是首先出现在中国，在 80 年代学者们就在东南亚地区发现了这种现象。 当时有一位卓有成就的英国学者马丁·贝尔（Martin Bell）曾在相当长时间里担任泰国工业发展的国策顾问，此前他们都是用"干中学"（learning by doing）的逻辑在解释能力成长的规律——因为在发达国家的工业化历程中，这个逻辑基本上是适用的。 但当他们深入研究了一系列泰国通过代工生产（OEM）为跨国公司做产品的本地化项目后，发现事情不是这样的，泰国当地承接了大量从西方转移过来的制造环节之后，经过一段时间的"干中学"，发现自己并没有掌握与所生产的产品相关的产品和复杂技术开发的能力。

包括马丁·贝尔在内的这些创新研究学者们总结了一系列的原因，例如全球化的内在冲动，信息通信技术（ICT）兴起之后人们远距离协调的能力提高了，等等。 后来人们陆续从全球体系的角度来解释这种生产能力和技术能力在国家之间，或者不同国家的企业之间产生分离的现象，如小泽辉智和前面所提到的阿里吉的框架。

新的组织协调的工具以及后来像阿里吉他们那些人所提出的由美国所

主导的一套国际体系的根本目的就是展现一套跨国性协作的体系。而这套跨国性协作的体系很好地把生产与技术两者剥离开来了。这就对我们在企业层面上讨论什么样的模式有利于发展中国家搞创新，形成了非常大的一个挑战。

（二）发展型国家的模式

在政治经济学中，关于后发国家应该如何推动工业化，人们也往往有两种相互竞争但在我看来却在理论预设上具有相似的错误的推理模式。

第一种是强调国家的作用。人们认为，当国家要发展的产业部门具有成熟且明确的技术目标时，也就是国家处于工业追赶阶段时，国家可以通过行政性的手段来集中资源、调配资源，甚至像苏联早期那样搞大推进式的工业化，以此来快速地创造一个工业体系。这其实也是传统发展型国家理论预设的基本模式。

第二种是强调市场的作用。但是进入 20 世纪 90 年代，尤其在东南亚金融危机之后，发展型国家理论遭遇了严重的挑战，因为当时秉持这种追赶模式的东亚经济体普遍遭遇了明显的困难。所以人们认为当技术目标不明确，也就是当一个国家进入到前沿竞争阶段的时候，通过行政性协调来配置资源就不会有效。因为创新竞争存在着非常明确的不确定性，它需要以市场为主来配置资源，才能应对这些不确定性。

我之所以认为以上两种推理具有相似的预设错误，是因为它们都没有追问工业和创新发展所需要的市场机制的本质是怎么样的。它们没有认识到创新活动的"组织性"特征，都采用"要么行政手段""要么市场手段"非黑即白的分析框架，自然就很难理解"国家"和"市场"两者在创新活动中该怎样结合。

我们会在后面讨论中国工业发展的几次转变，再回到格申克龙的危机驱动转变的理论解释。

三、当代中国工业发展的几次转变

我们可以用工业和创新活动的"组织性"视角来对中国工业发展的几次转变做一个系统性的讨论。

（一）计划经济阶段的创新：企业缺失战略自主权

计划经济阶段非常符合我们刚才所说的大推进的那样一种模式。当技术目标非常明确时，由国家来动员资源进行集中投放，扭曲要素的价格，使得资源能够被集中到由国家所选定的少数战略性领域，从而快速地推进工业化。当然这样一种模式在 20 世纪 70 年代末面临非常大的问题，而这些问题以 1979 年国内经济学领域的泰斗孙冶方同志在《红旗》上所发表的一篇文章最有代表性。这篇文章的题目为《从必须改革"复制古董、冻结技术进步"的设备管理体制谈起》。孙冶方同志在这篇文章中批评的就是当时计划经济体系为了国家能够有效地从国有企业中动员资源，以国家来扮演战略投资者，去完成再生产投资的这样一套模式。这套模式使得国有企业并不拥有自身所使用的资源，甚至自身所采用的设备的掌控权。这种模式看上去虽然有力地保障了计划者制定和执行计划，但是非常严重地挤压了企业的战略自主权，使得计划经济体制之下的国有企业根本就不是在战略上具有自主性的单元。所以，在"五定五保"的框架下，企业和相关的外部合作者之间所能进行信息协调、信息互动是非常有限的。计划经济的参与者，无论是企业还是科研院所都要服从"五定五保"的安排。其中，生产什么样的产品、用什么样的图纸、用什么样的原材料、用多少原材料、用多少人力物力、在哪里生产，都是被指定的。①

其中，孙冶方在他的文章中强调了两点。其一是关于国有企业缺乏开

---

① 当然，关于计划经济体制具体是怎么运作的，是一个复杂而又非常有价值的话题。"五定五保"是 1961 年"工业七十"的产物。此后国内对工业企业的管理思路有过多次争论和调整。本文不做进一步展开。

展技术革新所需要的战略性资金。 在"五定五保"的框架下，所有的战略性资金都被国家收上去进行再生产的投资；甚至对于企业所使用设备的折旧经费，当时在国有企业里面也被分为三档：第一档是设备重大革新改造的资金，这笔归国家；第二，进行重要的技术调整的资金，这个也归国家；只有那些进行日常维护和调整的资金，这部分才归企业。 所以在计划经济体系之下的国有企业是没有战略性资源的主导权，来完成我们刚才所说的创新所需要的那种互动性的过程的。 因为与谁互动、互动是要启动何种行动，这些都是要花钱的。

其二是国有企业缺乏对重要设备的支配权。 在国有企业建设的过程中，它会有不同的投资主体（我不知道今天国有企业里的情况是否还是这样），20 年前我们跑企业调研的时候，还能在传统国有企业生产线上看到大量的设备上挂有相应的铭牌，铭牌会标明这个设备是"部属设备"，也就指的是这个设备当初是由机械工业部或者其他部委投资在这里所形成的资产。 另外一种设备可能是"市管设备"，意思是这个设备是某一次该国有企业扩产的时候当地市政府投资所形成的资产。 此外，还可能会有"局管设备"，等等，不一一列举了。

重点在于，如果这些国有企业想要对自己的生产设备进行调整，或者对整个生产线进行调整，它就需要跟相应的投资主管部门打交道，才能够获得相应的许可。 德国大众公司负责人卡恩在回忆录里也写到他早年代表大众到中国一汽现场参观时的景象。 让他印象深刻的不仅仅是中国骨干国有企业的装备水平较差，更重要的是，当他提出可以更换某些设备时，国有企业的工程师、管理人员都表示设备的更换会带来很大的困难。 这就使得当时国有企业难以自主地对自己所生产的产品和采用的生产体系做重大的调整。

因此在计划经济的框架下，国有企业更像是一个生产车间，它们并不拥有像我们刚才所说的创新所需要的互动性这样一种能力，因为与谁交互，交互一些什么样的信息，资源如何为了在交互当中所产生的问题和投资需要来服务，这些国有企业都没有相应的主导权。 当时工业技术活动中的协调功能主要是通过一系列工业部委来完成，它们直接建设和管理国有企业、科研院所以及部属大学，以此来实现上述功能。如果想掌握计划经济体系对企业创新的负面影响，路风老师的著作《光变》是非常好的读物。《光变》非常具体地刻画了北京电子管厂（京东方的前身）——一家优质的企业是如何在一轮又一轮的计划经济投资浪潮当中被决策者要求，把它的资产不断地划拨去援建外地新设的企业、新设的产能。这家企业的人员、具体的设备，甚至连车间里工人们休息坐的小马扎都会被记录在册；在援建三线的时候，连这些小马扎也会被按照明确的数量要求划拨到新建企业中去。在计划经济体制之下，国有企业就是在不同程度上被体系所捆绑住，没有办法根据自己的需求和技术创新的需要来进行任何有效的活动。

这种模式后来面临了巨大的挑战。因为它不支持企业根据自身在实践中的需要去支配战略性资源与上下游互动，所以此套制度没有办法激活企业持续地通过与上下游以及消费者互动来定义问题、解决问题，从而灵活地促成创新。当时的技术问题主要靠中央政府动员各部委的科研院所、国有企业和大学通过联合攻关来解决。这从本质上更像是"追赶国外已有技术"或"解决已有产品或生产中业界普遍反映的问题"的技术革新方案，但当技术创新完全超出计划者能够收集的信息范围时，这套系统的效率就存疑了。尤其是在塑造新产业、完成产业体系重大变革等任务时，因为系统自身难以靠计划手段来解决问题，那么有效地成套技术引进就变得尤为重要。可以说，20 世纪 70 年代的我国两次大规模从西方国家引进技术装备就是为了解决当时的计划经济体系之下产业升级的困境。第一次是 1972 年开始策划的"四三方案"。"四三方案"基本上成功了，当时计划从美西方引进 43 亿美元的成套设备，最后落实了超过 50 亿美元，成功地从国外引进了化纤、化肥、烷基苯等国内当时没有办法解决的石化类工业生产设施的问题。"四三方案"是如此成功，所以在 1978 年决策者想再一次从西方国家引进大规模的生产设备，并为此制定了一个雄心勃勃的"78 计划"。当时打算是在 10 年内引进 800 亿美元的成套设备；而在 1978 年当年，事实上国务院各部委跟外商已经开始洽谈的设备引进项目就大致达到了 400 亿美元之多。

不过当时国内的外汇储备非常有限。 当时考虑的筹措资金的渠道主要是向外国政府和国际组织借款，如同傅高义在《邓小平时代》这本书里所说明的，我国政府派出了大量的外访团。 由于中国刚刚开始对外开放，不少西方国家政府、政党以及大企业都热衷于跟我们接触，其中欧洲某国曾经向我们的外访团承诺为中国解决 200 亿美元贷款（后来 "78 计划" 启动后他们并没有兑现）。 这些信息一度使得我们在制定引进计划时对获取资金的难度相对低估了。 当时人们想到的其他平衡外汇开支的方法还有与相关的跨国公司开展补偿贸易，或者向国外出口原材料。 我们今天的读者可能很难想象，当时原油出口是中国比较重要的出口项目，因为虽然我国的石油资源不丰富，但此时中国的石化工业刚起步，所以我们还是需要出口石油的。 因此在 1977—1978 年，我们派出大量的勘探队，钻探了超过 2000 万米的油井。 结果后来只在新疆一个偏远的地方发现了油田，而在其他地方都没有发现。 这在巴里·诺顿（Barry Naughton）关于中国改革开放过程的记录里也有提及。 而这些因素都使得 "78 计划" 所需要的资金难以足额筹措。

最终，由于我国外汇支付能力不足而在 1978 年的年末引发了一场危机。 1978 年 7—9 月，国务院召集所有的部委开了非常重要的务虚会，务虚会结束后 "78 计划" 启动，各个部委热情高涨，都想要通过引进设备以充实相关产业部门的装备能力。 在 1978 年底签了 22 个引进装备合同，这22 个合同就需要 130 亿美元的资金，同时国内大概需要 200 亿人民币的配套投资建设。 但事实上，国内当时的外汇储备没有那么多钱。 1977 年整个国家的外汇收入不到 80 亿美元，而其他筹措资金的渠道又运转不畅。所以在 1978 年 10 月底 11 月初时国务院领导不得不叫停引进项目。 但在叫停之后，不少部委非但没有停止设备引进谈判，反倒加速了签约过程。因为这些部委都急于在国家有限的财力里分得一杯羹以增强本部门的装备能力。 这就导致年底的引进、叫停和收尾工作都非常混乱。 陈云同志在危机之时出来重新负责经济事务，也曾经不客气地批评当时的混乱局面是"洋跃进"。

因此在我们急于通过大规模的设备引进来解决原有计划经济系统在驱动重大创新中的短板的过程中，产生了一个重大的危机。当然，这次危机也催生了一个系统性的转变，即后来陆续展开的改革开放。这就是前面我们提到的格申克龙的危机驱动转型的理论解释，因为只有全社会面临重大危机时，强有力的政治领导人才能够通过凝聚大家的共识，动员资源进行集中投放，以及撬动系统的整体转变。

（二）"市场换技术"：出路和新挑战

1978 年底我国在大规模引进国外先进装备的过程中所遭遇的危机促成了中国经济体制的一次系统性的转变。事实上，这个转变的伏笔可以追溯到 1978 年的 10 月。当时美国通用汽车的董事长墨菲带领本企业的一个高管代表团访华，尝试参与当时中国所提出的"建设三汽（第三汽车制造厂）"的项目。当时饶斌同志作为国内汽车工业的负责人之一，向通用汽车代表团指出我们外汇储备有限，无法在引进设备上做大规模的投资。墨菲就向中方介绍了他们在对外合作时经常采用的 10 种不同的合作方式，其中第 10 种就是建立合资企业。组建合资企业这种方式，在我国此前向东欧国家派出的高级外访团回国后曾经有汇报；而在当时外汇支付能力已经出现问题时，中方的同志意识到这可能是一个"省钱办大事"的方案，就向邓小平同志做了汇报并得到了他的同意。

1978 年 11 月，机械工业部部长周子健在率团访问欧洲时，得知邓小平同志表态可以发展中外合资企业，就在访问宝马与奔驰公司时向对方提出了相应的意向。但这两家高端汽车企业都没有给予明确且正面的回应。周子健临时决定去访问沃尔夫斯堡的大众汽车公司。当时已经是周末，但幸好大众公司有一个精诚履职的门卫，同时当天有一位副总裁在值班。这就开启了中国走"市场换技术"路线，通过与跨国公司建设中外合资企业来推动工业发展的阶段。中国开始进行系统性的转变，通过引入外资充实自己在工业领域里面的投资，来实现工业技术进步的愿景。

最初酝酿的过程，大概从 1978 年开始，到 80 年代初陆续在各个重要的制造产业中落地。事实上，政策制定者的初衷不仅是想让中国变为"世界工厂"，在当时的政策文件里他们普遍都强调"市场换技术"有两重目标：产能扩张和技术能力建设。

第一个目标产能扩张要实现当时迫切需要完成的"进口替代"。具体来说，是通过引进国外的产品图纸、生产设备和管理经验来迅速扩张生产能力，通过进口替代的方式堵住我们在对外开放之初蜂拥而来的国外工业制成品扩张。实现"进口替代"的压力在汽车工业里面尤为突出。因为仅在 1985 年这一年，在我国开放汽车进口市场后，我国花在直接引进国外小轿车上的资金要比国家在之前 30 多年里对整个汽车工业的投资还要多。这在当时成为一个突出的问题，而且群众对此也不满意。所以国内汽车工业要被动员起来，通过"市场换技术"实现高水平的本地化生产，以阻止从海外直接进口大量高级小轿车这种现象。

第二个目标，主导当时"市场换技术"的决策者都非常强调自主技术能力的建设。当时负责各部门工作的核心部委领导们，不论是负责电子工业的张劲夫，还是负责汽车工业的饶斌，以及更高层级的国务院副总理李鹏等，他们这些老一辈政策决策者，在推动"市场换技术"时都非常强调技术学习，我们搞中外合资企业并不是要永远都生产别人的产品，而是要通过与大型的跨国公司的合作来引进先进技术和管理经验，提高中国本土的工业技术能力。

然而，如何走通"市场换技术"这条道路呢？当我们的国有企业有了跨国公司作为合资伙伴后，我们如何在合资合作中追求有效的技术创新？我们并没有清晰的答案。

在合资合作的过程中，既然复杂工业从本质上是受组织、受协调的，那么在工业生产里由谁来组织这些协调工作就变得至关重要。对于美西方跨国企业而言，它们通过建设中外合资企业的方式进入中国，是为了进入中国的市场，利用中国相对高性价比的劳动力、资源和环境成本，以及利用各级政府所提供的优惠条件。 但培养中国本土技术能力，使得中国企业陆续拥有与它们竞争的潜在能力，并不符合他们的利益。 我们前面所提到的"全球生产网络"理论中就很清楚地表明这种美国式的全球协作体系是一个层级性的架构：高层级的国家、高层级的企业会通过他们对产品、技术的控制权来支配低层级的国家和企业。 所以全球生产网络其实也是受组织、受协调的，但是它是由跨国公司根据其全球的利益，而不是根据发展中国家本土创新的利益来进行协调；而跨国公司协调的目的是让中国的工业技术活动去组织化，来满足跨国公司的生产本地化的同时，抑制中国本土工业在技术能力上的成长，避免培养竞争对手。①

概括来说，"市场换技术"为当时的中国工业带来了两重效果：第一重效果是在生产条件、管理水平方面，它明显地提高了中国企业的装备水平和现场管理能力。 当时我们的国有汽车企业、通信设备企业通过与跨国公司合资合作，成为后者全球生产网络中的一部分。 不仅仅是主机厂，配套体系中的企业也通过"市场换技术"完成了革新。 以当时发展上海桑塔纳为例，不只是上海汽车跟大众来进行合资，国内一开始还有 130 家企业（最后超过 400 家本地零部件配套企业）根据汽车内不同的零部件门类与国外相关的企业进行"市场换技术"式的合资：引进国外的图纸，引进国外的生产线、相应的设备，甚至在这个过程当中我们连生产线上的各种操作规程、生产线里各种各样的手册，都是直接引进的。 在这一时期，跨国公司所主导的全球网络在供需两端都提供了相对稳定的预期，使得不少产业里的中国企业在 90 年代之后能够较快地发展起来。

第二重效果是对中国本土创新的抑制。 在合资过程当中，这些跨国公司在不同的程度上都实现了对合资企业在技术创新活动中的"去组织化"，甚至还随之影响了一大批国有企业母公司的行为模式。 我在《潮起》这本书里面提供了不少具体的细节来刻画跨国公司是如何完成这些过

---

① 对于这个问题，不仅是我们中国人有所反思。 爱丽丝·安士敦在 2007 年有一场挺有影响力的讲座也对跨国公司在后发国家工业化过程中的角色有过尖锐的批评。

程的。 简单来说，大概有以下几点：

第一，跨国公司严苛地控制流向合资企业的技术信息。 在合资过程当中，中方能获得的图纸往往是不完整的。 当然这在跨国公司内部存在差异性，其中最"极致"的是日韩厂商。 像一汽与丰田合作，工程师们抱怨说拿到的图纸上面满是窟窿。 所有与生产组装无关的部分以及相应的技术参数都会在这些图纸被交付到中国工程师手里之前，被日方工程师直接拿剪刀给剪掉。 为什么要剪掉？ 避免中国企业进行逆向工程。 所有与完成相应的组装活动无关的信息他们也会剪掉。 当然也会有一些来自其他地区的企业态度相对好一些，但这只是程度上的差异。 总的来说，只要跨国企业认为一些图纸或数据与它们在中国的合资企业完成组装活动无关，那么相应的信息就会被抽走或抹去，不会被交付给中方工程师，以此杜绝后发者开展逆向工程。

第二，将中国本土企业开发性组织解体或者与生产部门隔离。《潮起》中详细介绍了 1985 年前后的"北京吉普风波"。 北京吉普是国内在汽车领域里第一个合资企业，在合资合同中明确标明双方要共建一个研发中心。 但在合资企业正式设立后，美方就想尽办法拖延该研发中心的建设，使其一直到 90 年代中期才建立起来。 而如果中方原来就拥有相应的研发中心或研发团队，那么外方会如何应对？ 外方会通过向中方传播各种"先进理念"以支持合资企业肢解相应的研发团队。 我们曾经接触了一家在西安的电子电气仪表企业，它在 70 年代一度是整个东亚地区规模最大的仪器仪表企业，曾拥有 300 人左右的研发团队。 然而这家企业在与日本公司合资之后，上述 300 人的研究团队被以"强化售后服务""强化质量控制"等理由重新安排岗位，被派到生产线、售后服务等部门去了。 这使得整个企业的技术团队最后只保留了不到 20 人的规模，难以再开展有效的、系统的产品和技术研发。

当然还有一些方式是通过把中国企业的研发组织跟相应的生产部门隔绝开，杜绝生产产品的设计和制造之间的互动。 最典型的像东风汽车建立了汽研院，但是除规模较小的军车和电动汽车，没有主要生产部门与汽研院直接关联。 更典型的例子是上海的泛亚技术研究中心，在通用与上汽合资后，根据当时的政策要求，通用汽车在上海设立了一个技术中心，即泛亚技术中心。 当时泛亚技术中心拥有直接进入通用全球的技术库的权限，但美方所签订的合同里特意限制了上汽的生产部门与泛亚中心之间的合作。 这就使得泛亚中心只能基于通用已有产品为合资企业做本地化改款，而无法与上汽本土的生产部门有实质性互动。 在 2005 年国家大力提倡"自主创新"时，上汽也曾经让泛亚中心设计了几款新车型；但泛亚中心当时交出的设计作品显然与大规模制造和服务中国市场仍有相当大的差距，如设计师们采用了中国的玉如意、宫灯等传统文化符号，缺乏对制造经济性和消费者偏好的通盘考虑。

第三，最为重要的是跨国公司控制了图纸的修订审核权。 虽然进行了合资生产，但是就技术图纸而言，中方往往在大部分情况之下只有使用权，而图纸的知识产权依然属于外方。 在产品开发流程中，当产品的技术图纸最终成型时，图纸产权的拥有者会签字确认——这就是设计图纸时的"技术确认权"，标明谁拥有确认该方案的权力。 正是由于合资企业生产所采用的图纸往往是外方的"资产"，这使得在合资企业中，中方想要做任何的技术改动都会非常困难。 因为任何的技术变动最后都需要表达到图纸上，而图纸中的技术确认权依然归属跨国公司拥有。 虽然在合资合作中，中国本土的工程师可以通过管理架构层层上报他所发现的技术缺陷，或者给出技术改进的建议，但其审核却是由外方主导来执行的。 而外方则有非常强的动机和相应合理的流程把整个技术审核过程拖得非常长，甚至可以长达一年、两年的时间，使得所有的中方工程师后来都已经意识到，其实跨国公司并不接受我们做任何的技术改动，这就是合资企业里中方工程师经常所说的"连一颗螺丝钉都没有办法改"。

关于这个问题，在汽车业中还有一个著名的例子：1985—1986 年桑塔纳后车门铰链异响事件。 上海大众在早期组装桑塔纳的时候，后车门的铰链在开合时容易产生异响。 中方工程师发现了该问题，向合资企业德方做汇报，并表明可以尝试通过一系列的试验研究来解决问题。 但德方的管理者对此不予回应，导致该技术问题一拖再拖。 直至中方不得不把这个问题上升到外交事务，该问题最终才得以解决。 因为当时上海桑塔纳的国产化工作是由朱镕基同志主抓的，国务院领导都很关注。 得知该车门铰链异响事件迟迟没有得到解决后，中国时任总理、副总理在外事活动中特意向德国总理、外长进行了严肃的讨论，并希望德方加快予以解决。 只有面临这样大的压力后，德国大众才从巴西大众抽调组建了一个几名工程师的小组。 小组在巴西做了简单的测试和商议了方案之后，从巴西飞到上海，只花了很短的时间就解决了桑塔纳后车门铰链异响的问题。

　　桑塔纳后车门铰链异响问题的发展过程说明什么？ 其一，该问题在技术上解决并不是难事；其二，其实中方工程师是最早识别出技术问题的，并且也有主动去解决问题的意愿，但外方不接受由上海大众的中方工程师发动技术革新项目来解决此问题。 因为外方不接受合资企业形成能够有效识别问题、发展技术解决方案、落实为一个解决问题的工作小组，并还能持续积累经验的一整套组织性、制度性的机制。 因为作为富有工业化经验的观察者都会意识到，这些组织性的做法很可能会使得本土工程师、本土企业陆续形成培养自身能力的创新协同机制。 这与外方的利益是不相符的。 而外方的期望是什么呢？ 像上汽大众中的德方管理者代表韦尔肯纳在与中方人员的一次对话中所呼吁的，"你们踏踏实实地搞桑塔纳的国产化，我们保持生产图纸不变，这样我们在 2000 年左右就能把桑塔纳的成本降到 5000 美元一台。 那样的话，桑塔纳就会成为全世界最具有竞争力的汽车"。 我们今天回头看这种倡议是荒谬的，因为如果汽车连续多年生产而没有技术进步，那么即便这个车型真的降到了 5000 美元的成本，也是不可能获得主流消费者的支持的。 因为设想我们今天的消费者，也不会因为价格相对便宜一些就乐意于去追捧近 20 年之前设计出来的汽车产品。 但在这个倡议中，核心的还远不仅仅是外方所"宣传"的商品理念，更重要的是他们不期望中方工程师执着于启动新的车型项目，或者开展技术革新活动——尽管这些都是合资合同中明文约定的内容。

　　第四，对组织文化的塑造等，也就是通过长期强调制造本地化，抑制技术开发类活动的实践来改变组织成员的价值取向。 合资企业运行之初，中方出于偿还建设时所筹措资本的压力，往往非常强调生产的本地化，期望通过提高本地化来加快对经济的拉动，同时降低产品成本［当时不少合资企业案例中，汽车组装中所使用的全散件组装（CKD）套件甚至会比整车进口还贵］、提高企业的盈利能力。 这就使得企业内部在岗位设置、薪酬和人员晋升方面都对从事生产本地化的人员产生了倾斜。 本地化率完成之后，企业又强调进一步实现产能扩张，来获得更多的经济回报；同时为了维系企业的竞争力，合资企业还需要筹措资源用以后续引进所生产产品换代时所需的技术图纸和生产设备。 在这个过程中，在企业内部形成了固化的利益取向，形成了相对僵化的决策机制和组织价值取向。 企业内的待遇问题也对人才形成了非常强的虹吸效应，如当时一汽在技术和人才储备方面是国内最强的，但是在合资之后，因为合资部分和本土部分在待遇上有非常大的差异，很快的一汽汽研院很多技术人员被吸纳到合资部分的生产活动里面去了。

以上由跨国公司在"市场换技术"实践中用以对中国本土技术创新活动进行"去组织化"的举措，在不同国别的跨国企业之间是存在差异的。如上所述，在不同的国家的企业里，就对技术信息向中国的输出而言，日本和韩国的管理是最为严苛的，美国和德国相对来说比较宽松。 比较受到好评的是瑞典的沃尔沃在长安培养了大量的技师，以及法国雪铁龙与二汽东风合作的时候培养了一支技术团队——他们的的确确按照合同培养了一支大概三四十人的团队。

但是从结构上来说，所有的跨国公司都非常相似。 它们不欢迎中方工程师对合资产品进行任何的技术改造，它们拒绝开设技术研发项目、技术研发中心，努力地把技术开发部分在组织上跟生产部分区隔开来。 因此，不同国家的跨国公司在具体做法上的差异对于"市场换技术"是否能带动中国本土的创新能力而言，区别不大。 雪铁龙为二汽所培养的 30 多位年轻设计师后来出走，并成为奇瑞旗下的一支设计力量。 这批年轻工程师为什么要跑到奇瑞去？ 因为他们在法国受训完，回来之后发现自己没有用武之地。 因为不仅在东风雪铁龙里并不持续地存在技术革新项目，更不存在全新车型的开发；就连东风整体，也在持续地与不同的跨国公司进行合资，使得当时的东风集团旗下除了军用订单和尚处试验阶段的电动汽车，已经没有了本土力量独立掌控的汽车事业部。 这就使得这批年轻工程师想要有所作为的话，就必须要走出"市场换技术"的窠臼。

在"市场换技术"模式下，即便有企业设想跳出一味依赖合资开展生产的框架，转而将部分战略性资源投入产品和技术开发上来，它们也会遇到集体行动的困境。 因为当时我国在各行各业推动设立中外合资企业时，基本上国内好的工业企业都被放到合资那个盘子里面去了。 这使得如果有个别企业想要跳出这种做法，就会面临非常严重的系统性问题，因为没有其他企业愿意给它做配套。 这也恰恰说明了后来自主创新企业崛起时为什么会那么困难，因为在它们崛起的初期确实没有多少本土企业愿意为它们进行配套。

以上这些原因导致在"市场换技术"这种模式下中国本土企业陆续转变为全球生产体系当中的缺少话语权的参与者。 工业的生产规模得以扩大，但是中外合资企业没有产生任何实质性重要的技术和产品革新，更没有发展出积累创新能力的组织机制。 汽车工业中原有的产品平台被放弃了，如上海牌轿车就没有了，而红旗品牌则被放到了奥迪 100 的产品平台上。

2001 年已经有 12 家大型跨国公司在中国建立了 19 家生产型的合资企业，但是在全国，这一年所投放的新车型只有 13 个。 平均每个跨国公司当年投放的新车型也就一个。 如果我们拿它跟当今中国汽车市场活跃的创新相比较，那对比会是非常强烈的。 事实上，业内目前已经不太在意统计每年国内市场的新车型数量，因为在 2008—2009 年之后，中国轿车市场每年的新车型都在 200 种以上，整个产业竞争模式发生了根本性的变化。 在"市场换技术"阶段，因为中国本土没有形成开发新产品和复杂技术的能力，没有多少与跨国公司讨价还价的能力，那么跨国企业就可以将 10 多年前的老产品放到中国来投产，或者一个产品就可以持续主宰中国市场许多年。 所以当时形成了"老三样"以及后来的"中三样""新三样"之说。

面对"市场换技术"20年后中国本土产品开发能力不升反降、本土产品平台被纷纷放弃的局面，社会大众是不满意的。 事实上，从1998年开始，一些有远见的汽车产业记者就开始反思并引导社会上的讨论。 只不过当时自主创新企业还没有进入社会主流视野，人们对于"市场换技术"还没有形成竞争性的假说，由此也难以完全理解"市场换技术"的问题所在。 一些部委的领导干部也开始对此产生疑虑。 而2002年北京汽车与韩国现代公司组建合资企业，这对中国汽车业界带来了明显的冲击。 因为韩国汽车的起步明显要比中国更晚，但韩国的汽车集团却作为代表现代汽车工业的先进力量被引进到了国内来。 不少从业人员尤其是资深工程师开始反省我们自身发展道路的问题。 北汽现代在当时为了突破整车进口的限制，据说直接在天津码头拆解韩国现代的整车（拆轮子），运回北京后再组装回来，以此来满足国内政策对SKD（半散件组装）的定义。 这些传闻带来了巨大的社会影响，在人们越来越激烈的讨论中，"市场换技术"路线的危机逐渐浮现。

我们做一下总结。 如果回头看我们前面所讨论的，创新需要其参与者根据当时当地特定的技术需求与其他的合作者进行充分的互动，创新活动本质上就是一个互动性的过程。 从这一点来看，其实"市场换技术"之下的中国企业，与计划经济时期的中国企业有非常大的相似之处，即它们都没有充分的战略自主权。 它们在客观上不能完全自主地决定为何种活动而配置资源，无法决定怎么样完成组织动员。 唯一的差异是我们以为我们已经走进了市场经济，但是对于创新而言，这却不是市场经济。 因为这些企业缺乏足够的战略自主权去决定自己应该生产什么、研发什么、投放什么样的产品，未来的5年、10年以及20年企业需要依靠什么样的产品在市场上获得竞争优势，企业与哪些合作者进行互动，从哪里获得技术信息，向谁采购设备，请哪些合作者来为企业研发重要的零部件，请哪些合作者来为企业提供关键的技术服务。 这就使得面向创新所需要开展的互动性活动的主导权并不掌握本土企业手中。

（三）"自主创新"：夺回创新的组织权

同样是起源自 70 年代末 80 年代初的改革开放和相应的一系列制度调整，也为后来的自主创新提供了非常关键的条件。首先，当时中央要求"国防服从服务于国家经济建设大局"，随之而来的"百万大裁军"使得受到影响的军工企事业单位在 80 年代成为第一批开始尝试推动"市场换技术"这套体系发生变化的主体。先是从军事科研部门，后来到军工生产单位，经费和订单都被裁减，导致这些军工单位不得不进行大量的民用产品开发来自谋出路；中央也相应给了一些政策。包括今天的珠三角地区电子工业非常强的配套能力，它其实就起源于当时军转民的过程中，电子工业部作为有一定军工属性的部门，率先在深圳设立了一家名为桑达的企业，后来这个桑达变成了赛格，赛格后来又催生了今天的华强北。当时还引进了不少的港资企业，此外，还有部分国有企业跑到香港以"外引内联"的方式来寻找出路，把一些国外的电子标准件、低端件引入到国内来生产电子类产品。中兴和华为早些年就是先组装小收音机、小电风扇，后来逐渐在港商（部分也是国内在港设置的窗口企业）的引导下用单片机来组装电话交换机。

同时整个体制改革也带来了逐渐有利的条件，甚至"市场换技术"实践本身也在快速地冲击原有计划经济的工业管理体制。各工业行业部委从 90 年代中期开始逐步改革，先是并入国家经贸委，后来随着经贸委的改制，事实上大部分工业部委就消失了或者转变为各类事业单位或国有企业。剧烈的改革使得整个产业监管开始相对放松。以汽车工业为例，国内以往一直对"7"字头的轿车生产资质监管非常严格，以至于在 1988 年时，广西柳州微型汽车厂曾试图悄悄地与法国企业合作引进对方一条老旧的生产线。按道理说这种举措也与当时发展"中外合资企业""中外合作企业"的浪潮一致，但它依然难以为当时的行业管制所容纳。以至于在部委开会商议处置意见时，产业管理部门曾要求柳州微型汽车厂直接把这条生产线划拨给了东风。这足以体现当时监管之严格。但是随着相应的工业部委在 1994 年之后逐渐转型成为经贸委下面的国家局，各行各业计划经济体系的管制力度也逐步下降。 所以到 1996 年、1997 年，奇瑞和吉利进入汽车工业的时候，虽然引发了诸多的争论，事情并没有发展到当初柳州微型汽车厂那么剧烈的程度。

其次，改革开放也使得自主创新受益于当时国际产业大环境的变化。从 1973 年第一次石油危机一直到 20 世纪 90 年代，资本主义国家在制造业领域展开了持久的竞争。 以汽车业为例，各国在这场汽车业"世界大战"中的投资都非常巨大，因此在 90 年代剧烈的竞争过后，大量的巨型企业都无法维系原来非常庞大的体格，导致部分产线闲置，一些纵向一体化企业陆续解体。 在汽车工业里出现了一批由大企业分离出来的专业技术公司，分离出来的目的就是让它们利用外部市场，能够更好地存活下来。 还有一批为这些大企业服务的专业设计公司、工程公司、设备公司，也不得不开始到原阵营以外寻找新的市场以维持生存。

在这个过程中，不仅仅有跨国公司热衷于进入中国这样的新兴市场，也产生了大量的跨国公司人员外流。 所以，在自主创新企业里我们经常能够看到大量来自德国、日本和韩国的资深工程师在为中国企业提供车间层面上的管理服务。 更重要的是，大量可利用的外部资源的出现，为自主创新企业的出现提供了有利的条件。

通信设备领域中的先行者是巨龙公司。 巨龙公司源于原来为军工部门发展大型计算机的位于郑州的解放军信息技术学院由邬江兴（后来成长为院士和将军）带领的团队。 邬江兴团队把计算机领域中的大型机技术应用到程控交换机里。 1989 年，当他们第一次向邮电部申请入网许可的时候，邮电部不认可 04 机是程控交换机而坚持认为是计算机，拒绝了它的入网申请。 因为 04 机是军转民的典型案例，后来杨尚昆、江泽民两位国家领导人介入并希望邮电部能再给予 04 机机会。 所以，邮电部才在 1991 年的时候再次为它组织了论证会，并最终通过了 04 机的验收。

巨龙 04 机的成功对于当时整个中国的通信设备制造业有着非常大的意义，一方面是它打破了此前人们认为中国人搞不出万门以上大规模程控交换机的悲观论断；另一方面更为重要，它为本土创新企业树立了开发复杂产品的技术范本。 在程控交换机这个领域，从 20 世纪 70 年代开始被半导体集成电路和电子控制等技术所主导，开始频繁使用高集成度的芯片，这使得对国外引进的交换机开展逆向工程变得非常困难，因为其中最核心的控制逻辑电路都被高度集成在了芯片里。 而邬江兴在开发 04 机之前曾经去深圳干过两年计算机的“倒爷”，熟悉中英街那里的二手电子元器件市场，所以他初期发展 04 机时采用的都是市场上能买得到的通用芯片，然后用大型计算机领域中程序控制的知识把架构搭建起来。 这恰恰符合当时整个世界程控交换机发展的潮流：当时全球程控交换机架构技术发展的前沿（如中国在上海贝尔所引进的贝尔系统的 S1240 大型程控交换机）用的都是分布式控制的架构。 而邬江兴团队之所以用分布式架构，是因为他们手里并没有高集成度的芯片（国内没有供应能力），所以他们需要用多个最简单的芯片，用分布式架构搭建起程控交换机来。

但这极大地推动了国内同行理解程控交换机的核心技术。 因为当时从西方引进的程控交换机产品采用了高集成度芯片——即便是采用分布式架构的产品，也采用高集成度芯片来做封装——这导致中国企业没有办法通过逆向工程掌握其技术架构。 但是，邬江兴用摩托罗拉的通用芯片和一些二手芯片所搭建的 04 机就变成非常直观，可以说 04 机是把整个当时处于世界前沿的大型程控交换机产品的技术架构进行了解构，这使得“程序控制”的诀窍一下子就被扩散了，为当时自主创新企业的进入带来了可能。

在汽车工业中自主创新的先行者则是哈飞汽车。 哈飞汽车的母公司哈飞集团是从事直升机生产的。 同样是在 80 年代初，因为军工产品订单的下降，企业必须找到出路来解决自身持续发展的问题。 所以哈飞集团要调拨出 3000 人（最初 20 多人）去制造汽车，反过来养活自己在飞机工业里面的几万人。 而当时的工业管理体制也为军工单位留了一个口子，允许兵器和航空的几个国有企业集中使用两张造车资质来进行生产。 哈飞后来在开发汽车过程中，开始与国际技术公司合作。 合作对象是意大利的著名设计公司宾尼法利纳（Pininfarina，中文简称“宾法”），宾法长期为法拉利、玛莎拉蒂等顶级跑车设计外观，同时也为法国标致等大众汽车消费企业提供设计服务，但同样是因为世界汽车产业的剧烈变化，它不得不开始从包括中国在内的新兴市场寻找商业机会，并主动找到了哈飞汽车。双方接触之初商议的事项是由宾法为哈飞汽车设计新的面包车外观，而后宾法又逐步帮助哈飞汽车掌握了大量现代汽车工程开发的流程知识。

宾法寻找哈飞汽车合作的原因，主要是哈飞汽车拥有当时国内汽车业少见的计算机辅助设计技术（因为哈飞集团在飞机制造业已经使用计算机设计），同时哈飞汽车并没有进入大型汽车跨国公司组建中外合资企业的视野之中。哈飞之所以能从与宾法的合作中成功地掌握了技术知识，是因为企业将在合作项目中的主导权（"是否还继续合作""是否可以坚持要求宾法履行合同中的条款"）授权给了外派的中方团队。因为与宾法的合作几乎凝聚了企业谋发展的所有资金，对于哈飞汽车而言，这几个合作项目"只能成功不能失败"，没有回头路。在得到充分授权后的外派团队作为甲方掌握了合作中的组织主导权，他们根据合同条款，要求外方必须向他们开放产品开发的过程，并且要对中方讲清楚采用特定设计细节的缘由，并对合作过程中中方不掌握、不理解的部分做必要的解释。用创新活动的"组织性"的视角来说，就是中方团队获得了进入创新过程的机会，并且能够根据开发过程中所遭遇的问题、接收到的新信息，要求外方与己方进行必要的互动，使得中方能够在此过程中逐步构建起开发活动的系统性认识。而这种学习机制在当时"市场换技术"中外合资合作中都并不存在。

如果用社会学的视角，"自主创新"可以说是对"市场换技术"的一场反向运动。因为"市场换技术"实践本质上只能在一种非常不均衡的结构中开展：中方往往只能拿出最优质的国有企业（或剥离"不良资产"后的优质国有企业），然后再辅以优惠政策和政府直接投资，才能够对跨国企业形成足够的吸引力以建立合资企业。这种"扭曲资源价格"的做法决定了必然会有大量的边缘性的企业无法进入合资活动的范围内。

所以这场反向运动的实质就是原有经济体系当中被边缘化，或者对

"市场换技术"不认同的工程师站出来挑战这一主流做法，以谋求自身的生存空间或捍卫自身坚信的文化价值的一种行动。 他们最初挑战的方式也都非常简单明了：大量地从原有的计划经济体系和"市场换技术"企业中动员出人力资源来，通过重新发展一套组织架构来推动产品和技术的开发。 也就是说，人力资源主要都是在当时中国的工业经济体系中已有的（并没有大量的系统外资源的引入），但采用了不同的组织逻辑。例如，奇瑞汽车在创业阶段有大量一汽的工程师参与，甚至奇瑞总部在芜湖当地的门牌号都是一句无声但又振聋发聩的口号，"芜湖市长春路 8 号"。 这几乎就是包括尹同跃在内的一批从 30 多岁到 70 多岁的一汽几代工程师们对当时中国轿车工业陷入对跨国公司技术依赖不满的心声。 吉利的李书福同样从一汽、二汽以及后来被收购的南京汽车中，引进了国有汽车工业中的专家来担任自己企业的技术方面的主管。 吉利汽车变速箱方面的负责人就是原来天津齿轮厂的厂长，因为天津汽车被一汽收购之后要跟丰田进行合资，所以就没有了这些资深工程师的用武之地，这个齿轮厂的厂长不接受闲职，直接跑到吉利去做变速箱的研发了。《潮起》一书中还详细介绍了一汽的工程师们自发搞了一个"三口乐"车型，事后非但没有得到鼓励还险些受到企业内部处罚的故事，后来参与"三口乐"的一批骨干工程师在退休之后很快就跑到吉利去延续他们自主开发产品的执着精神去了。

而华为和中兴对邮电部、电子部下属的国有企业、研究院所的人员整合，以及在 1998 年之后对中外合资企业的人员整合就非常厉害了，这个在《潮起》中有详细的介绍。 我把这个转变称为"对中国人力资源的一次重新定价"，因为在"市场换技术"框架下，中国的工程师往往只能提供生产、质量管理、售后服务这样一些功能，在自主创新企业崛起之后，他们才被重新布置到了生产研发、技术和产品研发活动里来，这产生了对他们功能定位的重新调整，使得中国从人口红利变成了工程师红利。 因此，研究跨国公司的学者们也都发现，从整体上跨国公司开始在中国设立研发中心的转折点普遍都是在 2005 年。 这显然是受到了中国自主创新企业崛起和国家发展战略转变的影响。

自主创新企业的组织策略非常开放。 这与当时的"思想市场"中的各种说法是不一样的。 在2004—2005年的自主创新大讨论中，不少反对者说自主创新是"封闭式创新""闭门造车"甚至是"走改革开放的回头路"，这都是严重不符合实际的说法。 从创新活动的"组织性"视角来看，自主创新企业远远要比"市场换技术"企业开放得多。

所以自主创新企业与"市场换技术"企业核心的区别在于，技术活动组织的主导权掌握在谁的手里。 在"市场换技术"之下，那是由跨国公司来主导的，中国企业所从事的活动只不过是他们体系的一部分。 至于怎么样的互动、跟谁互动、交换一些什么样的信息都由这套体系说了算。 而自主创新企业则恰恰相反，哪怕他们最初的产品再粗陋，但是为了什么目的而进行互动、互动什么、找谁来合作、采用什么样的设备、进行怎么样的技术调整，这都是由本土企业自己来主导完成的。 这是自主创新和"市场换技术"的最大的区别。

自主创新企业在组织学习中采用"小步快跑"的战略，通过大量的开发实践来形成技术能力。 产品和技术开发既是竞争的目的，也是竞争的工具。 2004年，我们在奇瑞做过一轮小范围的工程师的调研，发现年轻的工程师都在以矩阵式的形式加入不同的项目，以至于当时每个工程师身上担负的开发项目多达12个。 大量的实践锻炼和真实的责任担负，使得哪怕是刚毕业的年轻人，也能迅速地在工作中成长起来。 当然，在这个过程中，实质上企业既是投资于产品和复杂技术开发的项目，也同样是将战略资源投资于企业人员的能力成长。 因为新的组织方式的形成不可能是一句空话或根据教科书上的指南就可以完成的，它需要企业通过大量投资到新技术新产品的开发项目，在实践中来把整个人员的组织能力、技术能力动员整合起来，通过不同部门以及不同企业之间的互动，使这些能力能够被有效地协调，重新编织成为一张有机的网络，来服务于本土的技术和产品的开发。

而在这个过程中也形成了政治性的转变，我在书中把它称为"工程师主导型的企业"，因为这些自主创新的企业在初期没有得到政府的优惠政策，在资源和市场影响力上也处于劣势，所以跨国公司不会跟它们合资。因此，这些自主创新企业不得不通过依赖本土企业内部的工程师的能力成长来获得企业的发展进步。 所以企业把大量技术合作、技术开发当中的资源的决策权都下沉移交给了这些一线的开发团队，由一线工程团队根据复杂多变的创新过程中的需要来动员资源、调整协作机制、推动技术开发过程。 2011 年，任正非在华为内部的发言 "让听得到炮火的人来指挥炮火"，很好地概括了这种特征，即让那些在现场当中面临问题、解决问题，并且正在与友商开展协调工作的工程师、一线工程团队来决定与产品相关的资源应该用于什么样的地方、应该做怎样的调整。 2014 年，华为还专门拿广州分公司做了一个试点，把广州分公司需要向深圳本部进行汇报的事项，从 200 多项降到了 40 多项，把更多的自主决定权交付给前线的这些工程师和工程开发团队。

这深刻地说明，自主创新企业的崛起，与"市场换技术"企业相比，不仅仅是企业的经营战略指向以及所投入的资源的问题。 自主创新过程中所出现的一系列反例更好地说明了这一点，书中介绍了某金融家主掌华晨汽车的例子。 随着奇瑞、吉利等企业的崛起，当时该企业也决定模仿这些自主创新企业的经验来开发轿车。 但这些金融家以为自主创新经验当中最重要的是资源类问题，即花大价钱与国外一流的技术公司合作，购置顶尖水平的开发和生产设备，等等。 他们在开发 M1 车型时，与超过 40 个国外的技术公司来进行技术外包的合作。 但在对外合作项目中，他们并没有强调本土工程师团队对整个过程的把控，导致开发过程中的创新互动并不是由企业内部工程力量来组织的，而是交给了接收外包任务的国际技术公司。 这导致整个 M1 项目前后花费了 40 亿人民币，结果生产出来的第一批车型连基本的工程性能都有瑕疵，车跑起来方向都会跑偏。 这个例子充分说明了自主创新的核心是"组织性""政治性"的，企业是如何在工业和技术活动中重构组织性，谁来掌控创新活动中的组织过程的问题。

四、为什么要采用"新型举国体制"解决重大创新问题

2004—2005 年国家政策向"自主创新"的转变，可以说是再一次由危机机制驱动了的结构性转型。 但是如果用 2017 年中美关系发生重大改变后的视角往回看，当时的转型其实并不彻底。 人们当时还只是站在企业或产业的中微观层面上来看待创新问题，还比较缺乏系统性认识。 这种系统性认识的缺乏有多种表现。 一种是激烈讨论应该由"谁"去承担创新任务。 比如说在 2005 年《科技中长期规划》总体组里，还说到底谁才是创新的主体有过非常激烈的争论，不少参与者依然认为科研院所才是创新的主体，只有经过激烈的讨论，这个"创新主体"的定位才被放到了企业身上来。

但即便如此，人们还主要认为自主创新更多只是企业战略、产业战略的问题。 2007—2008 年，国资委改变了对国有企业负责人的考核标准，也就是说，人们认为创新主要是企业的经营战略问题。 这个认识并不彻底，以 2017 年之后的视角来看，当时我国的工业体系，或者说创新体系并没有发生系统性的转变，大量的企业依然是挂靠在以跨国公司为主导的全球生产网络之下，沿着别人的技术路线图，沿袭着别人的整个技术和产业的议程，然后采购国外的生产零部件、技术服务来发展自己的产品。 因此，在自主创新的过程中我们常常可以看到创新型企业不得不搞纵向一体化的现象，它的本质就在于缺乏本土产业链创新链的支持，所以自主创新企业在早期不得不普遍通过自身内部投资来完成对创新小生态的建设。 如在汽车工业中，像吉利、奇瑞这样的企业都普遍直接投资了 40—50 家核心零部件企业，同时围绕着它们往往最后会形成 200—300 家关键供应商；甚至，奇瑞为了解决它的整车出口问题，还收购了芜湖造船厂。 因为奇瑞是国内汽车业出口的先行者，但当时国内没有企业愿意为它提供整车出口要用的滚装船（特殊的大型货轮）。 而对于造船企业来说理由也很简单，因为国内此前没有这样的业务，创新型车企的前景又不明朗，所以造船企业不肯轻

易把战略性资源放到与本土企业的创新互动中来，那自主创新车企只能自己下场来做，自己开发和制造滚装船。芜湖造船厂因此也走上了创新的道路。近期的一则新闻，说国内第一艘海上油田压裂工程船下水了，打破了国外的垄断，这就是芜湖造船厂生产制造的。

奇瑞做的不仅包括造船，也包括制造机器人、叉车、传感器等一系列的技术和产品；比亚迪也同样如此，从有色金属到电池到整车的各个总成，大量的零部件都得"全栈自研"。这都是因为它们在对全球生产网络的"脱嵌"过程中，没有办法得到本土其他企业的支持，没有办法简单地通过市场协调来完成自主创新所需要的互动机制，所以只能利用"看得见的手"在企业内部构建创新小生态，来保证自身根本的生存和发展。

像华为也同样如此，做过电源、光缆、海底电缆，等等，今天还为光伏工业提供逆变器，为新能源汽车提供激光雷达。华为的太阳能逆变器是怎样发展起来的？那是因为在高寒地区的基站，半夜里温度能够到达零下40 摄氏度，基站本身要解决供暖问题。供暖问题怎么样解决？搭一个太阳能板，做一个逆变器，然后为这个基站进行供暖。但国内当时没有企业愿意为它提供这项配套服务，所以华为只能自己做太阳能和逆变器，因此，今天它已经是国内最大的逆变器供应商，甚至也可以成为大型的太阳能运营商。

所以在这个背景之下，我们就能很好地理解为什么在 2019 年，当中国面临新一轮的国际外部环境的巨大变化，也就是新一轮危机到来的时候，要强调新型举国体制。因为美国的"脱钩断链"、欧洲的"去风险化"，从本质上对于约束发展中国家的创新互动机制来说，与 20 世纪八九十年代跨国公司到中国所做的事情没有什么差异，都是想切断中国企业的自主创新过程。中国企业过去发展起了依赖国际体系的组织性的互动机制，它们通过切断技术供应的方式，使得中国创新所依赖的共同体没有办法有效运转，期望迫使中国企业只能回到制造，顶多是工程开发的那些环节里去。

在此背景之下，中国有大部分企业都是挂靠在由跨国公司主导的全球性产业链创新链上，没有创新组织性的主导权，因此出现了新的危机。而党中央的一系列政策手段就是对这些危机的回应。 其中,新型举国体制要做的,除了攻克部分关键技术"卡脖子"问题①,其实恰恰就是把企业之间的协调互动、为创新而发展的组织性机制的主导权抓在手里;它的具体逻辑就是通过若干的大型项目来完成实践经验的积累,使得国内的企业与企业之间、国内的企业与科研院所之间、不同的供应商、不同的行业企业开始协作起来。 而这个协作本身会形成一个公共品,然后使得本土的工业企业能够形成定位问题、分析问题、解构问题,然后再进行分工,然后再进行整合的整个过程。

因此,新型举国体制可以认为是在新的背景之下,人们想要通过国家介入的方式来形成系统性的创新活动的组织性机制。 我们经常打趣说,在2017 年美国对中国的半导体工业进行打压之前,中芯国际是没有足够的兴趣来为中国本土的那些电子产品企业来供货的,因为中芯国际自身也是世界前五大半导体集成电路厂商,它的目标是国际市场上的高端买家。 而另一方面,华为在 2019 年之前也是不会把自己的订单交给中芯国际的,因为它的竞争对手是苹果公司,所以它指导世界上最好的台积电为它来代工。这些优秀的中国企业,包括上海微电子、中芯国际和华为此前在国内都是缺少深入的创新关联的。 而当特朗普上台后,他教育了我们,这些企业不得不关联起来了。 而这种关联性一旦被搭建,它就有机会能自我孕育形成一个共同体,来解决问题。 你知道我在哪里,我知道你在哪里,你知道我能做什么,我知道你能做什么。

当然目前国内建链的工作依然难以说是完美的。 当我开始就新型举国体制的问题发声后,经常会有业界的朋友告诉我在哪里又发现一家企业,这家企业是给日本的光刻机做运动台的,也就是最核心的机械部件。 但是这家企业居然没有得到政府的资助,因为该企业此前也并不知道自己在日本光刻机生产系统中的位置,而政府和国内的大企业更是不了解它们在做些什么。 也就是说,今天我们国内为创新来进行互动的共同体联系依然是

---

① 从另一个角度来说,关键技术被"卡脖子"实质上也是创新互动中的缺陷问题。

薄弱的。 整个产业共同体，企业与企业之间、产业与产业之间的衔接依然需要通过新型举国体制来解决。

而这样一些现象，其实在美国半导体工业里有非常好的一些经验。 甚至在计划经济时期，我们也是通过一系列的举国体制来发展起刚才所说的一系列被我们所批评的体制。 如整个中科院体制，它一部分的建制其实是"两弹一星"的产物：原来中科院只有少数的几个所，只有"两弹一星"以后，各种各样不同的部门、不同的所才组建起来。 包括计划经济时期的工业部委体制，也是在 50 年代末中苏交恶之后，通过一系列会战而发展完善起来的，例如，机械工业部的体系是当时沈鸿副部长等领导在搞九大装备的过程中得到完善的。 通过大型的工程技术开发项目来构建国内的主体，使得不同主体之间产生衔接，这和我们在新的时期里所需要完成的工作性质是一样的，只不过具体的任务有所不同罢了。

以上就是我自己对中国工业发展几次结构性转变的理解。 企业为创新要发展它的组织性机制，为创新的互动来产生一套有资源保障、组织动员保障、组织整合保障的一套体系。 我们可以看到，在此过程中，来自发展中国家的决策者和企业的负责人、战略制定者，其实都是在这个过程中前进，我们的认知都有时代局限性。 我们活在生产生活的实践里，也活在不同时期的"思想市场"里。 我们今天形成了新的认识，也意识到此前阶段的不足。 但由于我们在每一时期固有的认知局限性，也由于我们所面对的事物与矛盾必定是不断发展和运动的，那么很可能在 20 年之后我们的后辈学生再回头看我们今天的所思所想，也难免会觉得有所不足，甚至会对我们指点与批评。 为此，我们需要在形成自主知识体系的过程中，一面要广泛地吸纳世界各国的优秀思想，另一面又必须坚决地紧扣中国发展的实践，紧扣我们认识问题、解决问题的实践。

在这个过程中，我们会走不少的弯路。 在努力融入全球化的过程中，"市场换技术"帮助我们解决了产品换代换型的问题，提高了生产制造标准，增强了制造能力，但对于复杂产品和技术的创新问题，它并不能产生实质性的推动作用。 但是"市场换技术"和中国的市场化改革又为自主创新的崛起提供了一系列好的条件。 2005 年那一轮的自主创新只是解决了少数企业崛起的问题。 而在 2017 年、2019 年之后，我们今天所面临的问题事实上是整个系统的转变。 整个系统的转变，其实只能够通过政府的介入，也就是非市场力量的介入，使得大家必须联结起来，然后通过一系列的项目来完成本土为了创新活动而进行的互动，进行组织性安排的这样一套机制。 在这套机制形成之后，政府这只手就可以撤出，因为这样一套机制它能够自我衍生，然后形成自己定义问题、解析问题，最终自己完成整个议程的一种能力。 而这才会形成真实存在的一个市场竞争环境，才能够有更多的企业与企业之间的竞争，科研院所与企业之间的合作与竞争，以这样一种方式来完成创新活动的组织。

（封凯栋，北京大学政府管理学院长聘副教授）

印度研究的意识形态和话语权转移

——从 1986—1987 年中美南亚研究代表团互访说起[*]

张忞煜

引言:跨太平洋而来的"南亚来客"

1986 年 1 月,一个由九位美国南亚研究学者组成的代表团在中国社会科学院南亚研究所的邀请下抵达了北京。 这次由美国美中关系全国委员会（National Committee on United States‑China Relations）和福特基金会组织的访问团在"中美蜜月期"①的友好氛围中停留了 20 天,走访了北京、西安、成都、昆明、上海等地南亚研究的院所机构。② 美国南亚研究访华代表团成员、麻省理工学院政治学教授迈伦·韦纳（Myron Weiner）在中国南亚学会会刊《南亚研究》上发表了改革开放后率先介绍美国跨学科地区研究的文章《美国研究南亚问题的一些情况》。③ 一年后的 1987 年

* 本文为北京大学区域与国别研究学术基金招标项目"境外南亚地区研究学术史研究"的研究成果,基于北京大学区域与国别研究院、陈翰笙世界政治经济研究中心主办的"自主知识体系构建与区域国别学新视野"系列研讨第九讲"东方主义、民族主义和后殖民主义:印度研究的意识形态和话语权转移"进行整理。

① 在此前的 1985 年 7 月和 10 月,时任中国国家主席李先念和美国副总统老布什先后互访。
② 文水:《美国南亚研究考察团访华》,《南亚研究》1986 年第 1 期。
③ ［美］迈伦·韦纳:《美国研究南亚问题的一些情况》,刘学成译,杨瑞琳校,《南亚研究》1986 年第 2 期。

4月，中国方面又组织了来自北京、云南7名学者组成的南亚研究代表团回访美国。 今天在中国学界探讨区域国别研究学科建设的浪潮中不乏介绍美国学科史之作，但这次已经被淡忘的南亚研究学者代表团互访提醒我们彼时的中美两国亦拥有可以互相对话的综合性南亚研究学科体系。

中美两国南亚研究的人文学科基石，即对南亚语言文学的研究都得曾益于近代欧洲的印度学（Indology）。[①] 但是至少不晚于20世纪40年代，中美国两国都在太平洋战争的硝烟中开始建立综合性的南亚研究，并在冷战中从各自对人类命运的不同理解赋予了了南亚研究新的内涵，促使两国的南亚研究走向了与英国、德国、法国、日本等传统印度学强国并不一样的道路。 因此，在已充分回顾从欧洲到中国或从欧洲到美国的"印度学—南亚研究"学科发展史[②]的基础上，本文将以20世纪40年代以来中美两国互有交集亦互相竞争的"印度—南亚研究"为缘起，挖掘那些已经被后冷战主流话语所掩盖的历史记忆，为思考与区域国别研究的内涵和外延相关的话题提供一个新的个案视角。

一、中美南亚研究的"红色因缘"与"分道扬镳"

在美国人类学家杜宁凯（Nicholas Dirks）于21世纪初应邀撰写的美国南亚研究学科史中简略地提到了一条常被忽略的线索，即以经济学家丹尼尔·索纳（Daniel Thorner）为代表的美国马克思主义学者的贡献。[③]

---

① 例如，美国宾夕法尼亚大学南亚系创始系主任威廉·诺曼·布朗（William Norman Brown）和北京大学印度学学科的奠基人季羡林先生的学术之路都可以追溯到德国古典印度学。

② 例如王邦维：《北京大学的印度学研究：八十年的回顾》，《北京大学学报（哲学社会科学版）》1998年第2期。 DUAN Qing, "What Does Indology Mean Specially for China," in *Indology*：*Past*，*Present and Future*，ed. S. Bhate（New Delhi：Sahitya Academy, 2002），pp. 223 - 232；Zhang, Minyu, "Re-discovering Buddha's Land：The Transnational Formative Years of China's Indology," *Translocal Lives and Religion*：*Connections between Asia and Europe in the Late Modern World*，Philippe Bornet, ed.（Sheffield：Equinox, 2021），pp. 149 - 168；Nicholas B. Dirks, "South Asian Studies：Futures Past," *The Politics of Knowledge*：*Area Studies and the Disciplines*，David Szanton ed.（San Diego：University of California, 2003），pp. 1 - 55.

③ Nicholas B. Dirks, "South Asian Studies：Futures Past," p. 4.

若进一步以跨国史的视角跳出当下以民族国家和学术语言为边界的学术史框架，就会发现，中国、美国、印度等许多国家都曾身处全球左翼学术网络，而这一传统对中美两国的南亚研究从欧洲式的语文学研究发展为综合性的人文社科研究至关重要。

（一）陈翰笙与丹尼尔·索纳

印度的命运曾倍受马克思和恩格斯关注。 自 20 世纪 40 年代以来，①印度更以其相对健全且有社会影响力的共产党组织在非社会主义阵营国家中格外亮眼。 因此，印度—南亚既是各国左翼学者的重要研究对象，也相应地成为马克思主义学术持续发展的重要场域。

1944—1946 年间，两位农村问题和经济学专家——来自中国的陈翰笙和来自美国的丹尼尔·索纳便在印度相识。 索纳非常认可陈翰笙对印度农村经济的研究，并帮助陈翰笙于 1948—1949 年申请到宾夕法尼亚大学的资助开展研究。 陈翰笙于 1951 年回国前，亦将自己的英文专著手稿交由索纳保管。

但是，随着中美两国国家利益和意识形态矛盾扩大，两国的南亚研究在五六十年代走向了两条完全不同的道路。 索纳和多名宾大的南亚研究专家都曾在二战期间在华盛顿的战略情报局（Office of Strategic Services）工作。 然而，这段为国服务的经历并没有让索纳免于麦卡锡主义者的迫害。一种说法认为美国联邦调查局强令索纳提供左翼学者名单，但是索纳没有屈从，并因此失去了宾大的教职。 在 1952 年，也就是陈翰笙离开美国一年后，索纳也被迫离开美国，前往印度。 然而，1962 年中印边境冲突爆发后，印度国内同样出现了与麦卡锡主义相似的、以"通中"罪名搜捕和打击左翼人士的浪潮。 虽然一部分左翼知识分子成功地通过与尼赫鲁家族的合作为马克思主义学术赢得了生存的空间，但也因此不可避免地陷入了自

---

① 印度共产党于 1942 年获准合法活动，此时的英国与苏联已经结成反轴心国同盟。

我设限的发展困境中。①

此时的索纳也已经离开印度来到了法国社会科学高等研究院（École des hautes études en sciences sociales）任职。相比二战后越来越强调学科细分的美国社会科学（索纳所从事的经济学领域尤其如此），法国学界自 20 世纪初以来形成的对人文社科的总体性关怀给了索纳更大的发展空间。可能由于通信断绝，索纳误以为陈翰笙已不再从事印度研究。于是在 1965 年，索纳决定将陈翰笙的手稿整理出版。②但是，索纳不知道的是回国后的陈翰笙已经在 1959 年出版了中文版的《印度和巴基斯坦经济区域》，并主持创立了中国科学院世界历史研究所，设计了印度史方向。

（二）"亚非革命"与"民主化—现代化"

索纳与陈翰笙的故事仿佛就是中美南亚研究的缩影。背井离乡的索纳象征美国南亚研究在冷战中迅速褪去了其红色底色，陈翰笙和他在中国、印度两国的同行们在 60 年代则续写了这段全球左翼学术网络的故事。1963 年 6 月 14 日，中共中央发布《关于国际共产主义运动总路线的建议——中国共产党中央委员会对苏联共产党中央委员会一九六三年三月三十日来信的复信》。同年 12 月 31 日，中共中央转发中央外事小组、中央宣传部《关于加强研究外国工作的报告》，决定建立一批国际问题研究所，其中便包括日后在南亚政治研究方面扮演了重要角色的北京大学亚非研究所（后并入北京大学国际关系学院）和四川大学南亚研究室（今四川大学南亚研究所的前身）。

与新中国南亚研究形成鲜明对照的是，麦卡锡主义的冲击扭转了美国南亚研究的发展轨迹。很快，新一代美国学者开始填补被迫出走的左翼学

---

① 张忞煜：《独立后印度马克思主义史学的贡献与局限——一项以阿里格尔学派的穆斯林王朝史研究为核心的考察》，《史学理论研究》2024 年第 1 期。

② Daniel Thorner, "Foreword", Chen Han-Seng, *Agrarian Regions of South Asia：A Benchmark Study of British India Centred on the 1930s*, Daniel Thorner, ed. （New Delhi：Allied Publishers, 1980）, pp. v-vi.

者留下的空间。 1957 年，当时才 26 岁的迈伦·韦纳出版了他的成名作《印度政党政治》(*Party Politics in India*)。 该书深受阿尔蒙德的行为主义政治学研究范式影响，并将访谈法、问卷调查等社会学研究方法引入印度政党研究。[1] 韦纳以及他的许多学生的研究日后开辟了一条建设美国自主的印度政治研究知识体系的道路。 韦纳的印度政治研究吸纳彼时正在帮助美国知识界摆脱对欧洲社会科学依赖的社会学和经济学研究成果，既不同于英国式政治史研究，更倾向于以共时而非历史主义的路径来研究印度政治，也不同于以马克思主义政治经济学为基础的左翼学术研究路径，更突出多党制下的投票行为的研究主体地位。

美国政界对以自己为模板推进第三世界"民主化"和"现代化"的战略为印度政治经济研究摆脱麦卡锡主义的阴影提供了新的框架。 独立后印度相对稳定的议会选举使研究者可以更加方便地将基于美国政治的研究得出的理论和方法运用于印度研究，而印度复杂多样的政治文化生态又为丰富和发展美国的政治学理论提供了源源不断的田野素材和实证案例。 如果将政治学研究也视为一种特殊的知识商品生产，那么作为理论生产者的美国和作为素材提供者的印度，便形成了一条对美国知识界来说堪称完美的产业链。

尽管还有很多史料缺环，但从现有的碎片化信息中也已经可以看出，左翼知识分子的全球网络在塑造一个共同的、综合性的印度研究问题意识上其实同时影响了美国和中国。 而这段被遗忘的历史也提醒我们，现实战略对地区研究赢得必不可少的人力物力支持来说不可或缺，但是在现实战略需求和具体研究产出之间，依然需要能够有效连通从基础语言文化到政治经济各研究领域宏观理论的"黏合剂"，方可有效构筑系统性的知识结构。

---

[1] D. B. Forrester, "Approaches to the Study of Indian Politics," *Political Studies*, vol. 16, no. 2 (1968), pp. 277 - 284. 感谢上海外国语大学陈金英教授就韦纳的研究及其学术贡献提供的帮助。

二、美国印度研究的"知识去依附"之路

如前所述，一年后的 1987 年 4 月，中国代表团回访美国。 中国代表团拜访的重点是美国研究印度政治经济的机构和学者。 根据中国学者的记载，"美国对南亚国家进行多学科的综合考察，即所谓'地区研究'约始于 40 年代中期"。[①] 中国学者的这段表述很大程度上重复了迈伦·韦纳在访华时向中国同行明确表达的 "印度学—南亚研究" 两分法，[②]即南亚研究是有别于印度学的独立学科领域。 鉴于耶鲁大学早在 1841 年便已经开始教授梵语，这一学科史的描述跳过了约 100 多年美国印度学史的学科史。 这也表明，至迟到 20 世纪 80 年代，美国的印度研究已经基本摆脱了对 "欧式印度学" 的范式依赖，可以用独立的 "地区研究" 学术共同体面貌迎接来自太平洋彼岸的中国客人。 下文将探讨美国如何逆转了人员流动和学科话语权格局，进而从欧洲印度学的外围，发展成为现代南亚研究的中心。

（一）美—欧印度研究人员流动逆转

欧洲式印度学，尤其是古典学是美国印度研究最早的基石之一。 曾任美国东方学会（American Oriental Society）会长的印度学家惠特尼（William Dwight Whitney）便曾赴德国学习梵语。 在学习欧洲东方学，尤其是在德国以梵语为中心的古典印度学的过程中，美国也建立起了与欧洲大陆相似的东方学学科体系。

美国传教士，尤其是新教传教士，是最早开始赴印度开展实地研究的一批美国学者。 例如美国的浸礼宗传教士塞缪尔·亨利·凯洛格（Samuel Henry Kellogg）便曾以其对印地语语法的深入研究而获聘英国

---

① 杨瑞琳：《中国南亚研究学者代表团访美报告》，《南亚研究》1987 年第 4 期。
② 〔美〕迈伦·韦纳：《美国研究南亚问题的一些情况》。

在印度开设的文官学校威廉堡学院授课。 从凯洛格的例子可以看出，此时美国印度学，很大程度上只是以欧洲为中心的印度学知识体系的边缘成员。 当时的美国本土不仅无法吸引欧洲学者，反而在为英国提供人力资源。

真正促使美国印度研究做大做强的是第二次世界大战、英国退出南亚以及之后的美苏冷战和亚非国家解放运动。 为美国开辟了"印度研究新赛道"的宾夕法尼亚大学南亚系创立于 1948 年，也就是印度独立后的一年，并得到了卡耐基、洛克菲勒和福特基金会三大基金会的支持。 1954—1957 年，位于西海岸，历史上便不乏印度裔移民定居的加利福尼亚州，加州大学伯克利分校也在美国福特基金会的支持下，由政治学家理查德·帕克（Richard Park）创立了现代印度研究计划。 此后，帕克又赴密歇根大学任教，并建立南亚研究中心。 1961 年，宾大南亚系的创始人布朗和帕克等成立了美国印度研究所（American Institute of Indian Studies）。

由更关注政治问题的学者创设的新的南亚研究地区项目，并不意味着与美国的欧式印度学传统一刀两断。 相反，美国充分利用了二战后欧洲国家国力衰落、高校资助力度下降的有利条件，开始吸收欧洲学者和青年学生来美国从事南亚研究。 例如，1963 年春季，法国学者夏洛特·沃德维尔（Charlotte Vaudeville）便应邀赴美国芝加哥大学讲学。 曾在印度生活的沃德维尔是当时极少数熟稔早期现代印地语的白人学者，而她之所以能深入北印度研读印地语文献，又和法国知识界与北印度知识界的互动有关。① 沃德维尔在芝加哥的讲学为美国知识界播下了研究早期现代印地语经典文献的种子。 在沃德维尔之后，不乏成名的欧洲学者和优秀的青年学生赴美发展。 如帮助美国得克萨斯大学奥斯汀分校建立"印地语—乌尔都语旗舰项目"的鲁伯特·斯内尔（Rupert Snell）原本任教于英国伦敦大学亚非学院。 现在美国华盛顿大学亚洲系的海迪·保韦尔斯（Heidi

---

① 沃德维尔与在印度北方的安拉阿巴德大学印地语系的学者保持了良好的合作关系，而安拉阿巴德大学印地语的创始系主任迪伦德拉·瓦尔马（Dhirendra Verma）正是在法国巴黎索邦大学获得的博士学位，从事方言学研究。

Pauwels）则是在比利时鲁汶大学念完了本科和硕士之后，在华盛顿大学获得博士学位并留校任教。①

从凯洛格为英国东印度公司的职员学校服务，到越来越多的欧洲学者和青年学生转投美国高校的南亚研究系科。这在某种意义上标志着美国开始有能力吸纳欧洲国家与印度之间的文化纽带产出的人才和学术成果。即便在基础的印度语文研究领域，二战后的美国都开始从知识生产的边缘跻身中心地位。

（二）美—欧印度研究的话语权逆转

美国对地区研究强有力的资金支持无疑是 20 世纪后半叶以来美国印度研究发展的基础，但美国印度研究从边缘走向中心亦非"人傻钱多速来"就能成就的，北美后殖民主义学术对欧洲学术权威的系统性批判和解构加速了"美升欧降"。

作为一个批判性的后殖民主义学术概念，东方主义（Orientalism）源于萨义德（Edward Said）首版于 1978 年的专著《东方学》。在这部著作中，萨义德系统地批判了英法殖民学术体系如何建构了东方。萨义德的批判很快得到了芝加哥大学的印度学研究者罗纳德·因登（Ronald Inden）的回应。因登在《印度的东方主义建构》一文中便将萨义德式的后殖民主义批判应用于印度研究。② 然而，在学习后殖民主义对东方主义建构的批判的同时也应当注意到，带有"反殖民性"的后殖民主义对东方学的批判的实际效用，即解构了英国、法国、德国等"上一代南亚研究知识中心"的知识权威。而美国知识界从七八十年代以来对欧洲印度学的系统性解构，与欧洲印度研究的人力资源流失，以及美国逐渐成为更有影响力的印度研究中心，相辅相成。

---

① 保韦尔斯在鲁汶大学的老师维南德·卡莱瓦特（Winand Callewaert）曾受前面提到的法国学者沃德维尔的鼓励开展印地语文献研究，但在他退休后，鲁汶大学撤销了印度学的讲席。

② Ronald Inden, "Orientalist Constructions of India," *Modern Asian Studies*, Vol. 20, No. 3, 1986, pp. 401 - 446.

　　但是，尽管同样被归入后殖民主义的大范畴内，印度研究领域可能比萨义德所属的中东研究领域更加复杂，或者至少说，不能简单将后殖民主义印度研究视为后殖民主义中东研究的派生物。杜宁凯认为研究印度乡村社会的人类学家科恩（Bernard Cohn）早在 1970 年便已开始批判殖民知识体系对印度乡村的想象，可见印度研究的后殖民主义转向并非完全受萨义德影响。①

　　就这样，印度农村研究在前面提到的索纳和陈翰笙离开美国之后，再一次回到了我们探讨美国学术界的舞台中央。麦卡锡主义的迫害破坏了美国左翼学者建立的、对印度农村经济和社会的研究。但是，麦卡锡主义者并不能解决美国政府面临的现实挑战——如果印度无法有效实现农业现代化，无法有效缓解农村的阶级矛盾，印度发生类似中国的红色革命并非完全不可能。而这一诉求与同样不愿意被革命浪潮淹没的印度国大党人和温和派的学院知识分子一致。事实上，在此之前的 1961 年和 1963 年，也就是索纳和陈翰笙离开美国大约 10 年后，毕业于牛津大学的印度人类学家斯里尼瓦斯（M. N. Srinivas），便应邀赴芝加哥大学和加州大学伯克利分校刚刚成立不久的现代印度项目讲学。斯里尼瓦斯以对印度农村和种姓制度的研究著称。相比同样活跃的印度（裔）马克思主义政治经济学批评②，从英国学成回国的斯里尼瓦斯的学术理念更接近结构功能主义。斯里尼瓦斯并不认为印度乡村是一种完全静止、僵化的社会，甚至印度教种姓制度下也可以存在一种被称为"梵化"的社会流动现象。他的研究积极回应了美国知识界关于现代化的讨论，并热忱地希望从美国社会学中汲取可供印度社会学界参考的理论和工具。③而他对这种渐进变化的倾向、英国殖民与种姓制度的关系的关注，很有可能也影响了当时芝加哥、伯克利一批学

---

① Nicholas B. Dirks, "South Asian Studies: Futures Past," p. 20.
② 例如〔巴基斯坦〕哈姆扎·阿拉维：《印度与殖民地生产方式》，张忞煜译，《亚非研究》2021年第 1 辑。
③ M. N. Srinivas, "Sociological Studies in India," *Economic and Political Weekly*, vol. 1, no. 3, 1966, pp. 119 - 120.

者和青年学生。① 就这样，美国学术界在麦卡锡主义对左翼学者的迫害和结构功能主义社会研究对冲突论社会研究的替代，完成了对左翼学术的"先破后立"。

三、美国印度研究的"解构之矛"与"建构之盾"

但仅仅如此，还不足以完全解释日后美国后殖民主义印度研究格外蓬勃的发展态势，以及为何美国能成为当代印度—南亚研究的中心。 纵使面临资金不足、人力流失的问题，欧洲依然有值得称道的印度语文学和帝国史研究积淀，独立后的印度共和国更是不乏出色的学者和更加直接的研究渠道。

（一）左翼学术的跨国传播与畸变

虽然萨义德的中东研究便热衷于讨论殖民话语，但后殖民主义印度研究对文化和话语的关注则有另一个重要源头，即英语知识界左翼学者的文化转向。 例如，在英国左派历史学家霍布斯鲍姆 1983 年主编的《传统的发明》中，我们已经可以看到科恩对英印时期德里杜尔巴（Delhi Durbar）仪式带有后殖民主义色彩的文化批评。② 然而，白人学者对后殖民主义印度研究的贡献很快被一个更具活力的群体取代，那便是由曾经的印度共产党人、历史学家拉纳吉特·古哈（Ranajit Guha）和他的印度友人及学生们发起的"庶民研究小组"（subaltern studies group）。 就如同我们不能简单地将后殖民主义印度研究视为萨义德的后殖民主义中东研究的衍生品一样，庶民研究同样既不是因登的萨义德式印度研究，也不是科恩和霍布斯

---

① 其中或许也包括日后以对种姓制度的后殖民主义批评而著称的杜宁凯。 Nicholas B. Dirks, *Castes of Mind: Colonialism and the Making of Modern India* (Princeton and Oxford: Princeton University Press, 2001).

② Bernard S. Cohn, "Representing Authority in Victorian India," in *The Invention of Tradition*, eds. Eric Hobsbawm and Terence Ranger (Cambridge: Cambridge University Press Cambridge, 1983), pp. 165 – 209.

鲍姆带有后殖民主义色彩的农村研究的衍生品。 相反，如果要理解庶民研究的起源，我们需要再次回到现代印度研究的主场——独立后的印度。

独立后的印度国情特殊。 一方面，印度是极少数允许共产党合法参政的西方式议会制国家。 在独立后的第一次大选中，虽然无法与国大党相比，但印度共产党确确实实是议会第二大党。 但是另一方面，继承了英印国家机器的国大党强势主导印度政局又使得印度共产党人面临与苏联、中国这样的社会主义国家完全不同的国情。 虽然分裂后的印度各共产党在今天依然能在个别邦执政，但如果从国际共运的传统视角来看，印度的共运谈不上成功。 因此，对相当一部分印度马克思主义学者，尤其是相对远离社会运动的历史学家来说，可以提供制度性保障的，不是印共，而是国大党政府。

对尼赫鲁家族主导的国大党中央来说，印度马克思主义史学家，他们从英国学成归来，学术训练扎实，可以为国大党中央政治集团提供一项非常重要的知识产品。 此前为了对抗英国以"现代、理性、文明"论述自身殖民印度合法性的殖民主义史学和政治叙事，印度许多政治立场各异的民族主义者都曾用宗教作为论述自身文明独特性和追求政治独立合法性的工具。[1] 但是，这种宗教化的民族主义意识形态也导致了印度教徒—穆斯林隔阂加剧，直至国家最终滑向分裂。 因此，独立之初的印度中央政府重用信奉唯物主义的马克思主义史学家，在很大程度上是希望他们能消除印度历史教育中强调宗教隔阂，甚至煽动宗教仇恨的内容。 而马克思主义学者和其他秉承专业主义的研究者也确实为历史学家们从专业的角度全面、深入挖掘各种不同类型的史料打开了窗口。 因此，印度出现了一种非常特殊的、由温和的西化的马克思主义学者与中央政府合作共建的"自由左派民族主义"。

---

[1] 自班吉姆·钱德拉·查特吉（Bankim Chandra Chattopadhyay）和泰戈尔（Rabindranath Tagore）以来，宗教，尤其是印度教一直被许多思想家视为印度文明的核心，也是印度民族与其他文明的本质差异。 见张态煜：《泰戈尔〈格比尔百咏〉对印度神秘主义思想史的建构》，《国外文学》2018 年第 1 期，第 119—125 页；〔印〕帕尔塔·查特吉：《民族主义思想与殖民地世界——一种衍生话语？》，范慕尤、杨曦译，南京：译林出版社，2007 年，第 67—109 页。

但是，在印度左翼知识分子内部，更多人很早就意识到国大党政府从本质上来说是英印殖民统治秩序的继承者。所谓的独立不过是"虚假的独立"（jhoothi azadi）。① 60 年代印度共产党分裂后，留在印共党内的温和派选择与国大党合作。而脱离印共的激进派又分为：不与国大党合作但参与议会政治的印共马和拒绝参与议会政治的印共马列。一部分进步的印共党人认为殖民主义和民族主义都需要批判。但是，这里的民族主义特指国大党人主导的民族独立运动和相应的政治宣传。左翼知识分子应当挖掘那些"被代表"的底层，尤其是农民的声音，揭露国大党人的虚伪。

早期的庶民研究依然带有比较明显的马克思主义色彩。他们不仅沿用了意大利马克思主义思想家安东尼奥·葛兰西所提出的"庶民/属下"（subaltern）概念作为自身标签，其早期研究成果也多聚焦农民、工人等被以往关注社会精英的史学研究所忽视的弱势群体，甚至相比留在印度的温和派左翼史学家更加接近印共激进派的政治立场。但是，受古哈影响的下一代印度史学家帕尔塔·查特吉（Partha Chatterjee）、贾亚特里·斯皮瓦克（Gayatri Spivak）和迪佩什·查克拉巴蒂（Dipesh Chakraborty）在美国知识界立足后，逐渐褪去了古哈身上残存的政治激进主义色彩，而是成功地以自己相比白人学者更加深入的印度案例研究，以及更有冲击力的理论表达，融入了后殖民主义的浪潮中。

在积极融入北美后殖民主义学术潮流的过程中，特指的国大党民族主义逐渐被泛指的民族主义取代，对"国大党人主导的民族独立运动是一种虚假的独立，只不过是英国殖民统治的延续"被泛化成为第三世界国家的民族主义普遍是"应当被批判、结构的殖民遗产"。这也就日益偏离为第三世界和底层民众发声的初心。如后殖民主义文学理论的代表人物阿齐兹·艾哈迈德（Aijaz Ahmad）所说，"随着支配性的理论框架由第三世界民族主义转向后现代主义，曾经的'第三世界文学'也重新命名为'后殖

---

① 有关独立后印度左翼知识分子内部围绕民族独立定性的分歧，见张态煜：《印度达利特文学与新"文学亚非主义"》，《文艺理论与批评》2024 年第 1 期。

民文学'",并批评了斯皮瓦克后殖民主张的基本命题。① 庶民研究的发起人之一苏米特·萨卡尔(Sumit Sarkar)也在艾哈迈德等学者的启发下批评转向后现代主义的庶民研究已背离初衷,矛头直指后期庶民研究的代表人物查特吉。② 换言之,今天的后殖民主义印度研究的理论已经近乎完全脱离印度本土,成为一种"后印度"研究。

而如果说对英法"殖民主义知识体系"的批判解构了"上一代南亚研究知识中心",那么对民族主义的"泛化批判"则解构了原本最有可能成为下一代南亚研究知识中心之一的印度的话语权。③

(二)印度研究与学科化的人文社科

真正承担起建构起美国对南亚地区,乃至全世界的解释权的则是被巧妙地排除在地区研究学科史书写之外的美国人文社科研究,以及被地区研究学者排除在外,但却依然在不断前进的语文学和史料学研究。

在语文学和史料学方面,欧式东方学和现代语言文学教学依然是美国从事印度研究的学生的基础训练。 美国印度研究所(American Institute of Indian Studies)可以支持美国学生前往南亚国家学习 16 门南亚语言,遥遥领先于其他国家。④ 传承了欧洲学术遗风的美国东方学依然是包括古典印度学家在内的欧式东方学家们最重要的学术平台,2024 年,学会还将在芝加哥举办其第 234 届年会。 因此,并不能因为后殖民主义是当代美国南亚研究领域的一大主题而忽视了欧式东方学在美国的深厚积淀和持续影

---

① Aijaz Ahmad, "The Politics of Literary Postcoloniality," *Race & Class*, Vol. 36, No. 3, 1995, pp. 1 - 20.

② Sumit Sarkar, "The Decline of the Subaltern in Subaltern Studies," in *Reading Subaltern Studies: Critical History, Contested Meaning, and the Globalisation of South Asia*, ed. David Ludden (New Delhi: Permanent Black, 2001), pp. 400 - 429.

③ 并且,北美后殖民主义正在循着印度(裔)后殖民主义学者摸索出的、被艾哈迈德和萨卡尔批判的路径在"解构(被泛化的)民族主义"的大旗之下瓦解着所有以民族解放运动为立国根基的民族国家的学术话语权。

④ 相较之下,中国高校现已建成南亚语种专业 8 个,虽然距美国在语种数量和田野学习机会方面仍有差距,但在语种数量和招生规模方面已经领先仍在不断缩减印度学教研的欧洲国家。

响。 当代中国更不应以对美国南亚地区研究的片面理解自废武功,否定深化古典印度学和现代南亚语言文学的必要性。

在学科化的人文社科各领域,经历二战后建构学科理论和科学研究方法的浪潮后,美国已经成功地取代欧洲成为政治学、经济学、社会学、世界文学等诸多非地区研究学科的理论创新和成果产出中心。 从其自身定位而言,美国的学科研究倾向于否定地区知识的特殊性。[①] 其持续发展得益于一个与"中心—边缘"相似的"理论—个案阶序",即作为最有活力的学术生产中心的美国高校院所承担起了理论创新和学术对话的职能,而其他各国学者和美国从事地区个案研究的学者则承担了以个案特例论证、充实或者有限地修改、完善中心地带产生的理论。 例如,一位印度学者对当下印度某村庄的种姓问题的研究,可以毫不在意如何将学术研究转化为实际行动进而推动印度农村治理的改善,而只是为了对话美国某常春藤高校德高望重的学者在装修精致的图书馆中形成的、对于社会不平等的理论思考,甚至可以为了发表论文或获取教职不惜人为调整参数、扭曲社会事实。 但这种已经偏离了早年美国地区研究的综合性、跨学科,且富有现实关怀的印度研究,也在以另一种方式走向与后殖民主义印度研究相似的"后印度"路径。

结　语

以上我们通过一项宏大但依然粗略的学术史描摹,尝试呈现印度研究在过去一个世纪中"多中心"的复线。 虽然还有许多不完善之处,还有许多史料需要挖掘和求证。 但是,仅仅从上面这项涉及印度、中国、美国、英国和欧陆几方的初步梳理已经可以看出,我们不能再用单一线性的"知识进化论"来理解印度研究。 我们需要的是一个跨国的、跨语种的、跨学

[①] 需要说明的是,近代欧洲人文社会科学并没有二战后美国社会科学那么强的"普遍主义"。 美国社会科学的普遍主义与二战后,尤其是冷战结束后美国在政治层面被建构为某种"普遍历史的唯一范本"有关。

科的、跨思潮的"网络状"的学术史。然而，这一要求本身对追求时间顺序的学术史写作就构成了挑战，更不用说如何去统筹这个庞大的基础资料库。

另一个重要的发现便是，我们以往的研究都忽略了全球左翼学术网络对非社会主义阵营国家建立综合性的、关于印度的知识体系的作用。美国学术界虽然依然在贡献着日新月异的印度研究成果，但我们也可以看到某种黏合剂的缺失，正在使美国的印度研究日益脱离美国国家对印度研究的现实需求，成为某种已经违背美国印度研究建立初衷的"后印度"研究。在这个过程中，美国出现了学术消费主义、沉浸于愈发自恋的话语建构却与对象国国情脱节等问题。

对印度裔学者的倚重在发展了研究能力的同时也不可避免地将印度国内的地域、宗教、语言、种姓、意识形态矛盾引入了美国知识界。日后美国的学院派印度文化、历史、政治研究在应对印度教民族主义崛起方面严重滞后，也是美国知识界在应对全球和美国国内极右复兴方面无力的一个缩影。在美国南亚地区研究蓬勃发展了半个多世纪后的 20 世纪 90 年代，美国学界仍需要从被逐出美国的索纳日后生活的法国引进克里斯特夫·贾弗雷罗（Christophe Jaffrelot）这样的印度政治研究专家并非偶然。这些问题都值得当下正在开启新一轮自主的综合性外国研究，尤其是长期被忽视的亚非第三世界国家研究学科建设的中国知识界关注。

（张态煜，北京大学东方文学研究中心、北京大学外国语学院助理教授）

如何建设区域国别自主知识体系：
中亚草原近代史研究与反思

施　越

构建自主知识体系是当前推进中国哲学社会科学研究工作的重要指导方针。　而作为2022年增设的新一级学科，区域国别学自然需要在这一方针之下开展自身的知识生产和理论构建活动。　在本文中，笔者从近年来从事外国语言文学（国别和区域研究）专业建设以及中亚近代史研究的经历出发，呈现对新时代建设区域国别自主知识体系的一些思考。　本文主要探讨如下三方面问题：第一，在新兴学术领域和交叉学科建设自主知识体系应如何理解"学科理论"的价值，如何评价知识生产的价值？　第二，从新的视角来看，如何界定区域国别学，并推动具有自主知识体系价值的工作？　第三，如何从构建区域国别自主知识体系的角度开展中亚近代史研究？

一、建设自主知识体系：从反思"学科理论中心主义"出发

要探讨如何建设区域国别自主知识体系，首先需要回顾"自主知识体系"的内涵、"科学"的概念以及科学发现产生的规律。　"中国自主的知识体系"这一概念的提出可以追溯到2022年4月。　4月25日习近平总书记在中国人民大学考察时着重强调："当前，坚持和发展中国特色社会主义理

论和实践提出了大量亟待解决的新问题，世界百年未有之大变局加速演进，世界进入新的动荡变革期，迫切需要回答好'世界怎么了''人类向何处去'的时代之题。 要坚持把马克思主义基本原理同中国具体实际相结合、同中华优秀传统文化相结合，立足中华民族伟大复兴战略全局和世界百年未有之大变局，不断推进马克思主义中国化时代化。 加快构建中国特色哲学社会科学，归根结底是建构中国自主的知识体系。"其具体要求则是"要以中国为观照、以时代为观照，立足中国实际，解决中国问题，不断推动中华优秀传统文化创造性转化、创新性发展，不断推进知识创新、理论创新、方法创新，使中国特色哲学社会科学真正屹立于世界学术之林"。 由此可见，建构中国自主知识体系是加快建构中国特色哲学社会科学的根本任务，而其核心关切是回答前文提到的"两个大局"和"两个问题"。

目前，我国高校建设区域国别学主要有两条路径，一条路径是在外国语言文学、政治学、世界历史三个一级学科之下设立国别和区域研究或类似名称的二级学科。 目前已有数十所高校采取这一路径，而其中大部分是外国语言文学类的高校。 另一条路径是增设交叉学科门类下的区域国别学一级学科。 根据教育部公布的《学位授予单位（不含军队单位）自主设置交叉学科名单》，截至2023年6月30日，北京外国语大学、首都师范大学、上海外国语大学等6所大学以此种路径增设学科。

自区域国别学相关的讨论开始之初，争议焦点之一就是区域国别学应定位为"领域"还是"学科"。 而支持后者的学人往往强调区域国别学需要建设自身的学科理论体系。 实际上，这一论断涉及我们如何理解推动科学进步的因素、学科理论与科学进步之间的关系，以及人文学科和社会科学在多大程度上应该参照自然科学的发展规律来建设。

首先，从《新华词典》和《韦氏词典》中的"科学"一词释义出发，我们大致可以如此总结科学的概念：科学是一种分门别类的专业化人类理性活动，其产物是对客观世界各个方面的系统性解释和由此形成的世界图像。 这种理性活动未必一定能得出正确的结论，而是在不断地修正和探索中发展。 科学研究的推进离不开利用工具对自然现象进行观察、测量和实验。 与此相应，"学科"则是一种为更有效探索自然界和社会现象的知识分类和资源组织方式。

其次，需要探讨的是学科理论与科学发展之间的关系。 在自然科学各个门类中，近代最早出现突破的是物理学，其标志是牛顿三大定律的创立。 在物理学的影响下，一种刻板印象逐渐形成，即学科需要自己独立的学科理论体系才能独立存在。 然而实际上，化学、生物学和医学并不存在类似牛顿力学这样一个能统摄整个学科的公理体系。 这一点的启发意义在于，即便在社会科学所尝试模仿的自然科学中，也并非所有学科门类都存在公理体系，而且并不是所有学科都必然要追求建立覆盖整个学科知识的公理体系。 但这一论断并非意在否定理论工作的价值。 从近代以来的科学史来看，总结理论体系的主要意义在于记录、整理、交流和传播科学成果。

那么到底推动科学发展的关键要素是什么？ 往往不是覆盖整个学科的公理体系，而主要是以下三个层次的因素。①

第一个层次是重大政治经济问题的紧迫性。 近代以来，科学和技术的发展往往与大国博弈有关。 为获得政治和军事层面的优势，大国往往能够集中资源，吸引顶尖研究人才推动某一领域的知识生产和转化。 牛顿和伽利略推动物理学革命的重要历史背景是 16—17 世纪欧洲列强对提升火炮射击效率的需求。 而物理学的直接应用场景就是计算火炮的弹道轨迹。 18 世纪化学革命的标志性事件是法国科学家拉瓦锡（Antoine-Laurent de Lavoisier, 1743—1794）提出"氧化学说"。 除了科学家的身份之外，拉瓦锡实际上还是法国兵工厂厂长、法国火药局局长、法国国家实验室主任。 其重要工作是研究火药燃烧爆炸的机制，优化火药配方，以提升法军的作战效能。 因此，他开展了大量与燃烧相关的化学材料实验。 与此类似，当下我国推动区域国别学建设的重要因素同样是国家层面的政治经济需求。

---

① 文一：《科学革命的密码：枪炮、战争与西方崛起之谜》，上海：东方出版中心，2022 年，第 434—466 页。

第二个层次是研究技术的进展。 这里的技术包括实验工具的发明和技术应用方法的革新。 同样以 18 世纪的化学革命为例，拉瓦锡能够完全颠覆此前流行的"四素说"（一切物质由土、气、水、火四种要素组合而成），很大程度上是因为能够通过科学实验，以控制变量的方法精准地观察和测量燃烧反应变化的过程，而观察和测量的实现则有赖于玻璃制造技术的发展以及精准天平的出现。 所以，科学的发现和科学假说的证实很大程度上依赖特定关键技术的突破。

第三个层次是人类的智力活动，包括新的问题意识和提问方式、新的概念工具、在概念基础上对现象的描述（观察、测量和计算）、新的现象分类方式、实验设计方式，以及对现象的归纳和知识系统的更新迭代。 伽利略、牛顿和拉瓦锡等科学家的重要性体现在他们对传统问题提出了新的思考和提问方式。

概言之，从科学史的角度上讲，上述三个层次共同推动了科学进步。 但今天我们在探讨学科建设的时候，往往强调第三层次的智力活动，而相对较少探讨第二层次研究技术的进展。 总结归纳一个学科的知识体系，将其提炼成为精练的理论表达有其意义，但同样存在弊端。 过度强调对学科理论的追求（可暂且称为"学科理论中心主义"）至少有两点潜在的负面作用。 其一，实质上排斥了大量学术工作的科学价值，包括前述观察测量工具的改进、研究材料的整理和分类。 对于人文学科和社会科学而言，研究语言的学习、文献群知识的积累掌握、研究资料的准确翻译，以及国内外研究综述等工作在学科理论中心主义的视角下都很容易被忽视。 其二，学科理论中心主义倾向于将学术研究的实践简化为套用某种理论解读个案。 这种理解方式容易导致研究者将大量的精力耗费在所谓的理论消化和应用上，而较少重视知识的准确性和可溯源性。 对于人文学科和社会科学而言，更重要的后果是不重视对古今中西知识的涉猎和积累。 尤其是当下，以期刊论文发表数量为重要指标的评价体系之中，积累广博的学识反而会成为效费比相对较低的劳动。 因此，学科理论尽管值得追求，但是不宜过度强调学科理论在推动科学研究上的意义，更不应以此为理由决定某一学科的存废。

二、区域国别学的定义和潜在的工作方面

反思"学科理论中心主义"的意义在于建构符合国家战略需求和高校定位的区域国别学定义。此处首先需要回到当前我国建设区域国别学的目的，以及高校在建设这一学科上的定位。在笔者看来，21世纪第二个十年国家推动区域国别学建设的目的主要可从两个层次来把握。其一是为了更准确把握外国，尤其是亚非拉地区发展中国家的政治态势，支持推动构建新型国际关系和人类命运共同体的视野。其二是更深入、更全面地理解和阐释亚非拉地区/发展中国家的历史与当下，支持建构自主知识体系。

上述任务显然并非高校的区域国别学机构所能完全承担，区域国别学知识生产和消费存在全社会多个部门合作的"产业链"。在这个产业链上至少可以分成基础研究部门、应用研究部门和知识消费部门三个环节。其中，基础研究部门的从业人员可以分为文献研究者和实地研究者两类，前者一般要求在语言文字或数据处理技能方面受过专业训练，目前我国高校的区域国别学课程设置主要针对的是此类人才的培养；而后者则更强调长期实地调研积累对象国基层生活经验和发展出的社会网络。这两类专业人员主要负责基础性数据资料和文献的收集整理，并生产最接近一手文献的基础知识。应用研究部门（以各类智库机构为代表）主要负责整合汇总区域国别相关信息，向决策和执行部门提供政策建议。因此，应用研究部门人才的专精领域主要在对区域国别问题重要性的识别能力和政策建议的起草能力。而知识消费部门指的是政府机关、企业和非政府组织等需要应用区域国别知识准确把握政策落实、开展业务的部门。学界一般探讨的是产业链最上游的基础研究知识生产环节，而较少探讨这个产业链的中下游。高校的职能并非仅有基础研究一项，立德树人和人才培养是高校同样重要的职能。我们在思考区域国别学建设定位时，需要考虑到知识产业链的整

体格局，照顾不同部门的人才需求，以更好服务于国家战略的目标。

在此基础之上，笔者尝试对所在单位隶属的外国语言文学（国别和区域研究）作如下定义：外国语言文学（国别和区域研究）旨在以第一手原文资料和国际前沿学术成果为基础，通过系统地收集特定区域（尤其是亚非拉地区和发展中国家）的政治、经济、社会、文化、历史、地理等领域的信息，从政治经济制度、社会思想文化、历史源流和文明传统等角度研究对象国别和区域的政治态势。这一定义的核心在于以"政治态势"将各学科的知识和方法引导到对问题的聚焦上。"态"侧重于短时段的动态，"势"侧重于中长时段的格局和结构。以政治为核心，我们可以从各学科汲取资源去回答当下的问题。其要点在于兼顾学科的核心议题和边界的相对开放性，以平衡学科地位的独立性和学科知识方法的交叉性。而作为交叉学科的"区域国别学"则可以将视域扩大到理工农医各学科，根据国家战略需要，通过设置议题和研究议程来引导更大范围的学科交叉知识生产。

从上述对科学进步的因素和区域国别学定义的讨论出发，结合此前在美国留学和回国工作的经历，笔者尝试提出如下三个建设区域国别学的自主知识体系的工作方面。

（1）自主问题意识以及相应的工具方法训练。本学期北京大学区域与国别研究院所组织的"自主知识体系构建与区域国别学新视野"研讨系列正是这一方面的重要工作。如前所述，在国家的政治经济需求和技术条件给定的前提下，人类的智力活动对于学术研究进步而言起着重要作用。自主问题意识的培养主要通过议程设置和学术交流活动不断推进。本学期围绕批判帝国研究或殖民主义研究、产业研究、概念史研究展开的研讨有助于相关领域的学者共同思考既有研究在问题意识、概念界定、研究方法和研究资料等层面的不足，进而催生新的范式。

（2）建设更具包容性的知识生产体系。在问题意识的引导下，要开展深入的研究，同样需要设计和推进大量研究工具开发和方法训练的工作。这一方面的工作对应前述科学进步的第二个层次因素，即研究技术的进展。 实际上，人文学科在这一方面有相对发达的传统可为区域国别学借鉴，包括专题实地调研报告、专题综述（如文献综述、机构信息综述、档案查阅指南）、书评、工具书、重要史料和工具性文献的译介等形式的创作和发表。 这里提到的每一类知识生产成果都包含生产者经验的总结，也都包含相应的使用方法。 例如，从事近代以降历史研究的学者往往需要利用官方档案管理机构所保存的历史档案。 但档案研究涉及大量以经验为基础的工作知识和技巧。 由有档案工作经验的学者撰写的档案查阅指南无疑有助于后来者少走弯路，提升研究效率。 此外，当下学界日益重视实地调研对于区域国别知识生产的重要性。 而专题实地调研报告是锻炼青年学者构思规划调研、整理素材和呈现成果的重要形式。 在重要史料翻译方面，值得一提的是 20 世纪七八十年代翻译的捷连季耶夫三卷本《征服中亚史》。 这本著作是沙俄时期俄国官方修纂的征服中亚战记，也是后世学人研究 19 世纪中亚史最重要的参考文献之一。 当时，武汉大学外文系、西北师范大学外语系和新疆大学外语系动员几乎所有俄语专业师生，各完成其中一卷的汉译工作。 这一工程的价值对于今天我国建立世界史、俄罗斯史和中亚研究等领域的自主知识体系而言是极为宝贵的。 概言之，当下需要的是建设包容性更强的知识生产和学术评价环境，让从业者也能从上述基础研究工具和方法的开发上获得认可。

（3）知识体系的更新迭代。 在上述两个层次的工作基础上，应鼓励学者通过课程大纲、研讨会综述、研究综述等形式不定期总结某一学术细分领域的进展，将一段时间内新生产的知识成果整合入既有知识谱系，并通过各类教学活动向后来者传授。 可能是出于引用率的考虑，目前主流期刊不太倾向于刊发上述类型的作品。 作为替代渠道，机构网站和自媒体可作为课程大纲、会议综述等类型创作的发表平台。

三、从建构自主知识体系的角度思考中亚研究

中亚研究是笔者从事的主要研究领域。 结合系列研讨的主题，本节将

阐述中亚研究对于建构区域国别自主知识体系的重要意义，以及如何从自主知识体系构建的角度推进中亚研究。 中亚研究的重要性主要体现在两个层次。 第一，中亚五国（哈萨克斯坦、吉尔吉斯斯坦、乌兹别克斯坦、塔吉克斯坦、土库曼斯坦）毗邻我国西部边疆，对于我国边疆安全、西向陆上交通和能矿产品进口多元化均有重要意义。 第二，中亚研究，尤其是从知识生产的意义上来看，兼具周边命运共同体和中华民族共同体的双重面向。 对于当代中国而言，中亚研究内在包含对中国与中亚历史联系和当下关系性质的叙述。 而区域研究的主要传统，即欧洲东方学、俄苏民族学和历史学，以及欧美区域研究对于中亚的认知在不同程度上包含对中国与中亚历史关系的成见。 换言之，当下中国所要建设的中亚研究必然包含重构概念和知识体系的目标。

然而，当前在我国的学科体系中，中亚研究相关的学者和作品分散在一系列学科中，尚缺乏整合。 例如，国际关系学包含部分对中亚政治、外交和能源问题的研究。 中国历史，尤其是秦汉、隋唐、元和清四个领域有部分学者会关心中原王朝与中亚的交往以及对应时期的中亚历史。 世界历史下的欧美史包含俄罗斯史部分，而俄罗斯史部分的学者会涉及中亚近代以降的历史问题。 考古学，尤其是秦汉考古领域有部分学者已经开展了中亚地区的考古。 最后，外国语言文学学科的俄语和波斯语专业有一些学者关注中亚地区的文学、语言政策和其他当代问题。

当前，我国中亚研究存在当代问题研究和文史研究之间的鸿沟。 两个学术领域之间使用的研究资料、选择的议题和研究范式均存在较大差异，以至于两者相互沟通程度较低。 当代问题研究是当前我国中亚研究的主体，从业人员规模相对较大。 其起源是 20 世纪 60 年代的苏联问题研究。在 1991 年中亚五国独立后，北京、上海、西安、兰州和乌鲁木齐等地相继组建中亚研究的专业机构，由专职研究人员开展对中亚各国政治、外交、经贸、民族宗教以及生态环境等议题的研究。 这一领域与我国的外交和外事工作关系密切，因此整体上以应用型的智库研究为主。 但受限于我国学界在海外的影响力，这一领域长期存在信源和范式上依赖俄文或英文文献的困境。

文史研究主要依托古代中国文献、古代穆斯林文献、古代希腊—拉丁文文献以及包括俄文在内的近代欧洲文献，以之为基础侧重中外交流和史地考证研究。 这一领域自清末民初开始关注中亚，其背景是清末边疆危机和欧洲东方学（尤其是蒙元史研究作品）传入中国。 这一领域在 20 世纪 80 年代一度得到高度重视。 但在中亚国家独立之后，其重视程度反而所有下降。 中亚的文史研究存在较为显著的碎片化现象。 在当下我国与中亚国家关系不断升温的背景下，探索表述中国与中亚古今关系的话语体系成为日益迫切的问题，其理论关怀是需要寻找超越苏联民族观和西方文化多元主义的共同体观。

当下探讨建构具有自主特征的中亚研究，一项重要的工作正是梳理我国这一学术领域的发展脉络，重述其奠基者所留下的精神遗产。 笔者认为，中亚研究之所以能成为一个相对独立的领域，王治来先生主编的四卷本的《中亚通史》功不可没。 这是第一部由中国学者独立编写的中亚通史作品。 前三卷均为王治来先生独著，第四卷由王先生的同事丁笃本先生编写。 从学术史角度来看，王先生也是新中国成立之后最早对中亚历史进行系统性研究的学者之一。 因此，追述王先生的学术轨迹对于理解我国中亚研究的学脉有着重要意义。

王治来先生走上中亚研究的道路，既与同时期中国与世界的历史进程有关，又与他自身的不懈努力密不可分。 他出生于 1930 年，2019 年去世，享年 89 岁，是湖南衡山县人。 王治来童年家境平凡，但爱好阅读，获得了相对较好的就学条件。 1944 年，也就是在他 14 岁那年，日军在豫湘桂战役期间占领衡山县。 他被迫逃入山区避难，但县城的宅邸被毁。后来，王治来成绩优异，考入湖南国立师范学院附中文科班。 在抗战刚结束的背景下，当时的附中"名流荟萃"。 一大批知识精英在该校担任教师。 中学期间，他打下了扎实的国学功底。 而当时学校的世界史课程以英文教材教授，因此在中学阶段，他便具备了阅读英文文献的能力。

如前文所述，中亚文史研究主要以古代中国文献、古代穆斯林文献、古代希腊—拉丁文文献以及包括俄文在内的近代欧洲文献为基础。 这就意味着专业的中亚历史研究需要研究者投入大量时间精力在语言文字技能和文献知识的掌握上。 王治来中学阶段的学习实际上成为其后来治学的重要基础。 1949—1950 年，他就读于湖南大学中文系。 1950 年 5 月，他毅然响应中国人民解放军的征召入伍，被分配到东北军区参加理论学习，后历任东北军区政治文化干部学校政治部宣传科干事和理论教员、见习助理员。 在此期间，王治来系统掌握了马列主义学说。

1954 年秋，他通过考学进入北京大学历史系。 在 1952 年全国高等院校院系调整之后，燕京大学和清华大学的文科师资大多调入北京大学。 当时，北京大学历史系的师资队伍堪称群星璀璨，学校图书资料的收藏规模和阅读服务水平全国领先。 1954—1957 年间，王治来系统夯实了中国古代典籍阅读的基础，同时修习了俄语作为第二外语。 而这一外语学习的选择无意中为他打开了中亚研究的大门。

1958 年，在王治来就读大四的时候，全国人大组织高校师生参与少数民族社会历史调查工作，他最初被分配到甘肃组下属的阿克塞哈萨克族自治县调查组，后被调动到新疆组，赴伊宁参加哈萨克组工作，成为《哈萨克族简史简志》一书的主要执笔人。[1] 他在回忆录中陈述，"这对我的历史专业学习过程和人生的经历，是一个重大的转折点，使我以后竟终身从事了中亚的研究。"当时阿克塞哈萨克族自治县以牧民为主，县城除县府办公机关、宿舍和一栋百货楼以外几乎没有建筑物。 调研期间王治来时常在牧民家的毡房过夜，因此熟悉了游牧生产和生活方式，也掌握了马术。1958 年 12 月调入新疆调查组后，王治来接触到冯家升、张锡彤等知名史学家，侯方若、罗致平等民族研究领域专家，以及倪华德、达坎等哈萨克族学者。 同事中还有文物鉴定家史树青、音乐学家简其华，以及后来成为蒙元史大家的陈高华等良师益友。

受 20 世纪上半叶我国新疆与苏联的特殊关系影响，伊宁市有大量掌握

---

[1] 王治来：《史馀忆旧》，北京：北京时代弄潮文化发展公司，2009 年，第 72 页。

俄语的各阶层人士，且便于获得俄文书籍报刊。 因此更重要的是，在参与新疆组工作期间，尤其是在伊宁工作期间，王治来接触到一些重要的中亚史研究书籍，包括俄文的《哈萨克共和国通史》、《瓦里汗诺夫著作选集》、别克马汉诺夫的著作以及调查记录等。 此外，他在这一时期已经注意到了《拉失德史》（*Tarikh-i-Rashidi*）的英译本①，并高度重视其对于研究中亚史和新疆史的史料价值。 1962 年，王治来终于从北京图书馆借得此书，并花费极大的时间精力逐字抄录这本厚达 535 页的原书。 这为他在 60—70 年代校注此书奠定了基础。

这一时期，王治来以及其他前辈学人从事研究的环境条件是非常艰苦的。 在一篇访谈录中，采访晚年王治来的学者写道："1962 年，王治来和同事们一道深入阿勒泰地区，坐敞篷卡车，在寒风大雪里四处辗转，晚上睡在牧民家里，仿佛睡在冰层中，四处透风，进行调查取证。 冬季气温零下 30—40 度。"②在新疆工作期间，出于种种原因，他长期与母亲、妻子三地分居。 相比之下，当前我辈学人从事学术研究的物质条件堪称奢侈。

1962 年，王治来赴中国科学院新疆分院历史研究室工作。 此前，先有 1959 年开始印度屡次在中印边界挑衅，后有 1960 年 7 月苏联单方面决定废除科技合作项目，撤走所有在华专家，带走全部图纸、设计资料。 1962 年 4—5 月，新疆北部中苏边境发生"伊塔事件"，苏联持续向新疆开展反华宣传。 1962 年 10 月，印度对中印边界地区发动大规模进攻，对印自卫反击战打响。 在上述历史背景下，新疆维吾尔自治区决定由民族研究所编写《新疆简史》，王治来负责执笔唐末至明清一段。 1975—1978 年，新疆民族研究所重新编写《新疆简史》，王治来负责元代至清代一段，较多采用了《拉失德史》和《巴布尔回忆录》等文献。

王治来后半生从事《中亚通史》编写工作与 70 年代支持我国学界参

① Dughlat, Muhammad Haidar, N. Elias ed., E. Denison Ross trans., *The Tarikh-i-Rashidi: a History of the Moghuls of Central Asia* (London: S. Low, Marston and Co., 1895).

② 谢志远：《一生求至爱，好笔写春秋——记中国中亚史研究专家王治来》，《湘潮》2006 年第 7 期，第 43 页。

与联合国教科文组织《中亚文明史》项目编纂有着密切的关系。 20 世纪60 年代，在民族解放运动的大背景下，苏联与印度、巴基斯坦、阿富汗和伊朗合作推动一系列中亚古代史和中亚考古相关研究，引领其国际东方学研究的风潮。 70 年代初，联合国教科文组织认可了中亚历史研究的重要性，并支持由苏联牵头成立的"中亚文明研究国际协会"，并酝酿编写包括蒙古国所在地域的《中亚文明史》。 1979 年，联合国教科文组织邀请中国参加中亚文明研究国际协会以及正在推进的中亚研究计划。在改革开放的背景下，中国决定参加，因此组织学界力量研究参与的形式。

在史学家马雍先生的组织下，1979 年"中国中亚文化研究协会"在天津成立。 该机构由陈翰笙先生出任理事长，季羡林、翁独健、韩儒林、夏鼐、朱杰勤等著名学者均出席成立大会。 作为马雍先生的好友和当时国内为数不多接触过中古时期中亚历史文献的学者，王治来当选为常务理事。鉴于当时中苏关系尚未完全改善，中方学者担心苏联方面主导的《中亚文明史》编写提纲可能会存在与中国方面立场不同的情形。 因此，在 1980年，马雍召集包括王治来在内的一批学者商议拟定一部《中亚通史》提纲，作为联合国教科文组织项目的替代方案。 换言之，如果中方无法接受联合国教科文组织项目的编写提纲，则中国学者就自行编写一部反映中国立场的中亚通史。 1982 年 6 月，王治来作为中方代表赴巴黎出席联合国教科文组织召开的《中亚文明史》编辑工作会议，与苏联学者甘科夫斯基（Yu. V. Gankovsky）和蒙古国学者比拉（S. Bira）商讨起草《中亚文明史》（第六卷）提纲。 第六卷覆盖 19 世纪下半叶至 20 世纪，这一时期难免涉及如何叙述沙皇俄国与中亚各族的关系，以及俄国与清朝的关系。 在实际开会讨论中，苏联学者主动让步，各方均接受最后的提纲。

在这一方面，王治来此前的积累发挥了重要作用。 早在 1977 年，他已经在着手编写计划为三卷本的中亚史，到 1978 年底已经完成第一卷。1980 年，《中亚史》（第一卷）就顺利出版。 该书出版后，就被国内学界认为是"我国解放后有关这个地区的第一本专门著作"。 王治来在回忆录中提到，早年参加新疆调查组工作时，冯家升先生曾提到，"中亚史苏联的地方，我们去写它的历史，苏联岂不是会有意见吗？"但正是在王治来的努力下，《中亚史》一书出版后，"中亚史"作为一个相对独立的研究领域逐渐为国内学界所接受。 而中亚研究的大规模出现，则还需等到 1991 年中亚五国独立之后。

实际上，在 20 世纪 70 年代，王治来就已经充分认识到独立研究中亚史的重要性。

王治来曾于 1981 年在《新疆社会科学》期刊上发表《成吉思汗和中亚》一文，旨在反驳同时期苏联史学界对成吉思汗过度负面的评价。 50年代之后苏联各中亚加盟共和国出版的史学著作普遍谴责成吉思汗晚年西征中亚，认为此期间蒙古军队对中亚各族进行了屠杀，破坏了中亚地区的城市，消灭了中亚地区的物质和精神文化。 实际上，在苏联初期，巴托尔德和符拉基米尔佐夫等学者对成吉思汗的评价仍是相对积极的。 但 50 年代之后，受各加盟共和国建构本土化历史叙事的影响，13 世纪蒙古西征被视为导致近代以前中亚衰落的重要外来因素。 王治来认为，"评价成吉思汗在中亚历史上的作用，仍应以他是一个中国的统治者作为大前提。"成吉思汗西征打击了从华北到中亚的地方割据势力，极大便利了中西交通，刺激了人员、器物和思想文化的交流。 作为一个游牧部落的首领，他取得的成就值得载入史册，但对其在中亚进行的破坏和对各族人民带来的灾难，也不必讳言。 可见，王治来在 40 余年以前已经充分认识到构建中亚研究自主知识体系的重要性。

1983 年 12 月，出于照顾家人的原因，王治来调动到湖南师范大学历史系任教。 在湖南师范大学，他主要负责世界中世纪史课程教学。 其实自此之后，从机构职能角度来说，王治来并不需要继续从事中亚史研究。但他"没有忘记完成未竟的事业……履行对中亚学术界的承诺"，继续推进《中亚史》第二卷、第三卷，最终完成《中亚通史》的编纂。 1986 年，《中亚史》（第一卷）缩写之后更名为《中亚史纲》，由湖南教育出版社出版。 关注近代部分的第二卷于 1987 年完成，定名为《中亚近代史》于

1989 年由兰州大学出版社出版。 之后，为夯实 15 世纪以后中亚史研究的基础，王治来以 1958 年乌兹别克共和国科学院俄译本为基础，着手翻译《巴布尔回忆录》，所幸由商务印书馆于 1997 年出版。[①] 1998 年退休后，王治来利用相对充裕的时间最终于 2003 年完成《中亚通史》前三卷。 第四卷（现代卷）由王治来的同事、同样毕业于北京大学历史系的丁笃本完成。 2004 年，新疆人民出版社出版了四卷本《中亚通史》。 这成为此后我国从事中亚研究领域人员入门的必读书目。

同样重要的是，王治来在后半生陆续翻译或校注《中亚蒙兀儿史—拉失德史》（二卷本，新疆人民出版社 1985—1986 年）、《巴布尔回忆录》（商务印书馆 1997 年）和《世界境域志》（上海古籍出版社 2010 年）。 这三部著作是探究中亚地区中古时期历史的重要史料。 王治来的译注工作极大降低了我国学者和普通读者接触、了解和研究中亚史和历史编纂传统的门槛。

从王治来的学术生涯可以看出，第一，中国的中亚研究与近代以来中国的命运紧密联系在一起。 中亚研究不可避免涉及论述历史上中国与亚欧大陆腹地人群的关系。 在欧洲列强瓜分势力范围的近代，这一议题与族群关系的认定和国家边界的划分有直接联系。 因此中亚研究成为各方竞争知识—权力的重要场域。 第二，得益于时代的特殊性，王治来掌握了深入研究中亚史所必需的汉文典籍阅读能力以及英文和俄文文献阅读能力，而且系统接受了马列主义教育和历史学科班训练，且在求学阶段便获得了深入牧区生活的实地调研经验。 在学术研究专业化的今天，我辈学人反而不是那么容易完整具备上述研究技能和视角。 第三，历史的进程固然为王治来走上中亚研究的道路提供了机遇，但其成就主要靠个人的勤奋和努力获得。 在新中国成立之初相对艰苦的物质条件下，他不辞辛劳地逐字抄录、校注重要典籍，以有限的文献获取条件系统性地梳理了中亚史的脉络。 而在离开一线研究岗位乃至退休后，他利用生命的最后十余年完成了我国中

---

① Азимджанова С. А. ред. Бабур-наме (Записки Бабура). Ташкент, 1958.

亚研究的奠基之作。

上述启示对于我们今天我们建设中亚研究的自主知识体系同样有指导意义。 首先，中亚研究的议程设置和议题选择与中国的发展阶段和面临的国际与地区问题密切相关。 在 60 年代中苏关系紧张的背景下，中亚研究的紧迫任务是维护边疆主权领土完整。 而在中亚国家独立之后，中亚研究的重点就转向了当代各国的内政外交和对华关系，以大国博弈、地区安全、民族宗教、经贸合作、生态环境等为主要议题。 其次，受中亚地区复杂的历史脉络影响，深入的中亚研究需要研究者掌握复合语种文献知识和丰富的实地调研经验，以及深刻的理论洞察力。 再次，尽管今天我辈学人所具备的物质条件远非前辈学人能想象，但要取得新的突破的成就，仍需要付出超乎常人的努力，长期将注意力集中在这一重要但相对冷门的研究领域。

四、为中国的中亚研究夯实基础：笔者在中亚近代史领域的探索

笔者从事的正是中亚研究中相对冷门的中亚近代史。 这一领域至少有三方面学术意义：第一，从本土视角来看，中亚近代是理解当代中亚五国秩序形成的关键时期，在历史时段上具有承上启下的意义。 在古代，中亚是亚欧大陆各古典文明之间的枢纽，中古时期主要受来自西亚的阿拉伯—波斯文化传统影响。 但在国际政治话语中，中亚五国至今仍被纳入"原苏联国家""后苏联空间""欧亚地区"等范畴之中。 尽管外界能观察到中亚各国所谓"去俄化"现象，但是整个地区的现代化和工业化进程主要是在沙俄和苏联时期完成的。 因此，要充分理解今天的中亚五国，合适的历史起点是 18 世纪初，即沙俄开始经营与中亚草原地区游牧部落关系的时间点。 这一时期的研究须兼顾中古时期的伊斯兰传统和裹挟现代性而来的俄欧传统，对于建立贯通的区域史视角有显著价值。 第二，中亚近代史与中国西部边疆的形成有直接关系。 从 19 世纪中期至 20 世纪中期，沙俄和苏

联对于中亚以及我国的西部边疆政治形势长期施加影响。 我国西北边疆的政治和人心秩序均与近代以来中亚地区的秩序有着密切的联动关系。 当下思考我国西北边疆的治理，也需要中亚近代史研究的支持。 第三，在目前的知识生产格局下，中亚近代史主要是俄国史的分支领域。 冷战结束后，英文学界产生了"俄帝国史"的学术潮流，主要关注沙俄和苏联的族裔、宗教和边疆等主题，探索俄国以及俄欧亚地区的历史连续性。① 中亚近代史的研究对于印证、检验或者批判俄帝国史的诸多观点均有直接的参考价值，而此类宏观的历史社会学叙事也需要具体的区域个案来充分检验。

尽管中亚近代史的研究价值显著，但其学科地位与中亚研究一样处于边缘。 在历史学的学科中，中亚近代史实际上属于"欧洲史"之下的俄罗斯史范畴，而非如其名称"中亚"所指示的"亚洲史"。 然而，受种种原因影响，我国的俄罗斯史学界面临较多困难，中亚近代史就更无人问津了。 中国史领域的北方民族史和中西交通史固然涉及中亚地区，但在时段上一般止步于 1840 年以前。 这一时间点之后的中国近代史极少关注中亚。 而当代中亚问题研究学界则往往以 1991 年为研究时段的起点，以时事热点为关注焦点。 在这一格局下，中亚近代史尽管在时段上并不遥远，但实际上成为几乎无人问津的"冷门绝学"。

20 世纪 90 年代前后，曾有若干位学者对中亚近代史进行了探索。 早在 20 世纪 80 年代，新疆社会科学院的张保国研究员就长期关注苏联中亚地区的经济发展问题。 其所作《苏联对中亚及哈萨克斯坦的开发》一书第二章"历史上对中亚及哈萨克斯坦的开发"对沙俄治下近代中亚的经济发展进行了全面而翔实的描述。② 贵阳师范学院项英杰教授指导的学者吴筑

---

① 马龙闪：《俄罗斯史学研究的"帝国热"和帝国史流派——近年俄罗斯史学转型的重大问题》，《历史教学问题》2018 年第 2 期，第 63—70 页；施越：《俄帝国史与古今之变：以近代俄罗斯与中亚草原关系为中心的考察》，《俄罗斯研究》2022 年第 3 期，第 81—108 页；〔俄〕奥丽加·芭琉莎卡娃著，李梦龙译：《当代俄罗斯史研究的帝国视角探析》，《史学集刊》2023 年第 4 期，第 19—34 页。

② 张保国：《苏联对中亚及哈萨克斯坦的开发》，乌鲁木齐：新疆人民出版社，1989 年。

星于 1996 年出版《沙俄征服中亚史考叙》①。 这是改革开放以来我国首部中亚近代史领域出版的学位论文著作。 受业于南京大学魏良弢教授的孟楠教授于 2000 年出版专著《俄国统治中亚政策研究》②。 该作品奠定了我国学界对沙俄统治时期政治制度史研究的基础。 此外，厉声研究员的《哈萨克斯坦及其与中国新疆的关系》和《新疆对苏（俄）贸易史，1600—1990》均有部分内容涉及近代中亚与中国的关系。③ 整体而言，仅有少数几位前辈学者筚路蓝缕，开辟了国内学界对这一领域的研究。 但受此前的研究条件所限，前人学者能接触到的一手文献相对较少，这一领域仍有广阔的开拓空间。

对于中国学界而言，如果要建立中亚研究的自主知识体系，那么中亚近代史是非常重要的切入点。 而关键的基础性工作是系统梳理这一时期的一手研究文献，以及呈现后世二手研究文献的主要视角和观点，由此出发思考中国学者的立场和观点。 笔者近期出版的专著《俄罗斯草原征服史：从奥伦堡到塔什干》④正是沿着王治来、丁笃本、张保国、吴筑星、孟楠等各位前辈学者所开辟的道路继续向前探索的作品。 这本书聚焦的地理空间是中亚北部的草原地区，关注 18 世纪 30 年代开始沙皇俄国如何笼络、分化并征服各游牧部落，进而塑造中亚地区秩序，以及草原游牧社会在俄国统治之下经历的深刻社会经济变迁。 选择俄国视角下中亚草原地区的近代史这一题目有如下两方面考虑：

第一，建构中亚近代史的自主知识体系，须从整理文献体系和既有史观入手。 中亚地区的历史叙事主要有俄苏、当代中亚国家和当代西方三类，三类史观并非互斥，而是在不同时期相互交织影响。 各类史观终归要从史料和史实出发构建历史叙事，因此重要的基础性工作是呈现这一研究

---

① 吴筑星：《沙俄征服中亚史考叙》，贵阳：贵州教育出版社，1996 年。
② 孟楠：《俄国统治中亚政策研究》，乌鲁木齐：新疆大学出版社，2000 年。
③ 厉声：《哈萨克斯坦及其与中国新疆的关系：15 世纪—20 世纪中期》，哈尔滨：黑龙江教育出版社，2004 年；厉声：《新疆对苏（俄）贸易史，1600—1990》，乌鲁木齐：新疆人民出版社，1993 年。
④ 施越：《俄罗斯草原征服史：从奥伦堡到塔什干》，上海：东方出版中心，2023 年。

领域的主要文献类型，勾勒政治史和制度史框架，以便为学界同仁提供进入这一领域、独立思考和评析二手文献观点的便利途径。

第二，建构中亚近代史的自主知识体系，还须根据内部次区域历史脉络的特点循序渐进。 受地理环境、生产方式、与周边区域交通条件等因素影响，中亚大致可分为北部的草原地区（主要对应今哈萨克斯坦和吉尔吉斯斯坦北部）和南部的绿洲地区（今中亚南部四国）。 就近代而言，俄文阅读技能基本可满足对政治史和制度史的深度研究。 这是因为本土人群主要从事游牧生活，19 世纪后半期之前较少留存书面材料。 尽管如此，存在一定规模较少受到关注的穆斯林语文文献，其内容主要涉及部落首领与俄方的通信（往往附有俄译文），以及牧区边缘农耕聚落的基层生活等。中亚北部，尤其是西路的乌拉尔河流域与俄国史关系紧密。 因此从俄国史的角度更容易深入理解中亚北部。 相比之下，中亚南部绿洲地区有着更为悠久的文献传统。 在俄文文献基础上，研究者须具备波斯文和察合台文阅读能力。 中亚南部与伊朗高原、南亚次大陆以及清代中国的关系更紧密，仅从俄国史的知识背景出发并不容易全面把握其近代史脉络。 因此，南北两区域对应的研究文献群和知识基础差异较大。

如果从俄国征服和统治的视角来考虑，时序上北部草原在先（18 世纪30 年代—19 世纪中期），南部绿洲在后（19 世纪 60—90 年代），北部草原的征服和统治实则为后续扩张奠定基础。 此外，笔者此前的学术训练和文献知识积累主要在俄国史领域。 因此，以北部草原地区的近代史切入，是符合治学逻辑的选择。 笔者攻读博士期间，曾有幸获得赴俄罗斯和哈萨克斯坦访学的机会，并利用访学时间收集了一部分档案文献，锻炼了阅读沙俄时期俄文档案和出版文献的技能，初步积累了相关议题的文献群知识。以此为基础，本书呈现了笔者在过去数年间探索的阶段性成果。

从构建自主知识的角度来看，本书在以下四方面对我国中亚近代史领域的建设作出了一定的尝试。 第一，如前所述，本书系统呈现了中亚草原近代史的主要史料门类，梳理了从 1730 年阿布勒海尔遣使俄国开始的一个多世纪的历史脉络，尝试从制度史和地方史视角考察沙俄征服草原地区的进程及其影响。 中国史研究的同行都很熟悉版本目录学的重要性。 世界史因研究领域相对分散，往往不易积累和传播某一细分领域的版目知识。但在实际的史学研究中，这一领域的知识是开展深入研究的重要基础。

就中亚草原近代史而言，主要的一手文献包括俄哈两国档案管理机构收藏的沙俄时期的档案文献、苏联时期和当代哈萨克斯坦整理的档案汇编，以及沙俄时期的出版文献三类。 就档案文献而言，我国学界的同仁已经比较熟悉莫斯科和圣彼得堡的诸多档案馆。 值得着重介绍的是位于哈萨克斯坦故都阿拉木图阿拜大街 39 号的哈萨克斯坦国立中央档案馆。 该档案馆收藏 18—20 世纪档案。 在苏联时期，哈萨克共和国全境官方档案机构的沙俄时期档案均集中到该档案馆保存。 具体而言，该档案馆一些规模较大的卷宗对于研究沙俄时期的地方治理有重要参考价值，如第 44 号卷宗"七河省公署"（Семиреченское областное правление，1868—1918）收录 5 万余件档案，第 64 号卷宗"草原总督办公厅"（Канцелярия степного генерал-губернатора，1882—1917）收录 5000 余件档案。 该机构堪称研究中亚草原近代史最重要的档案管理机构。 在档案汇编方面，最重要的有马谢维奇（M. G. Masevich）编纂的《哈萨克斯坦政治制度史资料集》《16—18 世纪哈萨克—俄罗斯关系：文书与资料集》和《18—19 世纪（1771—1867 年）哈萨克—俄罗斯关系：文书与资料集》以及当代哈萨克斯坦编纂的 10 卷本《俄罗斯史料中的哈萨克斯坦历史》。① 沙俄时期涉及中亚草原的出版文献类别众多，尤其到 20 世纪初，文字规模也较庞大。 这一部分文献大致可分为五类：（1）官方法令和法典汇编；（2）官方机构统计数据和信息介绍；（3）自然史、军事地理和经济开发考察报告；（4）历史编纂、东方学、民族志著作；（5）20 世纪初相关省份的报刊。

第二，本书尝试融合 20 世纪中期以降中亚草原近代史相关二手文献的

---

① Масевич М. Г. Материалы по истории политического строя Казахстана. Т. 1, Алма-Ата, 1960；Академия наук КазССР. Казахско-Русские отношения в XVI-XVIII веках: сборник документов и материалов. Алма-Ата, 1961；Академия наук КазССР. Казахско-Русские отношения в XVIII-XIX веках: сборник документов и материалов. Алма-Ата, 1964；Койгелдиев М. К. ред. История Казахстана в русских источниках. Т. 1-10. Алматы, 2005.

视角和观点。 在二手文献层面，这段历史的研究传统至少可以上溯到 1943 年首部哈萨克斯坦通史。 当前影响力较大的史观是 20 世纪 90 年代以来英语学界的"俄帝国史"潮流。 它不仅至今仍是英语俄罗斯史学界的主要流派之一，对俄罗斯和哈萨克斯坦学界也有一定影响。 这一潮流的出现一方面与冷战结束后欧亚地区各国一度向西方大规模开放历史档案有关，另一方面也受英语学界的"文化转向"（Cultural Turn）影响。 在"俄帝国史"的思潮下，英语学界产出了一系列涉及边疆、族群、宗教、性别的学术作品，且大多利用多语种档案文献，研究的颗粒度整体较高，因此产生了较大的学术影响力。 但这一文献群同样存在短板，其显著的弊端就是英语学界相对不重视版目知识的积累和传承，而仅强调议题和研究视角的创新。 本书同样是在此类作品的基础上继续向前探索。 通过具体个案的研究，笔者尝试反思"帝国史"研究里面常见的以英帝国为主体的一系列二分法，如"非正式帝国"与"正式帝国"。

第三，本书尝试从主要制度条例出发提供一种理解中亚草原近代史的历史分期方式，并尝试整理术语译名体系。 这里需要重点探讨术语译名问题。 在区域国别自主知识体系的建设中，外语术语的翻译是最基础的工作。 中亚地区历史文化源流庞杂，历史研究术语至少涉及穆斯林语文和俄语语文两个大传统。 此外，术语的翻译还涉及如何在概念层面对接中国的政治和文史传统。 例如，在法国和普鲁士影响下，沙皇俄国也发展出较为发达的官僚制及其术语体系。 此前，我国学界对沙俄在中亚各省设立的军政负责人"военный губернатор"一词至少有"武官省长""军事总督""省督军"等译法，具体翻译方式取决于译者的习惯和考虑。 笔者在参考吴筑星、孟楠等前辈学者译法的基础上，大致整理了一套相关术语译名体系，供学界同仁批评探讨，希冀在此基础上推动译名体系的完善。

最后，化用章永乐教授在《从萨义德到中国》一文中的结语，来总结笔者对区域国别自主知识体系建设的思考："建设区域国别自主知识体系，并不意味着减少对他国区域研究的学习借鉴，更不意味着回到西方入侵之前的中国制度和文化中去，而是意味着从'自我招致的不成熟'当中摆脱出来，相信自己是一个劳动和创造的主体，能够自主地运用理性思考自己所碰到的问题，制定和选择自己遵守的规则，而不是遇事先问西方或祖先的权威。 西方哲人给这种新状态起的名字，人们耳熟能详：启蒙。"①

（施越，北京大学东方文学研究中心、北京大学外国语学院助理教授）

---

① 章永乐：《从萨义德到中国——〈法律东方主义〉的一种读法》，《中国法律评论》2016 年第 4 期，第 173—177 页。

近代西方"内亚话语"的两次建构

——以突厥的概念史为中心

陈　浩

一、概念史的方法

英国剑桥思想史学派的代表人物昆汀·斯金纳（Quentin Skinner）认为，不存在"单元观念"的历史，只有某种观念在不同时代、不同历史行为体所主导下的不同用法的历史。 观念是特定条件和环境的产物，当时代和环境改变时，观念也会发生相应的变化，并产生出新的意义。 无独有偶，以莱因哈特·科泽勒克（Reinhart Koselleck）为代表的德国概念史学派，也对所谓"单元观念"不变的理论表现出不信任，他们强调恰恰是因为概念发生了变化，这些概念的现代意义才能契合历史性社会。

本文是一项基于斯金纳"语境主义"与科泽勒克概念史分析方法，对"突厥"在不同语境中的历史语义学研究。 研究希望通过将不同语种史料放置于全球史的视野中讨论，并结合神话学、考古学、民俗学和语言学的资料，对"突厥"的概念作一番历时性梳理，澄清有关"突厥"的认知误区。 历史上某个人群是否被纳入"突厥"的范畴，没有统一的标准，在不同的历史语境中，"突厥"所指涉的对象千差万别。

二、汉文史料与突厥碑铭中的"突厥"概念

（一）汉文史料中的"突厥"概念

"突厥"在汉文史料中的指称相对明确且稳定，即专指公元 6—8 世纪的草原游牧政权。 552 年，突厥首领土门推翻了柔然人的统治，自称"伊利可汗"，正式肇建了以阿史那氏为核心的突厥汗国（第一突厥汗国）。"突厥"一词也从最初的部落代号，一举跃升为草原帝国的政权代号。 曾经隶属于柔然汗国的众多草原部落，纷纷进入了突厥汗国这个新政体的麾下。

由于在汗位继承问题上发生冲突，统一的突厥汗国不久便形成了以西域为中心的西突厥和以漠北为中心的东突厥的东、西分治格局，一般分别称之为"西突厥汗国""东突厥汗国"。 东、西突厥汗国后来发展成为两个完全独立、彼此竞争的政治单元。 唐贞观四年（630），东突厥汗国末代君主颉利可汗被唐朝大将李靖俘获，标志着第一突厥汗国的灭亡。 唐廷将突厥降户安置在河套地区，并在此设立都督府州，以突厥首领为都督、刺史。 显庆三年（658），唐朝派兵消灭了阿史那贺鲁，标志着西突厥阿史那氏统治的彻底终结。 此后，西突厥统领的"乌孙故地"，逐渐进入了突骑施的统治时代。

永淳元年（682），骨咄禄率众起义，复兴了东突厥汗国，史家一般称之为"第二突厥汗国"。 天宝四载（745），末任阿史那家族白眉可汗被回纥（回鹘）击杀，标志着第二突厥汗国灭亡。 第二突厥汗国灭亡之后，汉文史料中"突厥"一词几乎被废弃，历代的中原王朝也都同步地更新了各自时代内对西域和漠北民族的称谓。 比如，突厥汗国崩溃之后兴起于漠北的草原政权被称为"回鹘汗国"。

（二）突厥碑铭中的"突厥"概念

突厥文史料的独特意义在于，突厥是中国历史上第一个用本族语言和文字来书写历史的北族政权（有学者提出早期的柔然已经有了自己的文字，但并未形成共识）。迄今所知的第一突厥汗国时期的石刻史料，都是用粟特文书写的，而第二突厥汗国的突厥碑铭一般指《暾欲谷碑》《阙特勤碑》和《毗伽可汗碑》三大碑，使用如尼文书写。

在突厥碑铭中，"突厥"有两种写法，分别是ʰↃ𐰼𐰚ʷ和ↃↃ𐰼𐰚²，换写成拉丁字母则分别是 $t^2\ddot{w}r^2k^{\ddot{w}}$ 和 $t^2\ddot{w}r^2k^2$。根据如尼文的拼写规则，理论上它可以转写成 türk、türük 和 türkü 三种形式，其中第一种形式更被学术界所广泛接受。基于此，现代突厥学家一般将"Türk"释为"强有力的"，《周书·异域下·突厥传》为此观点提供例证：

> "（突厥）居金山之阳，为茹茹铁工。金山形似兜鍪，其俗谓兜鍪为'突厥'，遂因以为号焉。"

在突厥碑铭中，"Türk"一词的指涉有狭义和广义之分，前者是族群范畴，是指以阿史那家族为核心的统治集团；后者则是政治范畴的概念，是指突厥汗国这个政治体内的全体子民，包括漠北的九姓乌古斯和西突厥的十姓等重要的突厥语人群，也包括其他操突厥语的人群如葛逻禄、黠戛斯等，甚至有少数非突厥语的人群如汉人、契丹、奚、三十姓鞑靼等。

综上，汉文史料与突厥碑铭中"突厥"的指称相对清晰。在突厥汗国灭亡之后，"突厥"的概念虽然在拜占庭、穆斯林、西欧等语境中继续使用，但在不同历史时期和不同文化语境中它所指涉的对象都不一样，留待后续讨论。

三、拜占庭史料中的"突厥"概念

突厥汗国与同时期的东罗马帝国有外交和商业往来，故拜占庭史料中也保存了有关"突厥"的记载。 拜占庭帝国所统辖的区域由于之前受希腊文化的影响较大，自希罗多德时代以来所奠定的一种文明与野蛮二元对立的历史叙事，被拜占庭帝国的希腊史家延续了下来。"突厥"在希腊语中的主格单数形式为 Τούρκοι，拜占庭史料中则多是以 Τούρκων，也就是复数属格的形式出现。 拜占庭与突厥是丝绸之路上的两个重要的政治体，彼此多次互派使臣，有关史料见载于 6 世纪弥南窦（Menander）的《希腊史残卷》，其中的"Τούρκοι"应该多指当时的西突厥汗国。 在突厥汗国灭亡以后，Τούρκοι 这个名称仍然被使用着，甚至一度取代了"斯基泰"，成为蛮族的代名词。

8 世纪下半叶至 9 世纪上半叶，欧亚草原的政治板块变动反映了了拜占庭的历史书写中。 当时，最重要的拜占庭史家——"忏悔者"塞奥发尼斯（Theophanes the Confessor）在他的《编年史纪》中提到，拜占庭皇帝曾与"东部突厥"结盟，而他们自称"哈扎尔"。 此处的"东部突厥"实际是一支分布在里海、黑海草原一带，信仰犹太教的突厥语人群，据考与汉文史料中的可萨人可能存在联系。 10 世纪，拜占庭皇帝利奥六世书中提到的当代 Τούρκοι 则主要是指马札尔人，即匈牙利人。

四、中古时期穆斯林文献中的"突厥"概念

拜占庭史家用 Τούρκοι 指代马札尔人的观念，也影响到了周边穆斯林对"突厥"的认知，并表现在穆斯林的历史书写中。 10 世纪的波斯天文学家和地理学家伊本·鲁斯塔（Ibn Rusta）在介绍马札尔人时曾提到："马札尔人是一支突厥人群"，11 世纪早期波斯史家加尔迪兹（Gardīzī）也认为"他们（马札尔人）是一支突厥人群"。

早期穆斯林文献中"突厥"（ترک）指代的对象并不固定，要视具体的语境而定，包括吐蕃和基马克等民族。 编撰于 10 世纪末的波斯语《世界境域志》（حدود العالم），在其作者的观念中，"ترک"是一个以宗教为标准来划分的范畴，指的是欧亚草原上的非穆斯林游牧人群。 马合木德·喀什噶里于 11 世纪 70 年代编纂的《突厥语大词典》，所体现的突厥观念具有一定的代表性。 喀什噶里观念中的"突厥"，不是一个语言学概念，更多的是一个政治文化的概念，因为该书导论部分中列举的"突厥人和突厥诸部落"名单上，有许多不是讲突厥语的人群。 蒙古时代穆斯林文献中的"ترک"，则是一个泛指内亚游牧人群的称谓。 例如，蒙古伊利汗国的宰相拉施特在《史集》（جامع التواریخ）中使用的"ترک"概念，就包括蒙古诸部落。

韩国学者李宙烨（Joo-Yup Lee）则更具体地指出，在成吉思汗和帖木儿时期穆斯林史家的观念中，"突厥"是一个与"塔吉克"——也就是定居的伊朗语人群相对的概念。

五、近代西方"内亚话语"的两次建构与"突厥"概念的延伸

对我们当下突厥认知影响最深的，实际上来自近代西欧的知识生产。西方自启蒙运动以来，针对内陆亚洲人群的认知上有两次相对集中的理论建构，及其影响下"突厥"概念的嬗变。 固然，中世纪早期西欧文献中就已经出现关于"突厥"的记载，此时的"突厥"指称的是当时的突厥汗国。 例如，公元 7 世纪的《弗莱德加编年史》提到，马其顿人、罗马人、法兰克人与突厥人具有共同的祖先，他们是特洛伊城陷落之后逃出的四支遗民。 突厥人（Torci）从他们自己人当中选出了一位国王，名叫Torquotus，就是突厥人族称的由来。 突厥汗国灭亡后，西欧文献中关于"突厥"的叙事出现了长时间的割裂，直至 13 世纪"突厥"（Turk）的表述方才重新出现在史料中，且与穆斯林文献中的用法不同，中世纪西欧基

督教界用"突厥"专指小亚细亚地区的穆斯林。但此后,"突厥"概念的边界在近代欧洲两次内亚话语建构中得到延伸。

(一)"鞑靼利亚"知识体系的建构

近代西方内亚话语的第一次建构的核心是关于"鞑靼利亚"的历史书写,具体表现为"鞑靼"指涉范畴的逐步扩大。"鞑靼"(Tatar)一词最早见于古代突厥碑文,指三十姓鞑靼和九姓鞑靼等草原部落。10世纪末成书的波斯语《世界境域志》则提到,"鞑靼"是九姓乌古斯的一部。南宋使臣赵珙在《蒙鞑备录》中把"鞑靼"分成三部,即黑鞑靼、白鞑靼和生鞑靼,其中成吉思汗所在蒙古部族为"黑鞑靼"。14—16世纪,欧洲史料逐渐将中亚、东欧和欧亚草原统称为"鞑靼利亚",生活在这片广袤地域的内亚游牧民族则被称为"鞑靼"。

从其他文字史料中"鞑靼"的指称来看,欧洲史家将内陆亚洲的各个种族群体都称作"鞑靼"并无理据,其动机可能是在蒙古西征对欧洲基督教世界造成强烈冲击后对"鞑靼"的污名化。例如,中世纪史家马修·帕瑞斯(Matthew Paris)的编年史曾这样记载鞑靼人:

"让我们向天祈求保佑和安慰吧!假如这群我们称为'Tartar'的人来我们这里,要么是我们把他们赶回地狱(Tartarus)去,要么是他们把我们送到天堂去。"

事实上,考察最早出现"鞑靼"的突厥碑铭,其拉丁文转写是 Tatar 而非 Tartar,帕瑞斯这种书写方式似乎正是为了构建"鞑靼"与"地狱"(Tartarus)的负面联想。而这种传统被很多后世的史料将错就错地继承,如后来英国汉学家庄延龄(E. H. Parker)于1895年出版的《鞑靼千年史》仍使用了这样的错误写法。

（二）“突厥”概念的延伸

一方面，作为“鞑靼利亚”知识生产的后果，“鞑靼”的概念指称逐渐从鞑靼部落扩大到蒙古，再扩大到更多突厥语人群，以至于整个内陆亚洲。 同时，欧洲的鞑靼观，通过 17—18 世纪的传教士逐步影响到内陆亚洲及中国。 例如，奥尔良（Pierre Joseph D'Orléans）于 1688 年出版了《鞑靼两次征服中国的历史》；法国耶稣会士刘应（Claude de Visdelou）在其遗作《鞑靼史》中，把匈奴、鲜卑、柔然、突厥、回鹘、契丹、女真等政体都视作“鞑靼”，并建构起一部连续的“鞑靼”线性史，对后来中国东方学者的知识生产造成了决定性影响。 法国东方学家德金（Joseph de Guignes）在 1756—1758 年出版的《匈奴、突厥、蒙古以及其他西部鞑靼通史》一书中采用了刘应的材料，把汉文史料中的“突厥”与西欧文献中的“Turk”勘同，对近代西欧中的“突厥”的概念进行了纵向延伸。

另一方面，史托兰伯（Philip Johan von Strahlenberg）于 1730 年出版了《欧洲和亚洲的东部与北部》一书，指出了西伯利亚雅库特等“鞑靼语”与奥斯曼语之间的相似性，并创造出了“突厥—鞑靼语族”的概念。此后，欧洲东方学家们借用比较语言学的方法，逐渐将安纳托利亚、中亚、中国新疆、东欧鞑靼、俄国西伯利亚等地的突厥语人群，都归类于“突厥语族”的语言学范畴之下，从而对近代西欧“突厥”的概念进行了横向延伸。

最后，在 19 世纪末鄂尔浑河碑铭释读的推动下，湮没于汉文史料中的“突厥”得以重见天日，也为西方内亚话语的第二次建构提供了契机。 德金所提出的“突厥”即为“Turk”的观点似乎从假设变成了“事实”，近代欧洲的突厥观与鞑靼观在历时性和共时性两个维度的建构得以合拢。 于是，从古代突厥到现代西亚和中亚各突厥语民族的一部线性历史被建构出来。 法国学者莱昂·卡翁（Léon Cahun）1896 年出版的《亚洲历史导论：从起源到 1405 年的突厥和蒙古人》就杂糅了西欧从近代早期到 19 世纪末所积累的关于突厥语人群的所有知识。 但我们应该认识到，基于对其他文字史料的前述分析,"突厥"与"Turk"的指代对象并不相同,不能简单地从字面上形成认同。

六、总结与讨论

总之,在不同的历史语境中,"突厥"的指涉范围往往受历史、文化、宗教、语言、政治等多重因素影响。 西欧有关突厥的知识生产本质上是伴随着"启蒙"和帝国主义向欧洲以外地区扩散的过程。 从"鞑靼"到"突厥",以及从"鞑靼利亚"到"内陆亚洲"的概念史个案,展现了近三百年西欧关于亚洲知识形塑的清晰脉络,折射出知识生产和权力机制之间的纠葛,可以为当下学术层面的中国式现代化探索提供启发。

(陈浩,上海交通大学人文学院历史系副教授)

他山之石

《区域学的展开》：日本区域国别学的一次全面探索

王　旭

当前，中国区域国别学一级学科建设如火如荼。 为了更好地推进该学科建设，有必要介绍一些其他国家的探索经验作为参考。 日本是较早探索构建该学科的国家，《区域学的展开》一书具有一定参考价值。 本文将介绍《区域学的展开》的基本情况和主要内容，最后对该书的参考价值略作点评。

一、基本情况

本书的日文书名直译为"国际地域学的展开"，副标题是"对国际社会、区域、国家的全面了解"。 日本没有区域国别学的提法，只有"国际地域学"的概念，可以认为日本学术界和本书中所讲的"国际地域学"大致相当于中国"区域国别学"。 为了符合中文习惯，本文将日语语境中的"国际地域学"统一译为"区域学"，将书名译为《区域学的展开》。

本书于 2015 年 3 月由日本明石书店出版，与 2014 年 4 月日本新潟县立大学研究生院区域学研究科区域学专业开设几乎同步。 书的后记提到，"区域学学部将编写区域学学科教科书，如果把教科书与本书结合起来阅读，将更能体会本书之于区域学的意义。"①可见本书的读者对象是有志于从事区域学研究的学者和学生。

本书是一本论文集，由猪口孝作为图书监制，山本吉宣、黑田俊郎编著，多位学者参与撰写（以新潟县立大学学者为主）。 这是日本很多学术书籍的组稿方式。 日本学界通常按照书的写作目的邀请不同学者分别就擅长领域撰稿，将论文集出版成书。

图书监制猪口孝是日本知名国际政治学者，他从东京大学毕业后获得了麻省理工学院政治学博士学位，曾担任东京大学东洋文化研究所教授、联合国大学副校长等职。 本书出版时，猪口孝是日本新潟县立大学校长。猪口孝也是日本区域学建设的积极推动者。 他是日本政治学会会长。 自日本政治学会 1956 年成立以来，区域研究一直是该学会三四个重要研究领域之一。 在日本学术会议中，区域研究拥有专门委员会，并成为日本学术振兴会科学研究费的资助领域之一。

山本吉宣、黑田俊郎是本书序章的作者，并分别为本书撰写了有关全球治理、战争与和平的论文。 山本吉宣、黑田俊郎时任新潟县立大学研究生院区域学研究科教授。 山本吉宣从东京大学毕业后获得了密歇根大学政治学博士学位，曾在东京大学等处任教，从事国际政治学、国际制度、国际安全、亚太秩序研究。 黑田俊郎曾赴法国艾克斯-马赛第三大学法律与政治学院留学，在中央大学法学研究科、法学研究科、政治学部修完学分并退学，从事国际政治、和平问题研究。

本书的撰稿人还包括经济学家若杉隆平，他时任新潟县立大学教授，现任新潟县立大学校长，此外菊池努、渡边松男、龙田贤治、信田智人、藤井诚二、上村威等 11 名长期从事东亚区域、国别、理论等研究的学者参与撰稿。

---

① 猪口孝（監修）、山本吉宣（編集）、黑田俊郎（編集）：『国際地域学の展開——国際社会・地域・国家を総合的にとらえる』、東京：明石書店，2015，第 253 頁。

二、主要内容

本书除序章外分为四章,第一章是"对国际社会的研究",第二章是"区域国际关系",第三章是"各国研究",第四章是"区域学的研究方法"。 主要探讨的问题如下。

(一)区域学研究要兼顾国际、区域、国别三个层次

山本吉宣和黑田俊郎在序章中指出,从层次分析上讲,区域学要统筹国际关系、国际政治、区域和国别研究。 区域学与国际问题研究、国别研究既有区别又有联系。

国际关系、国际政治研究的对象主要是国家,研究的主要内容是国与国之间的关系,如国家间制度、行动准则、争端管控与危机解决等;当然也研究非国家行为体,如非政府组织、跨国公司、地方政府等,因为非国家行为体与国家行为体共同构成国际社会。 而区域研究必须在此基础上结合以下两方面内容:一是亚洲或欧洲等特定区域的历史、政治、经济、文化研究,二是某国别的政治、经济、文化、外交研究。 一方面,这是因为国家的变化影响区域秩序。 霸权国塑造国际秩序、区域秩序时,会把自身价值投射到区域事务之中;且一国内政会对外交产生影响,如政治不稳定导致对外政策的强硬,稳健派执政后会倾向于修正回调等。 另一方面,一国所处国际环境的变化会对国家政策产生影响,如区域经济合作带动当事国加速推进经济自由化改革,区域动荡将强化当事国在安全战略方面的投入等。

此外,相比国别研究重视研究国情,区域学更重视研究一国所处的外部环境。 例如,区域学视域下韩国研究,更侧重研究韩国对日关系、对华关系或东亚局势对韩国的影响。 当然,在区域学中,国情研究也存在可挖掘之处,例如,国内政治治理模式能否在区域层面借鉴推广。

（二）区域学研究适用既有国际关系理论

山本吉宣和黑田俊郎指出，区域学是系统集成的学科，应以政治学为基础，兼顾经济学，考虑社会学、法学、历史学，总之需要涉猎的内容广泛。仅政治学便包括国际政治学、比较政治学、政治经济学、制度理论等。如果将国际政治学再细分，其包括国际安全理论、和平学、制度决定论、外交论、国际政治思想等。如果将比较政治学再细分，其包括比较政治制度论、民主主义论、舆论分析等。

区域学研究需要运用国际关系等学科的既有理论。①

关于如何适用，山本吉宣和黑田俊郎举例指出，全球治理理论用于解释国家和非国家行为体在解决和管控国际社会众多问题方面如何发挥作用，而这两种角色在区域治理或国家治理中也十分重要，可以进而探讨如何在区域治理研究中解析。山本吉宣在其论文《全球治理》中介绍了全球治理的问题和角色的多样性，探讨了国家、企业、非政府组织在物质利益议题和非物质利益议题，以及结构对称治理和结构非对称治理中的不同作用，提出全球治理、区域治理、国家治理、地方治理的相互作用具有研究价值。②

战争与和平是国际关系学科研究的最古老议题之一。山本吉宣和黑田俊郎在序章中提问，在某个区域有效的安全或经济治理模式是否可以在其他区域复制？在某个区域适用的理论能否在更大范围的区域适用？黑田俊郎在其论文《战争与和平》中进行了更为深入地探讨，他认为"冷战结束至今发生的武装冲突反映了国家安全观的变化，而通过这种变化可以考

---

① 猪口孝（监修）、山本吉宣（编集）、黑田俊郎（编集）：『国際地域学の展開——国際社会・地域・国家を総合的にとらえる』，第 13—16 頁。
② 山本吉宣认为，国家、企业、非政府组织结成三角关系，也围绕某个全球性议题形成网络。以物质利益为基础的、结构对称的治理中，国家往往发挥作用较大。例如，武器、关税、宏观经济政策。非结构对称的物质利益治理和调节规范、道德、人权等非物质利益治理中，国家、非政府组织、企业等各方都在其中发挥作用。

察主权国家体制的根本性变化。"①观察国际—区域—国家三个层面的互动，为研究区域安全机制提供了新的视角。

同理，经济互相依存论选取国际贸易的基本逻辑和现象，亦可以用来探讨区域经济问题；经济开发援助理论用于研究国际社会，也可聚焦于东亚区域或东亚与其他区域的比较研究。若山隆平在其论文《国际相互依存——从国际经济学的观点出发》中指出，要理解国家、地区间贸易，需要学习传统贸易理论、不完全竞争条件下的新贸易理论，以及关于企业和贸易的新新贸易理论，对战略性贸易政策、企业生产、国际化和外包问题等，运用地区、国家，特别是企业等市场主体维度的数据开展实证分析。渡边松男在其论文《经济开发与援助》中指出，国际发展学是一门以解决问题为导向的学问，既适用于研究国际发展机制和援助模式，也适用于区域发展和区域间比较研究，例如东亚和非洲的受援助效果比较研究具有学术和实践价值。总之，区域学为国际发展研究带来新机遇。

（三）区域学研究要选用多种研究方法

山本吉宣和黑田俊郎在序章中指出，区域学属于社会科学，符合社会科学方法论的一般规律，即定量分析和定性分析。区域学研究需要定性，因为在国际社会的互动过程中，各国、各区域会频频出现"不同"，"哪里不同、为何不同"是区域学要研究的内容；与此同时，区域学也需要定量，用定量来厘清变量互动过程中的复杂联系。

诚然，"定性分析和定量分析有时会发生矛盾，但重要的不是争论方法之高下，而是学者和学生根据具体问题选择使用恰当的且自己熟悉的方法来做研究。"②当前，在一项研究或一篇论文中同时使用定性和定量两种方法的比重逐步上升。既用定性来描述案例、揭示因果关系，又基于数据统

---

① 猪口孝（監修）、山本吉宣（編集）、黒田俊郎（編集）：『国際地域学の展開——国際社会・地域・国家を総合的にとらえる』，第55頁。
② 猪口孝（監修）、山本吉宣（編集）、黒田俊郎（編集）：『国際地域学の展開——国際社会・地域・国家を総合的にとらえる』，第18頁。

计来实证研究是合理的。 先构建演绎模型，再对个别现象进行具体的定性分析也未尝不可。

在本书第四章，藤井诚二、洼田悠一、上村威分别探讨了"实证研究论文的写作方法""政治分析的方法论"和"建构主义话语研究的方法"。

藤井诚二在其论文《实证研究论文的写作方法——从提问到验证假设》中指出，理论研究论文或许需要天赋，实证研究论文则更需要努力和训练。 换言之，实证研究论文是一种技能性训练。 藤井主要探讨了如何提问和如何验证假设。

写论文首先要明确论文的类型。 论文一般可分为四类，分别是探讨概念、验证假设、创造假设、揭示新的事实。① 在验证假设类论文的写作过程中，从提出问题到提出工作假设属于前半段。 提问是写论文的第一步，甚至有研究人员认为提出一个问题相当于论文完成了一半。 说明对于假设验证类论文写作，一个好问题至关重要。 比如与"少子高龄化是问题"这个问题相比，"为什么出生率在下降"显然是更好的问题。 提问之后的第二步是给出可能正确的答案。 例如，"出生率在下降"的原因可能是"工作和育儿难以兼顾""人口增加过多""政府没有出台促生育的恰当政策"等。 将提出的问题和答案之一组合在一起就构成一个基本假设。 第三步是用统计学中的假设验证方法来让假设变成可以验证的假设，即确定样本数据。 仍以上案为例，这一步需要研究者搜集每个地方政府出台的政策文件以及各个地方的出生率，把所有相关数据录入电脑，准备分析之用。 这就是工作假设。

工作假设和基本假设必须匹配，即做到工作假设正确则基本假设正确。 如果研究难度过大，可以从简单的入手。 建议不改变假设，而是用不同年代的或者是更新过的数据来验证。 如果能得到原结论仍旧成立，是

---

① 藤井引用了日本学者川崎刚对于论文的分类。 探讨概念类论文是指，概念本身尚无定论时探讨概念的理论研究型论文。 验证假设类论文是指，提出一个假设，然后再验证假设的真伪。 例如，探讨日本经济为何曾长期高速增长。 创立假设类论文是指，在事实或数据中抽象出一个假设或概念。 揭示新事实类的论文一般常见于历史学和考古学。

一种研究的进步、具有学术贡献；即使发现其他时代的数据得不出相同的结论，也能反证前人的结论是具有时代局限性的，即发现假设的适用范围，这也是一种学术贡献。 同理，也可以换地域来验证既有假设，或缩小地域范围、时间范围来验证既有假设，只要使用相同的分析方法，就不难比较。

洼田悠一在论文《政治分析的方法论——案例、比较、计量》中指出，区域学是将国际关系、比较政治学等理论与东亚等具体区域相结合，构成体系来开展案例研究，从而形成新的学术领域的尝试。 区域学的关键在于"交叉"。 学科之间的分界线也许对于学术分类和学者分类有意义，却对研究现实世界没有助益。 区域学研究要使用经济学、心理学、社会学等多学科方法，洼田主要探讨了政治领域案例比较研究如何使用计量方法。

理论和案例研究是一体两面。 理论来自对案例的抽象，又用于理解案例。 凭单一的案例难以归纳理论。 比较的案例较少时适合用定性分析，因为定性分析可以很翔实地论证过程。 案例较多时则适合计量研究方法。社会科学研究的责任之一就是把复杂的案例进行比较，然后得出超越特殊性的具有普遍性的理论。 "计量分析是研究现实社会问题的一种方法，是理论研究和案例研究之间的桥梁。"[1]

既然既有研究工作仍承认因果关系，那就需要研究者在研究过程中明确自变量和因变量，以及处理干扰因素。 在社会科学中，处理干扰因素要比在自然科学中困难。 经济研究有海量数据支持，便于使用统计学方法，但政治学研究通常没有那么体量庞大的数据，在一项研究中往往可以做到穷尽样本，而穷尽样本易引发统计的失真，因为政治学案例中的影响因素实在太多了，内生性问题难以解决，最终就会对定量分析的结果产生负面影响。 对于少量案例的比较，虽然找出自变量、因变量和解决内生性问题

---

[1] 猪口孝（监修）、山本吉宣（编集）、黒田俊郎（编集）：『国際地域学の展開——国際社会・地域・国家を総合的にとらえる』，第235頁。

相对容易，但案例质量往往会对结论产生重大影响，甚至得出不正确的结论。 这些都是政治学学者经常遇到的问题。

计量经济学的回归分析方法在政治学中广泛应用，但政治学并不是依据不同的分析方法来分类的，而是根据研究内容的不同来分领域的。 因此政治学使用计量方法要注意三点，一是定类数据、定序数据、定距数据、定比数据等不同类型数据的不同尺度会影响变量设置；二是经常出现"有没有发生战争""当选还是落选"等二分变量，这与其他学科可能有所不同；三是最重要的仍是做好定量研究所必需的数据搜集和积累工作，例如，力量和威慑是非物质的抽象存在，却是理解复杂国际关系的必要概念，只有把此类抽象的概念数据化、具体化才能做好定量研究。

当前，政治学科正在不断探索和涌现出适合政治学科定量分析的方法，而不仅仅是照搬其他相近领域的方法论。 比如关注空间相关性、时间相关性等。 但归根结底，政治领域案例分析的复杂性决定了，其"既需要对政治现象的计量分析，也需要对政治现象的深刻洞察"[1]。

上村威在其论文《建构主义——注重话语研究》中指出，虽然建构主义存在实证主义、后实证主义等多种方法论流派，但"话语研究是其主要研究方法"。[2] 上村主要探讨话语研究的几种方式而非建构主义理论本身。

上村承认，建构主义研究的重点是身份、观念、文化、共有知识等弱物质因素或非物质因素对人们认识社会的影响，但同时也提出，现实主义和建构主义虽然有不同的研究议题、聚焦不同的分析对象，但并非完全对立。 现实主义研究物质的作用着眼于研究已经明确角色的行为体追求什么利益，而建构主义的研究对象是本国或对象国的角色在长期进程中是如何建构起来的。

---

[1] 猪口孝（監修）、山本吉宣（編集）、黒田俊郎（編集）：『国際地域学の展開——国際社会・地域・国家を総合的にとらえる』，第 236 頁。

[2] 猪口孝（監修）、山本吉宣（編集）、黒田俊郎（編集）：『国際地域学の展開——国際社会・地域・国家を総合的にとらえる』，第 239 頁。

建构主义注重话语研究，话语研究应该包括定性和定量分析，目前话语研究的实际情况是"倾向于定性"，"由于定性比起定量缺乏实证性，还被学界所诟病"。①

上村着重阐释了如何做好话语研究的定性分析。一是挖掘文本背后的深层内涵。话语孕育于社会现实的意义体系中（discourse as systems of signification），即作为意义体系的话语，②因此做言论、文本等话语分析，不能离开对政治和社会的把握。如，只通过研究中国历史教科书来寻找中国如何定义日本是不够的，不能回答"为什么"的问题，换言之，深度了解中国怎样建构对日本认知，才能回答中国为什么会发生反日现象。

二是把握话语研究中的宏观和微观分析。宏观分析更关注结构体系，侧重于考虑行为体的行动、思想是如何形成的，倾向于搜集更长时段和更广泛范围的线索。微观视角更关注行为体的发言和行为，聚焦行为体目的、行为的变化过程。微观视角相对适合规模较小的案例研究，当然，在围绕同一问题的研究中也会出现宏观微观分析视角的差异。

再将宏观分析细分，首先可采用过程追踪的方式。过程追踪通常选取一个案例进行多角度解读。由于过程追踪分析方式认为，案例发生发展的原因不是单一的，而是由复杂主体复杂互动所产生的，所以过程追踪未必能得出具有普遍性的理论。其中，谱系研究（genealogical method）在过程追踪研究中具有代表性。与一般的历史研究不同，谱系研究认为，不存在必然的、客观的历史，即历史可从各个角度主观的解释。行为体想把自身的行为"正当化"，就会产生多种多样的话语。"这些复杂的话语相互分隔，构成的历史不是从过去到现在的直线式历史，将是断续的。"③

参与观察（Participant observation）也是宏观分析的方式之一。因为在组织中的个人受组织的影响，同时也会对组织产生影响。此外，民族志

---

① 猪口孝（監修）、山本吉宣（編集）、黒田俊郎（編集）：『国際地域学の展開——国際社会・地域・国家を総合的にとらえる』，第 247 頁。

② 更通俗的解释是"言为心声"。

③ 猪口孝（監修）、山本吉宣（編集）、黒田俊郎（編集）：『国際地域学の展開——国際社会・地域・国家を総合的にとらえる』，第 244 頁。

学是将参与观察和田野调查相结合、研究者密切接触研究对象地域社会的研究方法。 要求研究者通晓当地语言、了解当地社会文化、深入当地生活，同时注意保持客观独立，做一个观察和倾听者，并在认知过程中宏观把握地区和时代的变化。 这种方法被广泛运用。

微观分析方面，主要采用叙事方式。 叙事是在研究个人或集团等行为体时经常使用的方式，其与断续性的谱系研究不同，其重视连续性，要展示案例的开始、经过和结束。 因此，对于叙事能否阐释因果关系，学界尚有争议。 这种方式要求收集翔实的资料，包括政府人士言论、社会信息、新闻媒体调查、会议材料，以及非政府组织、国际组织、个人信源等各类信息。 通常用于在一个案例中刻画不同行为体的观念和行为。

（四）区域学人才培养需要交叉而聚焦

区域学课程由国际、区域和国别三个层次组成，是综合全面的学科体系。 但是对于每一名研究者即个人的要求，并非要求面面俱到，而是有国际关系理论、东亚区域研究、国别研究基础并专注于某一领域研究的"专攻者"。 新潟县立大学研究生院区域学研究科的主要研究方向是东亚，主要指狭义的东亚—东北亚，因此提供了东亚区域和中、日、韩、俄等国别研究的课表。

新潟县立大学的培养计划是，第一年打下英语语言基础，目标是从"学习英语"到"用英语学习"。 从第二年开始，分"国际社会""比较文化""东亚""区域环境"四方面来安排课程。 毕业要求是学生根据选修课程和研究兴趣提交研究成果。 学生可能选出千差万别的课表，但必须涉及国际、区域、国别三个层次。 且第一，必修比较文化，因为"比较文化课程通过对不同文化进行辩证性的研究思考，对于区域学来讲是宝贵的学术财富"[1]；第二，必修东亚某个国家的地理、语言、文化、社会，以此培养

---

[1] 猪口孝（監修）、山本吉宣（編集）、黒田俊郎（編集）：『国際地域学の展開——国際社会・地域・国家を総合的にとらえる』，第 252 頁。

研究者必备的历史观。

例如，学生 A 对韩国政治感兴趣，他将学习韩语、韩国政治、政治学理论、舆论分析、定量分析等课程，聚焦中韩关系、日韩关系或东亚局势对韩国政治影响的研究。 学生 B 关心中日韩合作，他将学习东亚国际关系、区域合作、国际政治学、制度理论、国际经济关系理论和中日韩政治外交史，参与国际学术交流，选定中日韩政治合作、经济合作或环保合作为研究方向。 学生 C 未来想从事东亚经济合作方面的政策研究工作，他将学习国际发展学、国际经济学、统计学、国际贸易、跨国企业相关理论、地区制度安排，由于经济合作离不开政治和国际合作，他也将学习中日韩等各国的相关制度安排。

（五）东亚区域研究框架至少包括秩序、合作、经济和国别

本书第二章、第三章不是有关理论或方法论的探讨，而是从东亚秩序、合作、经济以及各国别角度开展具体研究，试图搭建东亚区域研究的框架。 龙田贤治在其论文《东亚国际关系与美国》中探讨美国二战后的东北亚政策，梳理回顾了朝鲜战争、越南战争、中美苏三角关系演变历程。龙田认为，冷战中，美国在苏联势力范围外发挥霸权影响力，但维持霸权的成本是美国硬实力和软实力双降。 这一过程中，既有美国维系同盟体系、宣传"自由人权民主"及具体战争投入所带来的成本付出，也有社会主义阵营和第三世界国家成为新兴国家所带来的美国实力的相对下降。 中国是新兴国家的典型代表，当前包括朝鲜问题在内的东亚问题的解决已经离不开中国。

菊池努在其论文《地区合作与东亚》中指出，东亚合作的第一阶段是二战后国家间互信缺失、合作制度安排缺失的阶段，地区国家对美双边关系和世贸组织等全球性制度安排的作用突出。 第二阶段是冷战后合作制度安排过剩的阶段，"意大利面碗"效应凸显。 当前亚洲各经济体相互依存的同时，经济竞争正在激化，且国家间力量关系对比正在急速变化。 区域制度安排的新动向是中国、美国主动塑变的积极性上升，基于不同原则的

区域制度逻辑演变出"两个亚洲"的可能性不能排除。 未来，亚洲各国将继续处于多样复杂的制度安排的关系协调中，且必须同时与中国、美国两个大国互动，需要灵活运用多种制度安排，避免选择特定的制度安排。

李佳在其论文《经济发展与东亚》中从宏观政策稳定性、高储蓄高投资、出口导向、重视人才、政治体制、拥抱全球化等方面解释东亚经济奇迹产生的原因，并着重分析了东亚生产网络的形成发展。 李佳认为，未来东亚有望成为消费市场，实现区域内的经济完整循环，但随着与世界联系的不断深化，如何提高应对金融危机等外部风险的能力进而改善东亚"脆弱性"是紧要课题。

在第三章，Ng，Ka Po、浅羽祐树、袴田茂树、信田智人分别分析了中国、韩国、俄罗斯、日本的政治外交。 Ng，Ka Po 探讨新中国成立后，中国几代领导集体的外交政策。 浅羽祐树分析韩国总统与议会的关系、政治派别间的关系、中美韩和日美韩关系以及自由贸易和韩国国内政治问题。 袴田茂树探讨苏联解体、俄罗斯"阵痛"、普京"大国主义"、俄乌关系、俄罗斯与东方关系。 信田智人分析日本自民党和民主党执政特点，以及安倍晋三第二次执政时期的安全保障政策。

三、启示思考

本书探讨了区域学是什么，回答了区域学研究可运用什么理论和方法，且具体示范了如何开展东亚区域研究，对中国区域国别学一级学科建设具有一定参考借鉴价值。 书中不少论文的观点具有启发性，原著亦值得一读，笔者在此仅就前文介绍的主要内容谈几点不成熟的思考。

（一）关于区域学学科建设

对于新潟大学，区域学是一个新的学科或专业；但对于日本学界和学者，区域学并非新概念或新事业。 正如于铁军指出，日本一直非常重视区域学发展，其历史可追溯到第二次世界大战之前和战争期间，日本区域学学科形成较早，日本学界对日本区域学发展水平的自我认同比较高。① 因此，应将本书内容视为日本学界多年研究积累的成果。

首先，本书认为区域学是系统集成的学科、交叉学科，这与中国学界的看法基本相同。 本书提出，区域学所跨学科不仅包括政治学、经济学、社会学、法学、历史学等人文社会科学，也涉及环境、工程等诸多自然科学。 无论是对人文社会科学还是对自然科学，区域学保持其交叉学科应有的开放性是重要的。

其次，本书提出区域学需要"对国际社会、区域、国家的全面了解"，明确应从上述三个层次开展研究、注重三个层次的互动研究，并据此设计区域学课程，且强调培养区域学研究者时要注重文化素养和历史纵深感的积淀。 这些观点对中国区域国别学科框架建构、课程设置、人才培养具有一定启发意义。

囿于篇幅，本文对该书第四章国别研究的四篇论文仅作勾勒，但实际上日本学者国别研究水平普遍比较高。 日本"区域学"虽然未被称为"区域国别学"，但始终以国别研究为基石，也将国别研究视为区域学的组成部分。 本书还多次提及，区域学框架下的国别研究需要更关注国家所处的外部环境。 中国使用"区域国别学"概念，国别研究之地位自不待言。未来如何夯实国别研究基础，并在区域学框架下挖掘新潜力，值得借鉴思考。

再次，对于区域学研究如何运用政治学、经济学等多学科的既有理论，本书给出了较为详尽的回答，并通过举例说明使之更好理解。 对本书所提及的运用治理理论、发展理论、战争和平论等开展区域学研究的部分选题，甚至可以直接采取"拿来主义"，使之成为中国区域国别学的研究课题。

---

① 于铁军指出，比如战前对中国东北的"满铁"调查，对朝鲜半岛、中国台湾、东南亚各国的研究，对美国的研究等。 战后很多学者赴美留学，接受了美国学界的影响。 日本学者对于自身区域学的发展抱有自信。 1992 年日本学者发表了一项对 20 世纪 80 年代日本国际关系学者的问卷调查的结果，对于与其他国家相比日本在哪些研究领域最为优秀，评价最高的是区域研究（39.2%），其次是历史研究（37.3%），对理论研究表示满意的仅为 6.4%。 于铁军还特意回顾，接触到的国际上的地区国别研究学者，都对日本同行的研究成果给予高度评价。

美中不足的是，本书对于区域学学科建设中的若干重要问题未能给出明确答案。例如，区域学作为一个独立的学科，应如何构建自身理论体系？一般来讲，理论体系构建需要追求普遍性即共性，但这可能不太符合日本学界对区域学的认知。国分良成曾指出，区域研究指的是对世界某个特定地区进行实证研究，解析其个性。为此首先需要学习这个地区的语言，通过实地研究及共同研究，对地区个性进行跨学科性的探讨，这也是长期以来人们所认知的区域研究的精髓的基本内容。① 这个问题值得中国学界思考。

此外，可能由于新潟大学区域学的主要研究方面是东亚，所以本书侧重探讨东亚区域学如何搭建，而对比较研究的探讨显得不足，没有阐述如何对不同区域进行比较研究。第二章和第三章的论文没有特别收录东亚与其他区域的比较研究，也没有就东亚国家之间进行比较研究。

（二）关于区域学研究方法

本书第四章的三篇论文介绍了若干种适合区域学研究使用的研究方法。鉴于当前中国学界对于区域学方法论的探讨较少，使这部分方法论的内容凸显一定参考价值。

从大的维度看，中国学界一直有"定量好"还是"定性好"的争论，甚至出现了定量更"高级"的倾向。参著本书的几位日本学者指出，定量和定性作为方法并无高下之分，恰当的和研究者所擅长的就是好的，将定量和定性结合使用是大势所趋，政治学相关研究尤其不能缺乏"对政治现象的深刻洞察"。上述见解对如何认识方法之争具有启发性。本书介绍的研究方法包括统计、计量、比较等定量研究方法，也包括过程追踪、田野调查、叙事等定性研究方法。论文作者结合案例进行分析，并设身处地

---

① 〔日〕国分良成、酒井启子、远藤贡主编：《日本国际政治学（第三卷）：地区研究与国际政治》，第 8 页。转引自于铁军：《日本特色的地区研究及其对中国的启示》，《国际政治研究》（双月刊）2018 年第 5 期，第 48 页。

地"手把手地"传授如何在写作中使用，使论证更具有针对性和可操作性。 三篇论文广泛引用国际上既有方法论研究成果，具有学术规范性和可信性。

不过，遗憾的是本书第四章介绍的部分研究方法并未在第二章、第三章的论文中得到实践应用。 方法论一章用较大篇幅介绍了实证研究、计量统计方法，但第二、三章的论文其实侧重定性分析。 如果定量研究占比更高些，就能与方法论一章呼应得更好。 当然，定性研究占比较高也是日本区域学研究的现状。 而且，"没有完全呼应"的遗憾不影响本书有关方法论的立场以及所介绍的方法论的学术价值和参考价值。

此外有一点需要注意，本书探讨的方法论并非全部是学界定论。 比如，上村威提出话语研究中有宏观、微观两种分析法并做出具体分类，他认为参与观察和田野调查（民族志学）的研究方法属于宏观分析。 笔者认为，这两种方法可用于宏观分析，也可用于微观分析。

（三）关于区域学培养什么人才

学科建设要依靠人才，区域学建设需要通过人才的传承与迭代实现可持续发展。 本书指出，区域学培养的人才是有国际关系理论、区域、国别研究基础的某领域专攻者，并为此提供了课程设置和人才培养的具体方案。 本书给出的方案基本符合区域学人才培养规律，有助于区域学研究走深走实，有助于解决人才培养的第一步。

然而，"任何学者个人，都不可能掌握作为研究对象的区域或国家的所有相关知识，因此区域与国别研究需要有许多团队，互相取长补短。"[1]对于学科建设，"如何形成团队，互相取长补短"是非常重要的第二步，遗憾的是本书没有就此给出答案。

---

[1] 王缉思：《浅谈区域与国别研究的学科基础》，https：//ciss. tsinghua. edu. cn/info/zlyaq/2360 ［2023－09－10］。

（四）关于区域学提供什么价值

"区域国别研究是大国的需要，只有大国才有进行区域国别研究的强烈要求。"①作为"大国标配"的区域学不仅需回答新建这一学科能供给什么新知的问题，还需要回答，它能解决什么实践问题。简言之，区域学建设需要兼顾学术价值和政策价值。

本书认为，区域学具有政策价值，比如服务于改善中日安全关系、推进中日韩环保合作，乃至改善新潟县农业发展的国际环境等，但相关探讨一笔带过。这或与二战战败后日本官方重视理工科甚于人文社科有关，抑或与日本学界羞于谈论地缘政治及为国家战略利益服务有关。当然，这并不代表日本学界与政策界脱节，实际情况可能是日本学界"讷于言而敏于行"。这与中国目前围绕区域国别学如何服务政策实践的大讨论热潮不太一样。

也许更深层次的问题是，区域国别学作为独立的一级学科，是否具有不可替代性。例如，能否提供有别于国际关系、国家安全、国别研究等相关学科的不同视角的解释和更好的政策建议。这恐怕是区域国别学作为一级学科需要持续探索的命题。

（王旭，中国现代国际关系研究院海洋战略研究所副所长、副研究员）

_____

① 钱乘旦：《以学科建设为纲，推进我的区域国别研究》，https://www.igcu.pku.edu.cn/info/2214/3742.htm [2023 - 09 - 10]。

吐鲁番的基督教写本[*]

翟马可（Mark Dickens）撰　　柳博赟 译　　李正一 校

引　言

重建中亚的基督教历史充满挑战，最重要的原因可能在于今天生活在中亚地区的基督徒，与近代以前生活在中亚的基督徒没有直接联系。 与中东地区不同，中亚地区的基督徒群体未能存续至今，导致无人保存其宗教传统以及抄本等物质文化。 同样，也没有其他群体有责任来继承古代晚期和中古时期生活在中亚地区的叙利亚基督徒持守的信仰和习俗。 由于没有长期存续的群体来维系叙利亚基督徒的传统，所以很难了解他们当时的生活状况。 因此，研究中亚基督教的学者，只能完全依赖于稀少的历史与考古资料，从中获得零星的信息。 这些资料全部出自古代基督徒所留下的遗迹，且极为零散，只能依靠偶然的发现和考古发掘。

1904 年至 1907 年间，德国的"普鲁士吐鲁番探险队"第二次和第三

[*] 本译文受到北京语言大学院级科研项目（中央高校基本科研业务专项资金）资助，项目编号为 23YJ020001。
文中包含的所有图片的版权均为柏林—勃兰登堡科学与人文科学院、柏林国家图书馆东方部（Depositum der Berlin-Brandenburgischen Akademie der Wissenschaften in der Staatsbibliothek zu Berlin-Preussischer Kulturbesitz, Orientabteilung）所有，并经授权使用。

次在吐鲁番绿洲的多处遗址进行了考古挖掘，发现了大量文书残篇，成为重建被遗忘已久的中亚地区基督徒生活的重要资料之一。本文将介绍这些吐鲁番的基督徒群体留下的文献遗存①。

一、地理和历史背景

吐鲁番是坐落于塔里木盆地东北约 400 公里、新疆维吾尔自治区乌鲁木齐东南约 165 公里处的一处绿洲。现在常将吐鲁番视作一座城市的名称，但从历史视角来看，用汉语名称"高昌"或突厥语名称"Qocho"来称呼绿洲中的这个重要的中心城市更为准确。

9 世纪中叶，回鹘汗国（744—840）灭亡后，操突厥语的回鹘人从现在的蒙古高原向南逃亡，在高昌建立了回鹘王国（通常称为高昌回鹘王国或西州回鹘王国）。回鹘王国作为一个独立政权一直延续到 1209 年臣服于成吉思汗，但其作为半自治的藩属国则延续到 14 世纪，此时回鹘人实际已成为察合台汗国的一部分②。

---

① 关于此前对吐鲁番基督教的概述，参见 Wolfgang Hage, "Das Christentum in der Turfan-Oase," in Walther Heissig & Hans-Joachim Klimkeit, *Synkretismus in den Religionen Zentralasiens* (Wiesbaden: Otto Harrassowitz, 1987), pp. 46 – 57; Nicholas Sims-Williams, "Sogdian and Turkish Christians in the Turfan and Tun-huang Manuscripts," in *Turfan and Tun-huang*, *the Texts: Encounter of Civilizations on the Silk Route* (Orientalia Venetiana Ⅳ), ed. Alfredo Cadonna (Firenze: Leo S. Olschki Editore, 1992), pp. 43 – 61.

② 关于高昌地区在高昌回鹘王国建立之前的历史，参见 Zhang Guangda, "Kocho (Kao-ch'ang)," in *History of Civilizations of Central Asia*, Vol. Ⅲ: *The Crossroads of Civilizations*, A. D. 250 *to* 750, eds. B. Litvinsky, Zhang Guangda & R. Shabani Samghabadi. (Paris: UNESCO, 1996), pp. 303 – 314. 关于回鹘人统治高昌时期的历史，参见 D. Sinor, Geng Shimin & Y. I. Kychanov, "The Uighurs, The Kyrgyz and the Tangut (Eighth to the Thirteenth Century)," in *History of Civilizations of Central Asia*, Vol. Ⅳ: *The age of achievement: A. D. 750 to the end of the fifteenth century*, Part One: *The historical, social and economic setting*, eds. M. S. Asimov & C. E. Bosworth (Paris: UNESCO, 1998), pp. 200 – 206. 另见 Zhang Guangda & Rong Xinjiang, "A Concise History of the Turfan Oasis and Its Exploration," *Asia Major*, Vol. 11 (Third Series), no. 2, 1998, pp. 303 – 314. 其中对高昌从古代至现代历史的总结非常精彩，同时介绍了 20 世纪的各种探险活动。关于回鹘人对其政权及统治者的看法，参见 Peter Zieme, "The West Uigur Kingdom: Views from Inside," *Horizons*, Vol. 5, no. 1, 2014, pp. 1 – 29.

逃到吐鲁番的回鹘人带来了摩尼教，这曾是回鹘汗国的国教。 但是，在之后的几个世纪之中，多数人皈依了佛教。 在回鹘人来到吐鲁番绿洲之前，当地人主要信奉的宗教也是佛教①，直至 15 世纪才普遍改信伊斯兰教。 从吐鲁番发现的写本中所使用的多种语言和文字来看，回鹘王国的文化、语言和宗教具有非常高的多样性。

1893 年至 1935 年间，英国人、法国人、德国人、俄国人、瑞典人、芬兰人和日本人都组织了对中国新疆地区的探险。 20 世纪初，德国人（当时称普鲁士人）派出四次"吐鲁番探险队"，最终携带约 4 万份写本残篇返回柏林。 这些写本包含 20 多种语言，大部分是摩尼教或佛教写本，还有许多其他文物。 目前，所有写本残篇都保存在柏林的三个机构中：柏林勃兰登堡科学院、柏林国家图书馆和亚洲艺术博物馆②。

德国第二次吐鲁番探险队最初是在葡萄沟（Bulayïq）（吐鲁番以北 10 公里处）附近的西旁东方教会修道院的遗址中发现了基督教写本。 随后，在吐鲁番绿洲的其他地方，包括高昌（Qocho）、胜金口（Sängim）、吐峪沟（Toyoq）和库鲁特卡（Kurutka），发现了更多基督教写本残篇。 吐鲁番发现的这些写本明确地反映出，除了摩尼教和佛教之外，当地还有居民信奉基督教。 不过，从写本残篇的相对数量来看，基督教相对于另外两个主要宗教而言，应该是绿洲中的少数派信仰。

---

① 关于回鹘人统治下的佛教，参见 Jens Wilkens, "Buddhism in the West Uyghur Kingdom and Beyond," in *Transfer of Buddhism Across Central Asian Networks (7th to 13th Centuries)*, ed. Carmen Meinert (Leiden & Boston: Brill, 2016), pp. 191 – 249. 关于回鹘王国佛教与摩尼教之间的互动，参见 Yukiyo Kasai, "Manichaeism and Buddhism in Contact: The Significance of the Uyghur History and Its Literary Tradition," *Entangled Religions*, Vol. 14, no. 2, 2023.

② 关于外国人对吐鲁番的考古探险，参见 Werner Sundermann, "Turfan Expeditions" [Electronic Version], *Encyclopaedia Iranica* (https://iranicaonline. org/articles/turfan-expeditions-2), 2004. 此外，国际敦煌项目网站 (http://idp. bl. uk) 也提供了宝贵的信息。 关于德国吐鲁番探险队队长阿尔伯特·冯·勒柯克（Albert von Le Coq）的看法，参见 Albert von Le Coq, *Buried Treasures of Chinese Turkestan: an Account of the Activities and Adventures of the Second and Third German Turfan Expeditions*, trans. Anna Barwell (1928; Oxford: Oxford University Press, 1985).

　　根据这些写本残篇，可知吐鲁番的基督徒群体所使用的语言中，有三种语言最为重要①。 第一种是叙利亚语，是亚兰语的一种方言（因此也属于闪米特语），早在公元一世纪就已有例证，中东的一些教会，包括东方亚述教会（Assyrian Church of the East），至今仍然在礼仪中使用这种语言②。 叙利亚语无疑是吐鲁番基督徒的主要礼仪语言，同时也是许多粟特语译本和回鹘语译本所依据的底本语言——这一点在下文中所讨论的葡萄沟西旁修道院的基督徒所使用的粟特语文献时尤为明显③。

　　尽管如此，在与教会无关的场合中，中亚地区可能也并不使用叙利亚语。 即使使用，如今也不知道当时有多少基督徒以叙利亚语为母语，更不知道他们与远在西方的等级制教会机构有多少联系。 简而言之，尽管对于基督教神职人员和经常参加礼拜仪式的普通信徒而言，阅读和吟诵叙利亚语十分重要，但在吐鲁番，叙利亚语并不是日常交流的语言。

　　对吐鲁番的基督徒来说，第二种重要的语言是粟特语。 粟特语是一种中古伊朗语，最初在粟特地区使用，粟特地区主要位于今乌兹别克斯坦境内。 后来，由于粟特人活跃于经贸往来，粟特语成为丝绸之路沿线大部分

---

① 关于吐鲁番基督徒使用的语言（不包括回鹘语），亦可参见 Scott Fitzgerald Johnson, "The Languages of Christianity on the Silk Roads and the Transmission of Mediterranean Culture into Central Asia," in *Empires and Exchanges in Eurasian Late Antiquity: Rome, China, Iran, and the Steppe, ca.* 250 – 750, eds. Nicola Di Cosmo & Michael Maas (Cambridge: Cambridge University Press, 2018), pp. 206 – 219.

② 关于所有和叙利亚语相关的内容，以下资料质量极高：Daniel King ed. , *The Syriac World* (London & New York: Routledge, 2019) 和 Sebastian P. Brock & Nicholas Sims-Williams, "An Early Fragment from the East Syriac Baptismal Service from Turfan," *Orientalia Christiana Periodica*, Vol. 77, no. 1, 2011, pp. 81 – 92.

③ 辛威廉（Nicholas Sims-Williams）已在多篇文章中探讨了这一问题，例如：Nicholas Sims-Williams, "Syro-Sogdica I: An Anonymous Homily on the Three Periods of the Solitary Life," *Orientalia Christiana Periodica*, Vol. 47, 1981, pp. 441 – 446; Nicholas Sims-Williams, "Syro-Sogdica Ⅱ: A metrical Homily by Bābay bar Nṣibnāye 'On the final evil hour'," *Orientalia Christiana Periodica*, Vol. 48, 1982, pp. 171 – 176; Nicholas Sims-Williams, "Syro-Sogdica Ⅲ: Syriac Elements in Sogdian," in *A Green Leaf: Papers in Honour of Professor Jes P. Asmussen* (Acta Iranica 28), eds. Werner Sundermann, Jacques Duchesne-Guillemin & Faridun Vahman (Leiden: E. J. Brill, 1988), pp. 145 – 156.

地区的通用语言①。 在吐鲁番发现了大量粟特语基督教写本残篇（既使用粟特文字，又使用改造过的叙利亚文字），说明粟特语毫无疑问是当地基督徒所使用的一种重要的语言，也表明在时间较早的吐鲁番基督徒群体中，有相当数量的粟特基督徒②。

尽管不清楚基督教是如何传入、何时传入吐鲁番绿洲的。 但根据笔者推测，845 年，唐朝政府下诏禁教，最初针对佛教，后关闭了境内所有的"夷教"机构，这导致了基督徒们为了躲避迫害而逃离汉地③。 如此，则生活在汉地的基督徒（其中大部分应该是粟特人）可能会被吸引到新建立的回鹘王国，因为回鹘王国东边的唐朝正进行反外来宗教的迫害运动，而西边的伊斯兰教势力正在从中东向中亚稳步推进。

公元 8 到 9 世纪阿拉伯人征服天山以西的粟特故地后，粟特语最终被新波斯语取代。 不过，粟特语仍在吐鲁番绿洲继续使用了一段时间，在吐鲁番，粟特语使用三种不同的文字书写：本土粟特文字（基于亚兰文字，回鹘文字也源于亚兰文字）、叙利亚文字和摩尼文字（后者显然用于书写摩尼教文献）。

吐鲁番基督徒使用的第三种语言是古回鹘语。 古回鹘语通常被视为古突厥语的一种方言，著名的鄂尔浑碑就是用古突厥语如尼文字书写

---

① 关于粟特语，可参见 Nicholas Sims-Williams, "Sogdian," in *Compendium Linguarum Iranicarum*, ed. Rüdiger Schmitt (Wiesbaden: Dr. Ludwig Reichert Verlag, 1989), pp. 173 – 192. 关于现存粟特语基督教文献的概述，参见 Nicholas Sims-Williams, "Christian Literature in Middle Iranian Languages," in *The Literature of Pre-Islamic Iran* (History of Persian Literature, Vol XVII), eds. Ronald E. Emmerick & Maria Macuch (London: I. B. Tauris, 2009), pp. 266 – 287.

② 关于粟特基督教文献的总体情况，参见 Nicholas Sims-Williams, "Christianity, iv. Christian Literature in Middle Iranian Languages," *Encyclopaedia Iranica*, Vol. 5, 1991, pp. 534 – 535.

③ Mark Dickens and Peter Zieme, "Syro-Uigurica I: A Syriac Psalter in Uyghur Script from Turfan," in *Scripts Beyond Borders. A Survey of Allographic Traditions in the Euro-Mediterranean World* (Publications de l'Institut Orientaliste de Louvain, Vol. 62), eds. Johannes den Heijer, Andrea B. Schmidt & Tamara Pataridze (Leuven: Peeter, 2014), pp. 291 – 328 (292 – 293).

的。 显然，古回鹘语是西州回鹘王国使用最广泛的语言①，用回鹘语书写的基督教文献既有使用回鹘文字，也有使用经过改造的叙利亚文字。用回鹘语书写的佛教和摩尼教文献则会使用婆罗米文字、摩尼文字和其他字母。

此外，吐鲁番的基督教写本残篇还会使用另外两种语言书写：中古波斯语和新波斯语。 中古波斯语是波斯萨珊帝国被阿拉伯人征服之前使用的语言。 在宗教以外的场合，吐鲁番的基督徒可能并不使用这种语言。 吐鲁番发现的一件中古波斯语文本，即用钵罗婆文字（Pahlavi）写成的《圣咏经》（psalter），可能是从外地带到吐鲁番的，其象征意义要高于非实际用途。 新波斯语是在阿拉伯征服后由中古波斯语演变而成的语言，即现在伊朗仍在使用的波斯语，使用阿拉伯文字书写。 根据吐鲁番出土的极少数用叙利亚文字书写的新波斯语文本，当地的一些基督徒肯定使用过这种语言。

最后，吐鲁番的基督徒毫无疑问是东方教会的成员。 尽管他们通常被称为"聂斯托利派教会"，但他们自己从未使用过这个名称②。 东方教会的总部设在波斯萨珊帝国和后来的阿拔斯哈里发王朝，这是基督教沿着丝绸之路传播到中国的源头。 本文中提及的所有教会结构都是指东方教会③。

---

① 关于古突厥语，可参见 Marcel Erdal, "Old Turkic," in *The Turkic Languages*, eds. Lars Johanson & Éva Ágnes Csató (London: Routledge, 1998), pp. 138 - 157.

② Sebastian P. Brock, "The 'Nestorian' Church: a lamentable misnomer," *Bulletin of the John Rylands University Library*, Vol. 78, no. 3, 1996, pp. 23 - 35.

③ 关于东方教会的历史，较新的介绍可参见 Wilhelm Baum & Dietmar W. Winkler, *The Church of the East: A Concise History* (London and New York: RoutledgeCurzon, 2003); David Wilmshurst, *The Martyred Church: A History of the Church of the East* (London: East & West Publishing, 2011); Christoph Baumer, *The Church of the East: An Illustrated History of Assyrian Christianity*, *New Edition* (London and New York: I. B. Tauris, 2016).

二、吐鲁番基督教写本残篇概述

据现有信息所知，吐鲁番基督教写本残篇的年代可追溯到 9 世纪至 14 世纪，即从高昌回鹘王国建立到蒙古时代结束①。 柏林收集品中共有 1092 份基督教写本残篇，其中有 481 份残篇已收入目录条目，其中至少有一半是叙利亚语的，且现存的残篇中有相当数量是双语书写的。 除叙利亚语外，还出土了粟特语（以叙利亚文字和粟特文字书写）、新波斯语（以叙利亚文字书写）、回鹘语（以叙利亚文字和回鹘文字书写）和中古波斯语（以钵罗婆文字书写）的基督教写本残篇。

这些基督教文本可以按照文学体裁进行细分。 虽然笔者尚未计算出每种体裁在所有相关语言中所占的总体比例，但对叙利亚语文本进行计算后，其比例如下：礼仪文本占叙利亚语文本的 43％，其次是圣经文本，主要分为《圣咏经》（psalters）、福音书（gospels）和课经（lectionaries），占 22％。 祈祷文（包括祷告护身符）占 7％，另有 2％为圣徒传记，5％为杂纂类，其余的（约 21％）未确定归类。

而如果将粟特语、回鹘语、中古波斯语和新波斯语残篇计算在内，以上比例会有所不同。 值得注意的是，在叙利亚语文本中发现了大量的礼仪文本，与此形成鲜明对比的是，在吐鲁番的粟特语文本中，隐修文学、经注（commentaries）、讲章（homilies）和圣徒传记所占的比例要更高，很明显这些都是修道院群体必然会阅读的文献类型。 在吐鲁番基督教文献的核心——礼仪文本和圣经文本之外，回鹘语写本残篇中则有多种体裁的混合体，包括相当数量的可被称之为杂纂类甚至"世俗性"的文本。 这些文

---

① 然而，只有少数来自吐鲁番的基督教写本残篇进行了年代考证；迄今为止，大多数年代的比定都是根据古文书学推测的。 值得注意的是，下文将详细介绍的 MIK Ⅲ 45 被确定在 774 年至 865 年之间，可参考 *A Syriac Service-Book from Turfan：Museum für asiatische Kunst*，*Berlin MS MIK Ⅲ 45*（Berliner Turfantexte ⅩⅩⅨ），eds. & trans. Erica C. D. Hunter & J. F. Coakley（Turnhout：Brepols，2017），p. 273，尽管这一写本可能是在其他地方被抄写，然后被带到吐鲁番的。

本不一定会在礼仪背景下使用，却能够反映吐鲁番基督徒群体的口头语言，以及他们日常关注的问题。

此外，这些写本残篇的外观长度从 61 叶（folio，每叶包含正反面）的册子本 MIK Ⅲ 45 到小的"碎纸片"不等，有些小得几乎无法辨认。 许多残篇已被撕裂，说明曾经被人故意破坏，有的则是在地下埋藏多年后自然破损。 最有趣（有时也是最困难）的工作之一，就是尝试通过比对抄工的手迹（即某些抄工独特的书写方式），来重建以前的抄本。

还应该注意到，柏林收藏的许多写本残篇在第二次世界大战期间丢失，一些残篇还被战胜国苏联带回了俄罗斯。 在确定若干残篇是否属于同一份写本时，还曾遇到的另一个问题，即在 40 多年来，吐鲁番收集品一直被分置于东德和西德两地。 当然，自 1990 年德国统一以来，这已经不再是一个问题了。

三、礼仪文本

首先是关于吐鲁番发现的用于礼仪的基督教文本。 因为这类文本，尤其是以叙利亚语书写的文本数量众多，无法在此一一介绍①。 除了包括上述 MIK Ⅲ 45 册子本在内的，完全使用叙利亚语的大量礼仪书籍，还有一些书籍的主体文本使用叙利亚语，但对司铎的指导文字使用的是粟特语（以叙利亚文字书写），并用朱笔写成（图 1），一个重要的例子即两叶叙利亚语洗礼仪式残篇（SyrHT 88 和 SyrHT 66）②。 此外，司铎还按照粟特语的指导文字取用圣油，并在圣坛上画十字"封印"还未圣化的油。

---

① 柏林收集品中有出自 40 多种不同的叙利亚语礼仪写本的残篇，其中大部分来自《循环圣祭》（Ḥudrā），下文将对此进行讨论，可参考 Erica C. D. Hunter & Mark Dickens, *Syrische Handschriften. Teil 2. Syriac Manuscripts from the Berlin Turfan Collection* (Stuttgart: Franz Steiner, 2014), pp. 449 – 452。

② Sebastian P. Brock & Nicholas Sims-Williams, "An Early Fragment from the East Syriac Baptismal Service from Turfan," *Orientalia Christiana Periodica*, Vol. 77, no. 1, 2011, pp. 81 – 92.

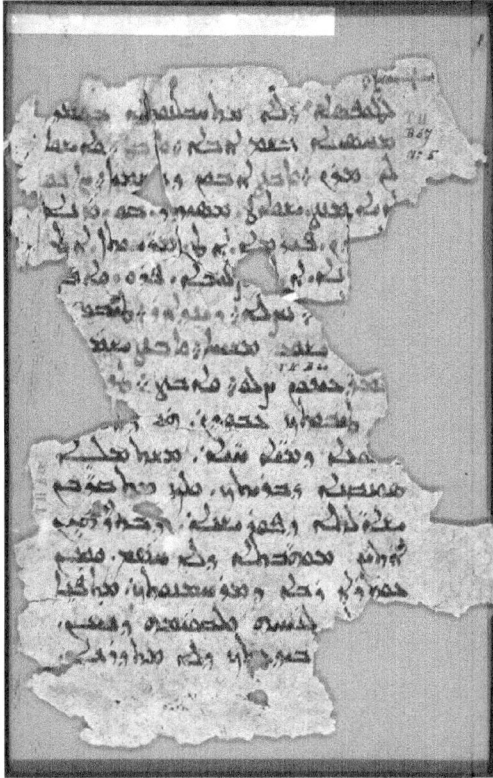

图 1　SyrHT 66 叙利亚语洗礼仪式残叶，附粟特语指导文字

这种双语文本的另一个例子是两叶《晨祷文》（Office of Morning Prayer）文本（SyrHT 3 和 n296），但其另一面是中国道经，这也说明了吐鲁番的不同宗教信众会重复利用纸张。 就这一写本而言，很可能是汉语文本先书写，之后基督教文本被写在汉语文本的反面①。

---

① Erica C. D. Hunter & Mark Dickens, *Syrische Handschriften. Teil 2. Syriac Manuscripts from the Berlin Turfan Collection*, pp. 19 - 21, 381 - 382. 关于更多带有粟特语指导文字的叙利亚语文本的例子，可参见 Mark Dickens, "Multilingual Christian Manuscripts from Turfan," *Journal of the Canadian Society for Syriac Studies*, Vol. 9, 2009, pp. 22 - 42 (26 - 27).

　　SyrHT 122 和 SyrHT 124 是两个被称之为空白"折端"（quire ends）的特例①，它们出自名为《循环圣祭》（Ḥudrā）的礼拜仪轨文本（用于东方教会的主日和瞻礼敬拜）。 其文本被比定为《循环圣祭》"H"（Ḥudrā H）。 在两张空白纸页上写有边注，其中一页上用粟特语写道："［以］上帝之名，［愿我，］约翰，成为一名优秀的抄工！"另一面写有一些叙利亚语句子，以及用回鹘文字书写的叙利亚语短语："我们主耶稣的圣福音书，根据路加（Luqa，即 Luke）和马可（Marqos，即 Mark）的传道。"②

　　此外，在吐鲁番发现了两个反映背诵基督教信经的例子，有趣的是，这两个例子都不是用叙利亚语写成的。 第一个是用粟特文字书写的粟特语版《尼西亚信经》（Nicene Creed，MIK Ⅲ 59），其文本基本沿用了西方所熟知的信经文本，只是用"基督教会"代替了"大公教会"③。 这份信经写在一叶粟特文《圣咏经》上，在第一行中还有特殊的现象，即标题是用朱笔的叙利亚文字写成，分别用粟特语（"关于基督教的信仰"）和叙利亚语（"我们信独一"）两种语言④，其后是两个用粟特文字书写的名字："约翰尼斯"（Yohannis，"约翰"的一种叙利亚语的拼法）和 "可贺敦"（Khatun，突厥语词汇"夫人"）。 这两个名字可能是为了表明写本的主人是谁。

　　另一份信经 U 5538 由回鹘语写成。 其中的一处有趣现象是将本丢·彼拉多（Pontius Pilate）称为"第五任大臣"，呼应了其人是罗马治下犹太行省的第五任长官（总督）⑤。 此外，文本中还使用了突厥语短语"净

---

① "折端"指的是一折（quire）的最初或最后一页，折页是缀合在一起的一组页面，然后与其他折页拼连成册子本（codex）。

② Mark Dickens, "Multilingual Christian Manuscripts from Turfan," pp. 28, 32.

③ Nicholas Sims-Williams, *Biblical and other Christian Sogdian texts from the Turfan Collection* (Turnhout: Brepols, 2014), pp. 31 - 33, 51 - 53; Friedrich W. K. Müller, "Soghdische Texte I," *Abhandlungen der Königlich Preussischen Akademie der Wissenschaften. Jahrgang 1912. Philosophisch-Historische Klasse*, no. Ⅱ, 1913, pp. 1 - 111 (84 - 88).

④ 这是叙利亚语《尼西亚信经》开篇的几个单词，用作识别文本的名称。

⑤ Peter Zieme, "Das nestorianische Glaubensbekenntnis in einem alttürkischen Fragment aus Bulayiq," *Ural-Altaische Jahrbücher*, Vol. N. F. 15, 1997/1998, pp. 173 - 180; Peter Zieme, *Altuigurische Texte der Kirche des Ostens aus Zentralasien* (Piscataway, NJ: Gorgias Press, 2015), pp. 43 - 47.

风"（arig yel）来指代圣灵，以及表达了"上帝的救赎"带来了"神圣恩惠"或"好运"的概念（这一翻译是基于突厥语词汇 qut 的概念，qut 指的是"上天的恩惠、好运、幸福"）。尽管缺乏确切的证据，但吐鲁番出现的这两份非叙利亚语信经可能表明，信徒在礼拜仪式中诵读信经时使用的不是叙利亚语，而是他们的母语，即粟特语或回鹘语。

四、圣经文本

在讨论吐鲁番发现的礼仪文本之后，需再讨论圣经文本。在更广泛地讨论吐鲁番的《圣咏经》之前，首先介绍几种叙利亚语—粟特语双语课经①。这些双语课经集共有五份（如 n201），每一节或半节先用叙利亚语书写，然后再书写粟特语译文。此外，其特殊之处在于都有诵读重音标记，由文字上方或下方的大点组成，旨在标明吟唱文本时所使用的旋律②。鉴于课经集主要用于礼仪，这些重音符号为研究音乐在吐鲁番礼仪中的作用提供了重要证据。

吐鲁番的《圣咏经》与吐鲁番其他体裁的基督教文本相比，其语言多样性更为明显，包括 16 份叙利亚语《圣咏经》（其中有 1 份用回鹘文字写成）、

---

① 关于课经的概述，参见 Mark Dickens, "Biblical Fragments from the Christian Library of Turfan, an Eastern Outpost of the Antiochian Tradition," in *The School of Antioch: Biblical Theology and the Church in Syria* (The Bible in the Christian Orthodox Tradition, Vol. 7), ed. Vahan Hovhanessian (Bern: Peter Lang, 2016), pp. 19 – 47 (33 – 35; 39 – 40). 更深入的分析，参见 Nicholas Sims-Williams, *Mitteliranische Handschriften: Teil 4. Iranian Manuscripts in Syriac Script in the Berlin Turfan Collection* (Stuttgart: Franz Steiner, 2012), pp. 24 – 27, 44 – 47; Friedrich W. K. Müller, "Soghdische Texte I," p. 184; Werner Sundermann, "Nachlese zu F. W. K. Müllers, Soghdischen Texten I, 1. Teil," *Altorientalische Forschungen*, Vol. 1, 1974, pp. 217 – 255; Werner Sundermann, "Nachlese zu F. W. K. Müllers, Soghdischen Texten I, 2. Teil," *Altorientalische Forschungen*, Vol. 3, 1975, pp. 55 – 90; Werner Sunderman, "Nachlese zu F. W. K. Müllers, Soghdischen Texten I, 3. Teil," *Altorientalische Forschungen*, Vol. 8, 1981, pp. 169 – 225. 关于整本粟特语的课经（E5）残篇，参见 Chiara Barbati, *The Christian Sogdian Gospel Lectionary E5 in Context* (Wien: Verlag der ÖAW, 2016).

② Egon Wellesz, "Miscellanea zur orientalistischen Musikgeschichte. Die Lektionszeichen in den soghdischen Texten," *Zeitschrift für Musikwissenschaft*, Vol. I, 1919, pp. 505 – 515.

1 份中古波斯语（以钵罗婆文字书写）《圣咏经》、2 份粟特语《圣咏经》和 1 份叙利亚语—新波斯语《圣咏经》①。 吐鲁番发现的时代最早的《圣咏经》是中古波斯语文本，现存 13 个残叶（Ps 01—Ps 13），用钵罗婆文字《圣咏经》字体书写（因为该字体与标准的钵罗婆书面字体有所不同）②。 有趣的是，虽然该文本明显是从叙利亚语简行本圣经（Peshitta）翻译而来，但也包含希伯来语马所拉文本（Masoretic Text）和"七十子"译本（Septuagint，即《旧约》希腊语译本）的元素。 这份中古波斯语《圣咏经》写本的年代可追溯到 8 世纪或 9 世纪③，但文本本身的年代则更为古老，可能是 4 世纪的作品④。 由于吐鲁番的基督徒群体并不使用中古波斯语，反而是摩尼教徒会使用中古波斯语（用摩尼文字书写，而非钵罗婆文字）。 则这份中古波斯语《圣咏经》会出现在吐鲁番，可能是由东方教会的传教士从波斯带来的。

　　还有一份损毁较为严重的叙利亚语—新波斯语《圣咏经》残篇（SyrHT 153 和 MIK Ⅲ 112），表明波斯语的重要性在整个中亚地区日益增长。 即使吐鲁番的统治精英和大多数普通民众所使用的语言都是回鹘

---

① Mark Dickens，"The Importance of the Psalter at Turfan," in *From the Oxus River to the Chinese Shores：Studies on East Syriac Christianity in Central Asia and China*（Orientalia-Patristica-Oecumenica，Vol. 5），eds. Li Tang & Dietmar W. Winkler（Wien：LIT Verlag，2013），pp. 357 – 380.

② Friedrich Carl Andreas， "Bruchstücke einer Pehlewi-Übersetzung der Psalmen aus der Sassanidenzeit," *Sitzungsberichte der Königlich Preussischen Akademie der Wissenschaften*，1910，pp. 869 – 872；Friedrich Carl Andreas & Kaj Barr， "Bruchstücke einer Pehlewi-Übersetzung der Psalmen," *Sitzungsberichte der Preussischen Akademie der Wissenschaften*，1933，pp. 91 – 152；Philippe Gignoux，"Pahlavi Psalter"［Electronic Version］，*Encyclopaedia Iranica*（http：//www. iranicaonline. org/articles/pahlavi-psalter），2002；Desmond Durkin-Meisterernst，"The Pahlavi Psalter Fragment in Relation to its Source," *Studies on the Inner Asian Languages*，Vol. 21，2006，pp. 1 – 19.

③ Nicholas Sims-Williams，"Langue sacrée, écriture sacrée? Le syriaque et ses rivaux dans les textes chrétiens et manichéens de Tourfan," in *Hiéroglossie Ⅲ：Persan et syro-araméen et les relations avec la langue arabe*，Collège de France，25 juin 2018，ed. Jean-Noël Robert（Paris：Collège de France，Institut des hautes études japonaises，2022），pp. 55 – 71（60）.

④ Prods O. Skjaervø，"Case in Inscriptional Middle Persian, Inscriptional Parthian and the Pahlavi Psalter," *Studia Iranica*，Vol. 12，1983，pp. 47 – 62，151 – 181（178 – 179）.

语，波斯语的重要性也在增长①。 这份《圣咏经》（图 2）被认为是从叙利亚语翻译成新波斯语的最早译本，它采用了与上述双语课经类似的模式，每半节先用叙利亚语书写，然后再是叙利亚文字书写的波斯语译文。

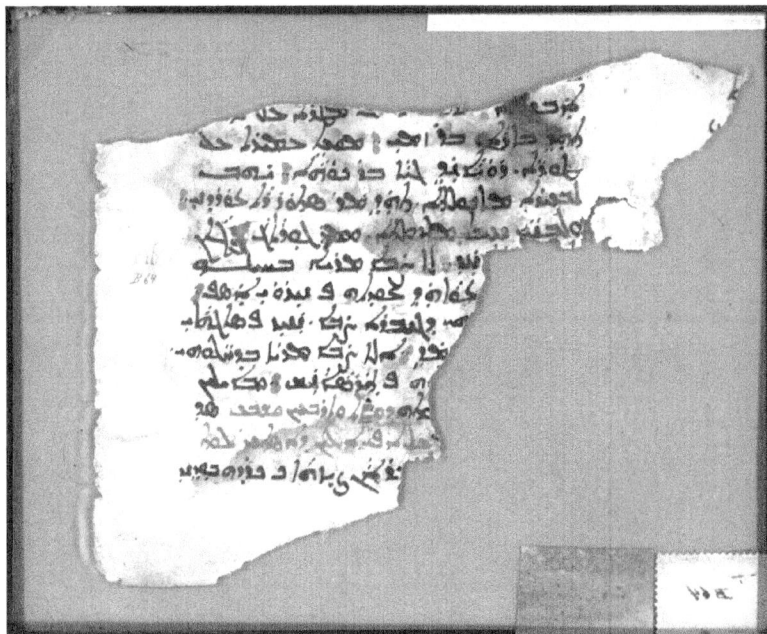

图 2　SyrHT 153 叙利亚语—新波斯语双语《圣咏经》残叶

还有两份粟特语《圣咏经》残篇（So 129502 和 So 12955）得以幸存，其中有些地方沿用了叙利亚语简行本圣经，有些地方则沿用"七十子"译本，但有所改动。 每份《圣咏经》残篇的开头都用希腊语将标题写在上部的空白处，也许说明这两份《圣咏经》与生活在更西边的粟特语地区的麦

---

① Friedrich W. K. Müller, "Ein syrisch-neupersisches Psalmenbruchstück aus Chinesisch-Turkistan," in *Festschrift Eduard Sachau*, ed. Gotthold Weil (Berlin: Verlag von Georg Reimer, 1915); Werner Sundermann, "Einige Bemerkungen zum Syrisch-Neupersischen Psalmenbruchstücke aus Chinesisch-Turkistan," in *Mémorial Jean de Menasce*, eds. Philippe Gignoux & A. Tafazzoli (Louvain: Imprimerie Orientaliste, 1974), pp. 441–452; Nicholas Sims-Williams, "Early New Persian in Syriac script: Two texts from Turfan," *Bulletin of the School of Oriental and African Studies*, Vol. 74, no. 3, 2011, pp. 353–374.

尔基特派（Melkite）基督徒有联系①。

还有一份用回鹘文字书写的叙利亚语《圣咏经》②，共有九叶，用回鹘文字反映了正确的叙利亚语原文的发音，标注了无声字母、送气字母与非送气字母。其中一叶为 SyrHT 27（图 3），下方有一处类似于题记的书写，书写者可能是一位高阶人士，他写下了三个"签名"，每个签名都使用了不同形式的画押，即波斯语的 nišan、藏语的 lači 和突厥语的 tamga，因

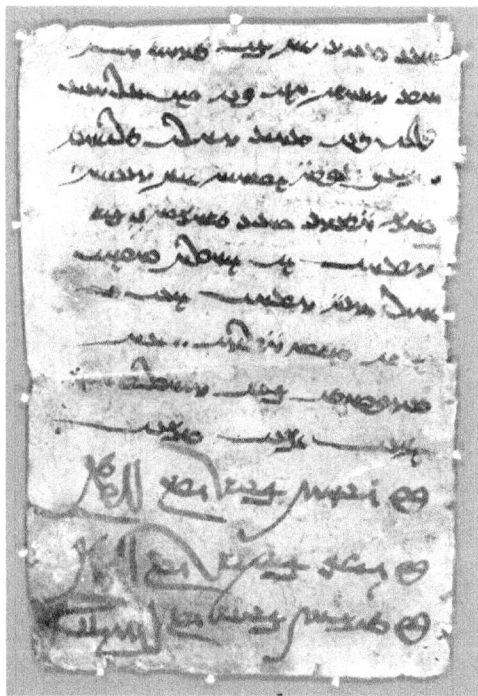

图 3　SyrHT 27 回鹘文字—叙利亚语《圣咏经》残叶

---

① Nicholas Sims-Williams, "A Greek-Sogdian Bilingual from Bulayïq," in *La Persia e Bisanzio* (Rome: Accademia Nazionale dei Lincei, 2004), pp. 623 – 631; Nicholas Sims-Williams, "A New Fragment of the Book of Psalms in Sogdian," in *Bibel, Byzanz und Christlicher Orient: Festschrift für Stephen Gerö zum 65. Geburtstag*, eds. D. Bumazhnov, E. Grypeou, T. B. Sailors & A. Toepel (Leuven: Peeters, 2011), pp. 461 – 466.

② Mark Dickens and Peter Zieme, "Syro-Uigurica I: A Syriac Psalter in Uyghur Script from Turfan," pp. 291 – 328; Peter Zieme, *Altuigurische Texte der Kirche des Ostens aus Zentralasien*, pp. 145 – 146.

此可以将写本的年代定为蒙古时期。 用回鹘文字书写叙利亚语这一现象表明，在这份写本被书写时，叙利亚语并非时人能够广泛掌握的语言，但对于使用这一文本的人来说，能够准确吟诵《诗篇》仍然非常重要，因为《诗篇》在东方教会礼仪中发挥着重要作用。

最后一个例子是 SyrHT 386，笔者称之为"倒序《诗篇》"（Backwards Psalm）。 其内容是用叙利亚语书写的《诗篇》148：1 - 3，由于诗行顺序是颠倒的，因此必须从下往上读。 残叶的背面有一个小涂鸦，是在纸张上的一个洞周围画的一张脸①。

五、圣徒传和传说文本

圣徒传在基督教文学中也扮演着重要的角色，在发现了吐鲁番大部分基督教文本残篇的葡萄沟西旁修道院中尤其被看重。 当然，圣徒传和传说之间的界限非常模糊，因此本节标题将二者并列。

第一个要介绍的吐鲁番出土的此类体裁的文本是《巴沙巴传说》（Legend of Barshabba），有叙利亚语（SyrHT 45 和 SyrHT 46）和叙利亚文字书写的粟特语（若干残叶，如 n180）两种版本②。 粟特语文本原是原始册子本的一部分，该册子本还包含《圣海伦发现十字架传说》（Legend of the Discovery of the Cross by St. Helen，圣海伦是君士坦丁大帝的母亲）③以及《塞尔吉乌斯和巴库斯殉难记》（Martyrdom of Sergius and Bacchus，塞尔吉乌斯和巴库斯二人均为罗马圣徒）④。 巴沙巴之所以重要，是因为他是传说中木鹿（Merv，位于今土库曼斯坦）基督教教会的开

---

① Mark Dickens，"Scribal Practices in the Turfan Christian Community," *Journal of the Canadian Society for Syriac Studies*，Vol. 13，2013，pp. 3 - 28（15）；Mark Dickens，"Biblical Fragments from the Christian Library of Turfan, an Eastern Outpost of the Antiochian Tradition," pp. 29 - 30.

② Friedrich W. K. Müller & Wolfgang Lentz，"Soghdische Texte II," *Sitzungsberichte der Preussischen Akademie der Wissenschaften*，1934，pp. 504 - 607（522 - 528，559 - 564）.

③ Ibid.，pp. 513 - 520.

④ Ibid.，pp. 520 - 522.

创者①。 吐鲁番的粟特语课经集残篇（可惜现已不存世）以及前述礼仪册子本 MIK Ⅲ 45 中都提到了他②。 综上所述，这些文本共同说明吐鲁番的基督徒在纪念巴沙巴时，东方教会在木鹿仍设有都主教。 木鹿是东方教会最重要的教会中心之一，无疑也是东方教会向东宣教的起点。

　　另一部明显在吐鲁番基督徒中广为流行的圣徒传是《圣乔治受难记》(*Legend of St. George*)，现存叙利亚语、粟特语（以叙利亚文字书写）和回鹘语（以回鹘文字书写）文本。 林丽娟最近发表了两篇重要文章，讨论了《圣乔治受难记》叙利亚语文本的 8 件残篇③。 她将此前未能缀合的残篇进行缀合，并对《受难记》叙利亚语本的流传史提出了意见，认为吐鲁番本是"一个孤本，比所有传世叙利亚语本包含了更多的原作元素"④。

① Eduard Sachau，"Die Christianisierungs-Legende von Merw," in *Abhandlungen zur semitischen Religionskunde und Sprachwissenschaft：Wolf Wilhelm Grafen von Baudissin zum 26. September 1917* (Beihefte zur Zeitschrift für die alttestamentliche Wissenschaft，Band 33)，eds. Wilhelm Frankenberg & Friedrich Küchler (Giessen：Alfred Töpelmann，1918)，pp. 399 – 409；Nicholas Sims-Williams，"Baršabbā," *Encyclopaedia Iranica*，Vol. 3，1988 [1989]，p. 823；Sebastian P. Brock， "Bar Shabba/Mar Shabbay，First Bishop of Merv," in *Syrisches Christentum weltweit：Festschrift Wolfgang Hage* (Studien zur Orientalischen Kirchengeschichte 1)，eds. Martin Tamcke，Wolfgang Schwaigert & Egbert Schlarb (Münster：LIT Verlag，1995)，pp. 190 – 201.

② Erica C. D. Hunter & J. F. Coakley，eds. & trans.，*Syriac Service-Book from Turfan：Museum für asiatische Kunst，Berlin MS MIK* Ⅲ 45，p. 196.

③ Lin Lijuan，"The First Round of Tortures in the Legend of St. George：Remarks on the Turfan Syriac Fragments SyrHT 359 and SyrHT 360," *Oriens Christianus*，Vol. 103，2020，pp. 115 – 143；Lin Lijuan，"Preliminary Notes on the Syriac Version of the Legend of Saint George Found in Turfan," in *Iranianate and Syriac Christianity in Late Antiquity and the Early Islamic Period* (Veröffentlichungen zur Iranistik 87)，eds. Chiara Barbati & Vittorio Berti (Vienna：Austrian Academy of Sciences Press，2021)，pp. 245 – 277；另参见 Miklós Maróth，"Eine unbekannte Version der Georgios-Legende aus Turfan," *Altorientalische Forschungen*，Vol. 18，1991，pp. 86 – 108.

④ Lin Lijuan，"The First Round of Tortures in the Legend of St. George：Remarks on the Turfan Syriac Fragments SyrHT 359 and SyrHT 360," p. 140.

《圣乔治受难记》的粟特语文本现存 16 个残篇①，而回鹘语文本仅存一叶（MIK Ⅲ 194）②。 回鹘语文本中保留的一小部分内容提及乔治最后祷告，在自己殉道后，人们呼告其名将获恩典。 而在吐鲁番的叙利亚语文本中，可以找到与这一内容相似但又不尽相同的内容。 回鹘语《圣乔治受难记》将圣母玛利亚的地位抬得很高，考虑到东方教会在传统上视圣母玛利亚为"基督之母"（Christotokos）而非"上帝之母"（Theotokos），这确实有些出人意料。 另一有趣之处是回鹘语《圣乔治受难记》出现了回鹘语词汇"法律/律法"（nom，源自希腊语词汇 νόμος），在回鹘语佛经中，这个词被用来翻译梵语词汇"达摩/佛法"（dharma），但在此处用于表达基督教"教义"（doctrine）的意思。 回鹘语《圣乔治受难记》注重称念圣人之名，让人联想到下文将要讨论的祷告护身符。 虽然不清楚回鹘基督徒如何使用这段文本，但可以想象他们不仅将圣乔治视作一位勇敢的殉道者，还鼓励信众祈求圣乔治来治愈疾病和满足个人的愿望。

还有一种属于此类型的文本，通常被称为外典故事（apocryphal tale），如回鹘语译本《保罗和特克拉行传》（*Acts of Paul and Thecla*，So 14000），其中描述了使徒保罗的女性追随者特克拉的传说形象③。 该文本很多处都沿用了希腊语原文，但加入了回鹘语佛教文本中常见的术语，如

---

① Olaf Hansen，"Berliner soghdische Texte I：Bruchstücke einer soghdischen Version der Georgspassion（C1），" *Abhandlungen der Preussischen Akademie der Wissenschaften. Philosophisch-Historische Klasse*，no. 10，1941，pp. 1 – 38；Émile Benveniste，"Fragments des Actes de Saint Georges en version sogdienne," *Journal Asiatique*，Vol. 234，1943 – 1945，pp. 91 – 116；Ilya Gershevitch，"On the Sogdian St. George Passion," *Journal of the Royal Asiatic Society*，1946，pp. 179 – 184；Nicholas Sims-Williams，"A Newly Identified Sogdian Fragment from the Legend of Saint George," *DABIR*，no. 6，2018，pp. 110 – 115.

② Albert Von Le Coq，"Türkische Manichaica aus Chotscho Ⅲ. Nebst einem christlichen Bruchstück aus Bulayïq," *Abhandlungen der Preussischen Akademie der Wissenschaften. Philosophisch-Historische Klasse*，no. 2，1922，pp. 1 – 49（48 – 49）；W. Bang，"Türkische Bruchstücke einer nestorianischen Georgpassion," *Le Muséon*，Vol. 39，1926，pp. 41 – 75（64 – 75）；Peter Zieme，*Altuigurische Texte der Kirche des Ostens aus Zentralasien*，pp. 93 – 97.

③ Peter Zieme，"Paulus und Thekla in der türkischen Überlieferung," *Apocrypha：International Journal of Apocryphal Literatures*，Vol. 13，2002，pp. 53 – 62；Peter Zieme，*Altuigurische Texte der Kirche des Ostens aus Zentralasien*，pp. 99 – 106.

将保罗称为阿罗汉（arhant），即"觉悟者，圣人"，并用"佛陀"（burhan）一词来表示先知，进而指称耶稣。 此外，还用回鹘语短语"佛法/先知的教义"（burhanlarnıŋ nomın）来描述保罗所宣讲的福音，以及保罗在劝说特克拉不要跟随他时，使用了"褊狭之行"（narrow and compact deeds）这一直接来自佛教思想的短语。

本节所讨论的最后一个文本是回鹘语《博士传说》（*Legend of the Magi*，TIIB29），为用回鹘文字书写的双叶残篇，不幸在第二次世界大战期间丢失①。 目前尚不清楚该文本是从叙利亚语还是从（已经不存世的）粟特语原文翻译而来。 不过，故事中的博士（Magi）来自波斯，这与叙利亚传统的观点一致。 故事中提到了"井中的火"，并解释了"袄教祭司至今崇拜火"的原因。 马可·波罗（Marco Polo）也讲过一个非常相似的关于博士的故事，其中某些内容可以追溯到 10 世纪阿拉伯历史学家马苏第（Mas'udi）的著作中。

六、祈祷文和护身符文本

关于祈祷文文本的类型，第一种是 U 338（图 4），是一本十叶的小册子，用线固定在一起，包含叙利亚语和回鹘语文本，分别用叙利亚文字和回鹘文字书写②。 这本小册子显然是由讲回鹘语的人使用，但其中也包括叙利亚语的圣餐礼前的按手礼祈祷词，在慕道者（catechumen，即尚未受洗的人）从仪式散场之前需要吟诵此段。

---

① Friedrich W. K. Müller, "Uigurica I," *Abhandlungen der Königlich Preussischen Akademie der Wissenschaften. Philosophisch-Historische Klasse*, no. Ⅱ, 1908, pp. 1 - 60 (1 - 10); W. Bang, "Türkische Bruchstücke einer nestorianischen Georgpassion," pp. 44 - 53; Kahar Barat, "Old Uyghur Christianity and the Bible," *American Asian Review*, Vol. 5, no. 2, 1987, pp. 12 - 25 (17 - 22); Peter Zieme, *Altuigurische Texte der Kirche des Ostens aus Zentralasien*, pp. 49 - 55.

② Mark Dickens, "Syro-Uigurica Ⅱ: Syriac Passages in U 338 from Turfan," *Hugoye*, Vol. 16, no. 2, 2013, pp. 301 - 324; Peter Zieme, *Altuigurische Texte der Kirche des Ostens aus Zentralasien*, pp. 57 - 60.

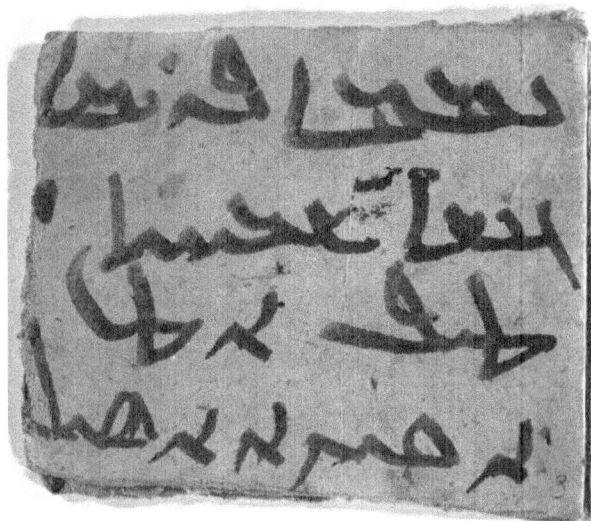

图 4　U338_03 回鹘语祈祷文小册子残叶，附叙利亚语短语

　　这本小册子有一处题记，或者也可以称之为吐鲁番基督教文本中最接近题记的文字。 这一题记提到了"牛年正月二十三日"、抄工的名字巴库斯（Bacchus）、抄工父亲的名字约拿（Jonah，即叙利亚语 Yonan），并祈请将抄写这本小册子的功德从儿子回向父亲。 众所周知，佛教有"功德回向"的修行观念。 有趣的是，吐鲁番的基督徒也运用了这一观念。 虽然这本小册子的题记没有给出确切的日期，但其中出现了 ärikäkütlär 一词，为 ärkägün 的复数形式，即中文的"也里可温"。"也里可温"一词的来源并不明确，在蒙古帝国时期被用于称呼基督徒，因此可以将这本小册子的年代定为 13 或 14 世纪。

　　另一本小册子（SyrHT 279—284，现存六个残叶）包含了向圣母玛利亚祈祷的内容，在叙利亚语中将圣母玛利亚称为"基督之母"，其源自聂斯脱利更倾向于使用的希腊语词汇 Christotokos①。

①　Erica C. D. Hunter, "Commemorating Mary at Turfan: SyrHT 279 - 284," *Oriens Christianus*, Vol. 104, 2021, pp. 107 - 121.

　　另一个文本是用回鹘文字书写的回鹘语告解和祈愿文（U 4910），由四个残篇组成①。 这篇祈祷文将仁爱与公正的言辞巧妙地结合在一起，聚焦于"恶行"（evil deeds）及其后果上，还有一部分内容是作者直接向上帝祷告。 在后半部分的祷告中，作者称呼上帝时使用"作失恃之人的母亲，做失怙之人的父亲"的短句，这似乎是对《诗篇》68:5 的扩展，《诗篇》此节原文称上帝"作孤儿的父亲"。

　　除祈祷文外，还应提及护身符，有些学者称之为祷告护身符（prayer amulets）。 这种体裁在 18、19 世纪的中东叙利亚基督徒中十分流行，而在一千年前的吐鲁番基督徒中也是如此②。 这些文本通常会称念天使、圣人或其他灵界存在之名，以他们的名义向上帝祈祷，请求发生好事而不要发生坏事。 这些文本常用"诅咒""禁止""捆锁"和"释放"等词汇，以之对抗"占卜""咒语""魔法""巫术"和"邪术"。

　　吐鲁番出土的叙利亚语护身符的实例为 SyrHT 99（图 5）和 SyrHT 330 两个残篇，其中引用了《约翰福音》第一章的内容，并提到一位名叫圣塔姆西斯（Mar Tamsis）的圣人，其背面有一个十字架的图像。 护身符上面有折痕，表明它曾被折叠起来放在衣服里，或是放在特制的护身符夹子里③。

---

① Peter Zieme, *Altuigurische Texte der Kirche des Ostens aus Zentralasien*, pp. 61 – 65.

② 可参见 Erica C. D. Hunter, "Syriac Manuscripts from Turfan: Public Worship and Private Devotion," in *From Ancient Manuscripts to Modern Dictionaries: Select Studies in Aramaic, Hebrew, and Greek* (Perspectives on Linguistics and Ancient Languages 9), eds. Tarsee Li & Keith Dyer (Piscataway, NJ: Gorgias Press, 2017), pp. 77 – 96; Erica C. D. Hunter, "Syriac Prayer-Amulets from Turfan," *The Harp*, Vol. 33, 2018, pp. 413 – 431; Nicholas Sims-Williams, "The Sogdian 'Book of Life' Reconsidered," in *Artifact, Text, Context: Studies on Syriac Christianity in China and Central Asia* (Orientalia-Patristica-Oecumenica, Vol. 17), eds. Li Tang & Dietmar W. Winkler (Wien: LIT Verlag, 2020), pp. 113 – 119.

③ Erica C. D. Hunter, "Traversing Time and Location: A Prayer-Amulet of Mar Tamsis from Turfan," in *From the Oxus River to the Chinese Shores: Studies on East Syriac Christianity in China and Central Asia* (Orientalia-Patristica-Oecumenica, Vol. 5), eds. Li Tang & Dietmar W. Winkler (Wien: LIT Verlag, 2013), pp. 25 – 41.

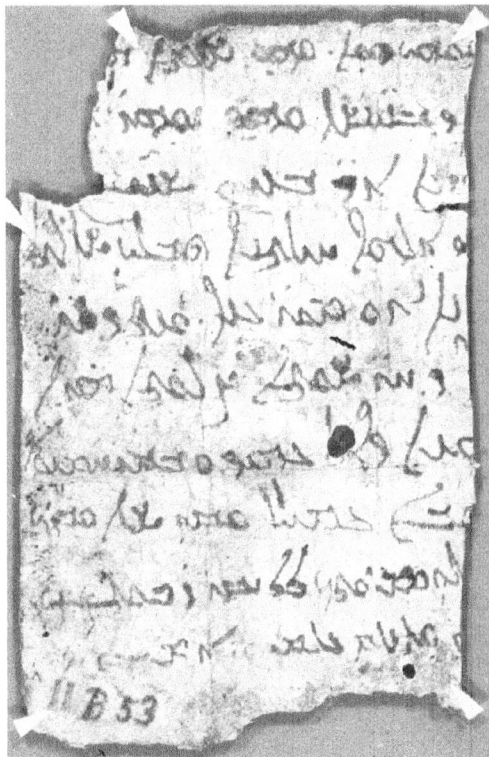

图 5　SyrHT 99 叙利亚语祷告护身符（正面）

　　另一个类似于护身符的文本是 U 328，是用叙利亚文字书写的突厥语占卜文本的残篇。 其内容分为多个部分，其中一个部分的标题是 "kapagu bitig"，意为 "关于捕捉马匹的文字"①。 其后为一段叙利亚语祈祷文（部分内容有缺失）：

　　　　天使长沙逆夜（Saraqael），他掌握着一切。我们的向导在（为）这匹马祈祷时，他拯救了这匹马，使其免于死亡和一切伤害，在[……]。

① Mark Dickens，"Syro-Uigurica Ⅲ：Enochic Material in a Christian text from Turfan," *Acta Orientalia Academiae Scientiarum Hungaricae*，Vol. 74，2021，pp. 583 - 624.

虽然不清楚这段祈祷文的确切出处，但"沙逆夜"这一天使名字源自《以诺一书》（Book of I Enoch），即所谓《旧约》外典（Old Testament Apocrypha）的一部分。

除叙利亚语和突厥—回鹘语护身符外，还有个别粟特语祈祷文文本，其中一些可能也具有护身符的作用。比如其中的两个残篇（n456 和 n457），其中有引用《约翰福音》5:8 的叙利亚语语句：

> 愿全能的[主]垂听我的祷告：
> 起来，拿你的褥子走吧。

另一残篇（n348）也写有残缺的叙利亚语词句"仁慈的父，上帝"。残篇的形状和折线都表明其最初可能用作包书的封面，后来又被制成鞋垫①。

本节的最后将介绍吐鲁番出土的一件十分有趣的写本。此写本最初属于柏林收集品，但在第二次世界大战结束时被俄罗斯人带回圣彼得堡（当时称为列宁格勒），现在收藏于艾米塔什博物馆，编号为 ВДсэ‐524。此写本是一个护身符卷轴，明显属于吐鲁番绿洲的突厥语基督徒群体。其书写年代可能是蒙古时期，因其使用者的名字是 Ögünč，在突厥语中是"赞美"或"荣耀"的意思②。不过，这一文本也反映了魔法文学的悠久传统，这种传统可以追溯到古代美索不达米亚，可归类为保护性（apotropaic）魔法，因为文本中经常出现"愿他解脱"的短语，用于针对"巫术的束缚"，或者是抵御对使用者书面的和口头的诅咒。

这段文本中还充满了圣经典故，包括被巴比伦国王尼布甲尼撒扔进火炉的三个以色列人、大天使米迦勒和加百列、天使等级制度、"使万国脱离对恶魔的虚假崇拜"的使徒，以及耶稣驱除格拉森污鬼的事迹。因此，这

---

① Erica C. D. Hunter & Mark Dickens, *Syrische Handschriften. Teil 2. Syriac Manuscripts from the Berlin Turfan Collection*, pp. 484–485.

② Mark Dickens & Natalia Smelova, "A Rediscovered Syriac Amulet from Turfan in the Collection of the Hermitage Museum," *Written Monuments of the Orient*, Vol. 7, no. 2 (14), 2021, pp. 107–147.

一护身符既体现了传统的基督教主题（如救人脱离凶恶），又强调通过魔法手段保护人们免受护身符中所言的"恶魔及其计谋，巫术的束缚，以及重病、意外和悲伤"的侵害，两者形成彼此互动。 这种做法也至少可追溯到古代美索不达米亚，对于中古时期吐鲁番的基督徒而言也十分受用。

七、杂纂类文本

本文将要讨论的其余文本统一归为"杂纂类"，而不再将它们更细分为不同体裁。 首先介绍的是叙利亚语药方书（SyrHT 1 和 SyrHT 388）残篇，其中包括"将芫荽籽和鼠粪捣碎，与玫瑰油混合并涂抹"的药方，可用于脱去多余的毛发①。 林丽娟最近发表了这份文本的英译文，考证出这本小册子中的药方源自盖伦（Galen）和希波克拉底（Hippocrates）的医学著作，这也说明当时希腊知识的普及程度超出了以往的认知②。

关于药方文本，还有两个残篇中包含用叙利亚文字书写的新波斯语药方书（M 7340 和 n175）③。 这些残篇的折痕与一些护身符相似，内容有配制药物尤其是药油的配方。 除上述药方残篇外，还可以加上 U 328，即上文提到的用叙利亚文字书写的回鹘语残篇，其中也包含治疗多种疾病的药方，比如"当一个人的头秃了"（kišiniŋ bašï tas bolsar）④。 综合这些用叙利亚语、波斯语和回鹘语书写的残篇，表明吐鲁番的基督徒对药物知识有着长久的兴趣。

另一个有趣的杂纂类文本，是一封用叙利亚语写给一位未具名拜占庭

---

① Miklós Maróth, "Ein Fragment eines syrischen pharmazeutischen Rezeptbuches," *Altorientalische Forschungen*, Vol. 11, 1984, pp. 115 – 125.

② Lin Lijuan, "Hippocrates and Galen in Turfan: Remarks on SyrHT 1 and SyrHT 388," *Aramaic Studies*, Vol. 18, no. 2, 2020, pp. 213 – 239.

③ Nicholas Sims-Williams,《吐鲁番出土的叙利亚语与近世波斯语医药文献》（"Medical texts from Turfan in Syriac and New Persian"），新疆吐鲁番学研究院编：《语言背后的历史：西域古典语言学高峰论坛论文集》，上海：上海古籍出版社，2012 年，第 12—19 页。

④ Peter Zieme, *Altuigurische Texte der Kirche des Ostens aus Zentralasien*, pp. 116; Mark Dickens, "Syro-Uigurica Ⅲ: Enochic Material in a Christian text from Turfan," p. 585.

官员的信稿（SyrHT 2）。 信中提到"皇帝和他的贵族"，信的背面是《旧约·箴言》9：14—10：12 的内容，这是迄今为止在吐鲁番发现的《希伯来圣经》相关文本中唯一一份不是出自《诗篇》的文本①。 还有一个有趣的例子，是一份双叶的叙利亚语犹太人与基督徒对话录（SyrHT 94）②，二者围绕三位一体性质进行论战。 每个问题前有"犹太人说"，答案前有"基督徒说"，但有的文句被抄工混淆，写成了基督徒提问，犹太人回答。 后来的一位阅读者将这些错误纠正了过来，可能是他对抄工弄反了角色感到不满。

还有几份叙利亚语残篇似乎是人名列表。 如 SyrHT 355 中可读出"来访者约翰、以色列、耶数（Išoʿ）、以利亚（Eliya）……来访者，以及哈拿尼雅（Ḥenaniah）……" SyrHT 161 中可读出"撒布里数（Sabrišoʿ）、但以理、约翰、阿布迪数（ʾAbdišoʿ）、阔里吉思（Giwargis）和以撒（Isḥaq）……学者（或学生）……而不是牟伽都督（Bögä Totoq）……"与前六个叙利亚人名不同，这一残篇中的最后一行可识读的人名是突厥语，将人名 Bögä 与 Totoq 结合在一起，前者意为"英雄、勇敢的战士"，后者是突厥语中的汉语借词"都督"，意为"军事长官"③。 由于这一残篇保留的信息不足，难以得出确切结论，笔者猜测这可能是一个例证，即修道团体的新成员在正式成为修道士时，会取一个叙利亚语名字，一如东方教会在其他地区的惯例。 由此，最后一行的原文可能是"他将取名为［某一叙利亚语人名］，而不再叫 Bögä Totoq"。 除去以上例子，在编号 n221 的叙利亚文—粟特语残篇中，能够读出可能是葡萄沟西旁修道院成员的人名，其中包括明显是突厥语的人名，如阿石·阙—嗳［Asïγ（Asïq）

---

① Miklós Maróth, "Ein Brief aus Turfan," *Altorientalische Forschungen*, Vol. 12, 1985, pp. 283 - 287.

② Erica C. D. Hunter, "Debating with the Jews at Turfan," in *Byzantium to China: Religion, History and Culture on the Silk Roads: Studies in Honour of Samuel N. C. Lieu* (Texts and Studies in Eastern Christianity, Vol. 25), eds. Gunner Mikkelson & Ken Parry (Leiden & Boston: Brill, 2022), pp. 251 - 260.

③ Mark Dickens, "Multilingual Christian Manuscripts from Turfan," pp. 28 - 29.

KölČor]、骨—阿德迷失（QutAtmïš）、吐伦—啜（TolunČor）和乌里（Urï），以及一个融合了突厥语—叙利亚语的人名阿伯·约哈难［Abïγ（Abïq）Yuḥannan］。①

叙利亚语的哲学文本残篇现存 7 件，其中包括 n417 和 n420。这两个残篇中出现了叙利亚语词汇 qataphatiqitha，它是希腊语词汇 καταφατικός 的借词，意思是肯定命题中的"肯定"（affirmative）。林丽娟在最近发表的文章中指出，这些残篇来自亚里士多德《范畴篇》（Categories）的叙利亚语译本，特别是第十章"论对立物"（On Opposites）②。林丽娟比较了吐鲁番写本残篇与现存的三种叙利亚语《范畴篇》译本，认为吐鲁番的文本与其他三个传世叙利亚语译本之间存在差异，因此"可能保留了叙利亚语《范畴篇》第四种译本的内容"③。吐鲁番出土的哲学残篇进一步证明了希腊哲学对东方教会学校的影响，葡萄沟西旁修道院也是如此。正如林丽娟所总结的，"吐鲁番《范畴篇》的发现，挑战了当前对中亚和中国接受亚里士多德著作情况的既有认识"④。

另一个有趣的三语文本中，有一个叙利亚语数字表和对应的粟特语数字表，其背面大概是一个回鹘文字和叙利亚文字混合的信件草稿（U 7252）⑤。从残叶的尺寸来看，它最初可能是与粟特语《尼西亚信经》出自同一抄本的空白纸，这一抄本中也有前述用粟特文字书写的《圣咏经》。在残叶的一侧有几列叙利亚语数字，还有相对应的用叙利亚文字书写的粟特语数字。叙利亚语数字既有字母表中的字母，也有完整拼写出来的，这或许是为了记忆两种语言中的叙利亚语字母和数字之间的对应关系，因为这些数字在叙利亚语的礼仪文本、圣经文本和其他类型的文本中

① Nicholas Sims-Williams, "Sogdian and Turkish Christians in the Turfan and Tun-huang Manuscripts," pp. 56 – 57.

② Lin Lijuan, "A New Syriac Witness to Aristotle's Categories from Turfan," Zeitschrift der Deutschen Morgenländischen Gesellschaft, Vol. 171, no. 2, 2021, pp. 291 – 322.

③ Ibid., p. 315.

④ Ibid., p. 317.

⑤ Mark Dickens, "Multilingual Christian Manuscripts from Turfan," pp. 30 – 32; Nicholas Sims-Williams, Biblical and other Christian Sogdian texts from the Turfan Collection, pp. 135 – 137.

都有使用。 另一侧的信件草稿包括四行叙利亚语和七行回鹘文字，其中有四行是行间文，最后一行以回鹘语开始，以叙利亚语结束。 西蒙娜·拉施曼（Simone Raschmann）为笔者提供了回鹘语部分的译文，她将收信人释读为"圣天·颉·阿勒迷失合骨咄禄"（Tängrikän El Almıš Alp Kutlug），这是一个十分突厥化的人名。 由于叙利亚语部分残缺不全，难以辨别，只能看到一些程式化使用的单词和短语，因此很难对这一文本进行整体释读。 无论如何，这封信件反映出吐鲁番的基督徒是一个多种族裔混合的群体，作为通用语言的回鹘语与被教徒所重视的叙利亚语交融在一起，体现了真正的多语言主义。

吐鲁番出土了大量基督教历法文本，共有 13 个残篇。 这些文本用叙利亚语或粟特语写成，包括月份表、用于查找随太阴历变化的瞻礼日期的表格，以及使用这些表格的说明，特别是四旬斋和复活节①。 需要介绍的是其中两个粟特语历法残篇（n288 和 n354），前者详细说明了如何使用查日期的表格来计算四旬斋的开始时间，后者的背面则是查日期的表格之一，提到了大斋（四旬斋）、复活（即复活节）、耶稣升天节和（推测为）圣灵降临节。

还有一份有趣的粟特语基督教文本，是针对摩尼教徒的论战文本（n145），将摩尼教徒称为"那些认信两个永恒（存在）的非基督徒" ②，这为了解吐鲁番地区的宗教关系提供了引人深思的视角。 吐鲁番也发现了一份针对基督徒的摩尼教小册子③。 遗憾的是，除了这两份文本，以及上

---

① Mark Dickens & Nicholas Sims-Williams, "Christian Calendrical Fragments from Turfan," in *Living the Lunar Calendar*, eds. J. Ben-Dov, W. Horowitz & J. M. Steele (Oxford: Oxbow Books, 2012), pp. 269 - 296.

② Nicholas Sims-Williams, "A Christian Sogdian polemic against the Manichaeans," in *Religious themes and texts of pre-Islamic Iran and Central Asia* (Beiträge zur Iranistik 24), eds. Carlo G. Cereti, Mauro Maggi & Elio Provasi (Wiesbaden: Dr. Ludwig Reichert Verlag, 2003), pp. 399 - 408.

③ Werner Sundermann, "Ein manichäischer Traktat über und wider die Christen," in *Exegisti monumenta: Festschrift in honour of Nicholas Sims-Williams*, eds. Werner Sundermann, Almut Hintze & Franc,ois De Blois (Wiesbaden: Harrassowitz, 2009), pp. 497 - 508.

文提到的基督徒使用的一些佛教术语之外，几乎没有其他信息可以体现吐鲁番的基督徒如何与绿洲中的其他宗教团体进行互动。

在本文所讨论的所有文本中，最有趣的文本之一是用叙利亚文字书写的回鹘语婚礼祝福语（U 7264）①，它为了解蒙古时期吐鲁番的回鹘基督徒日常生活中的一种重要的文化仪式提供了珍贵的例证。同样，这一文本的断代也是基于用"也里可温"（ärkägün）一词来指代基督徒的现象。这段文本借鉴了圣经中为他人祝福的习俗，可能是在婚礼庆典的某个时刻用于为新婚夫妇祈祷，其中提到了圣经中的先祖和英雄，如亚伯拉罕、雅各、约瑟、约书亚和参孙，引用了《新约》中保罗写给提摩太的第一封书信，还提到了四种不同的中亚乐器。同样有趣的是，这一文本还使用了略带乡土气息甚至是暗示性的语言，如骆驼吼叫、狮子咆哮和牦牛刨地，以及祝愿这对新郎新娘成为"好朋友和好同伴"，并与他们的姻亲"通力合作"②。

另一个文本是圣经题材的粟特语谜语集（n349），现存五个残篇③。谜语采用了学生提问、老师回答（"学生问……老师答……"）的形式，其中提到的圣经人物包括亚伯拉罕、亚当、该隐、以撒、耶稣、施洗约翰、约书亚、抹大拉的马利亚、摩西、诺亚、西门彼得、撒迦利亚和撒该。

回鹘语文本中还有几十份"官方信件、私人信件、借贷合同和私人登

① Peter Zieme, "Ein Hochzeitssegen uigurischer Christen," in *Scholia: Beiträge zur Turkologie und Zentralasienkunde*, eds. Klaus Röhrborn & Horst Wilfrid Brands（Wiesbaden: Otto Harrassowitz, 1981）, pp. 221 - 232; Peter Zieme, *Altuigurische Texte der Kirche des Ostens aus Zentralasien*, pp. 107 - 111.

② 还有一份用叙利亚文字书写的新波斯语婚姻契约，是一份较大的写本的一部分。该写本大部分用叙利亚语书写，很可能来自吐鲁番，目前保存在中国台湾；见 Alexey Muraviev, "The New Persian Marriage Contract in the Syriac Manuscript from Turfan," in *The History behind the Languages: Essays of Turfan Forum on Old Languages of the Silk Road*, ed. Academia Turfanica（Shanghai: Academia Turfanica, 2012）, pp. 160 - 164.

③ Werner Sundermann, "Der Schüler fragt den Lehrer: Eine Sammlung biblischer Rätsel in soghdischer Sprache," in *A Green Leaf: Papers in Honour of Professor Jes P. Asmussen*（Acta Iranica 28）, eds. Werner Sundermann, Jacques Duchesne-Guillemin & Faridun Vahman（Leiden: E. J. Brill, 1988）, pp. 173 - 186.

记簿"被认为与基督徒有关①。 这些文本中出现了一些典型的基督徒人名，如安东（Anton）、斯利巴（Ṣaliba，意为十字架）、薛里吉思（Sargis）、阔里吉思（Givargis，即乔治 George）、约哈难（Yohanan，即约翰 John）、斯提反（Stephanus）、库里亚科斯（Quriaqos）、失列门（Šlemun，即所罗门 Solomon）和聂斯脱利（Nestorius），当然也有更加典型的突厥语甚至是粟特语人名，如阿尔斯兰（Arslan）、巴尔卡（Barka）、铁穆尔（Temur）和尤施穆特（Yošmut）。 其中一些残篇还提到了运送葡萄酒，这在葡萄沟西旁修道院的背景中不足为奇。

　　现存于圣彼得堡的几份吐鲁番出土的基督教文本也值得注意，例如 Сир．．21c，是一份双叶的日历表，右侧是叙利亚语字母表的前七个字母，代表数字 1—7，可能指一周的七天。 在右下角可以看到圣周中的几个重要节日的叙利亚语词汇，如棕枝主日、濯足星期四、逾越节和耶稣受难日。 此外还有主显节，但主显节似乎与其他圣周的节日不相符。 有趣的是，柏林的吐鲁番写本中也有这类文本的例子②。

　　最后还须提及的是，中国的几家机构正在对位于吐鲁番以北约 10 公里的葡萄沟镇附近的西旁基督教修道院遗址进行联合发掘工作③，迄今为止已经发现了数百份基督教写本残篇，其中一些明显可以与目前保存在柏林的写本残篇进行比对，比如前面提到的 61 叶的 MIK Ⅲ 45 写本。 对于所有研究吐鲁番基督教写本残篇的学者来说，西旁的发掘工作都十分值得期待。

---

① Simone-Christiane Raschmann，《古代突厥语文书所见基督教教团的痕迹》（ "Traces of Christian communities in the Old Turkish documents"），张定京、阿不都热西提·亚库甫主编：《突厥语文学研究——耿世民教授 80 华诞纪念文集》，北京：中央民族大学出版社，2009 年，第 408—425 页。

② 笔者与纳塔利娅·斯梅洛娃（Natalia Smelova）正在准备撰写关于这类文本的文章。

③ 参见刘文锁、王泽祥、王龙：《新疆吐鲁番西旁景教寺院遗址：2021 年考古发掘的主要收获与初步认识》，《西域研究》2022 年第 1 期，第 74—80 页，第 171 页。

结　语

在本文讨论的众多基督教文本的基础上，首先要指出是，还有许多文本，尤其是礼仪或圣经性质的文本，以及许多圣人生平（即圣徒传）、经注、格律体讲章，或可将其统称为一般的"基督教文学"的文本，都还没有进行介绍和讨论。 尽管本文选择介绍的文本非常吸引人，但它们并不能完全代表吐鲁番的基督徒在 9—14 世纪期间所阅读或所聆听到的材料。

还有十分重要且前人已多次提及而值得强调的一点是，吐鲁番的基督徒群体是多语种的，至少他们写作和阅读的文本是多语种的，且吐鲁番的基督徒群体呈现出多元文化融合的特点，从这些文本中，可以发现他们受到了不同文化的影响。 这些基督徒群体的核心最初很可能是粟特人，也许是在 845 年后从唐朝汉地逃亡到了吐鲁番。 最终在适应了所处的文化环境后，他们主要使用的语言成为突厥语，成为信仰基督教的突厥化粟特人群体，后又与归信基督教的回鹘人混居在一起。 尽管如此，对吐鲁番的基督徒来说，东方教会的传统礼仪语言叙利亚语仍然具有重要的地位，中古波斯语或许也同样重要①。 上文提到的用回鹘文字书写的《圣咏经》尤其能够反映叙利亚语的重要性，这很可能是该圣经文本在吐鲁番的最终形式，它使用绿洲中所有人都会用的文字来书写，目的是保存在叙利亚基督徒群体中传诵了几个世纪的文本。

吐鲁番的基督徒群体显然乐于阅读各种类型的文本。 葡萄沟西旁修道院群体对于需要经常诵读的礼仪和圣经文本（其中许多是每天诵读的），以及不太经常诵读或查阅的文本都充满兴趣。 而即使是构成吐鲁番基督教会生活核心的礼仪和圣经文本，也不可避免地受到多种语言的影响，粟特语的司铎指导文字或回鹘语的信经都体现了这一点。

---

① 参见 Nicholas Sims-Williams, "Sogdian and Turkish Christians in the Turfan and Tun-huang Manuscripts," pp. 49 - 51, 54.

在一个统治者和精英都不是基督徒的环境中，一些文本显示出基督徒受到了周边异文化的影响，特别是上文提到的佛教术语和习俗，但似乎没有任何证据表明基督教文本受到了摩尼教的影响。一些文本则明显受到了非周边文化的影响，即通过叙利亚语传统流传的古希腊思想的影响。叙利亚语传统对古希腊思想家及其作品的兴趣由来已久，这在哲学和医学残篇中体现得最为明显。但从上文提及的粟特语《圣咏经》的希腊语标题以及写给拜占庭官员的叙利亚语信稿中，也可以看出与古希腊文化的联系，这或许表明吐鲁番基督徒与粟特地区的麦尔基特派基督徒有某种形式的往来。①

吐鲁番基督徒留下的文献，说明他们是维系和连接东方教会的重要前哨阵地，这些前哨散布在丝绸之路沿线，一直延伸到东方教会在美索不达米亚的故乡。从宣教角度来看，还可以将已知的叙利亚语文本中没有的材料纳入其中，如回鹘语信经中提到本丢·彼拉多是"第五任大臣"，回鹘语《博士传说》中解释祆教祭司拜火的原因，以及回鹘语告解和祈求祷愿文中的"作失恃之人的母亲，做失怙之人的父亲"。

最后，从现存文本尤其是"世俗"文本中可以清晰地看出，与吉尔吉斯斯坦一处墓碑中纪念的基督徒类似，吐鲁番基督徒的名字也有丰富的多样性。这些名字不仅来自他们的精神根源——叙利亚语世界，也来自周围的突厥语文化。总之，吐鲁番的基督徒在竭尽全力维系他们的宗教认同的同时，也在努力融入他们生活的当地社会。

［翟马可(Mark Dickens)，阿尔伯塔大学历史与古典学系和宗教研究项目任教；

译者：柳博赟，北京语言大学副教授；

校对者：李正一，北京大学历史学系博士研究生］

---

① 参见 Werner Sundermann, "Byzanz und Bulayïq," in *Iranian and Indo-European Studies：Memorial Volume of Otakar Klíma*, ed. Petr Vavroušek (Praha：Enigma Corporation, 1994)，pp. 255 - 264；Miklós Maróth, "Ein Brief aus Turfan," pp. 283 - 287.

国别研究

政党视角下的南美社会公平改革评析

——以智利中左翼政府为例

马勇田　　席桂桂

摘要:民主化以来,智利在社会改革层面取得一系列成果,并在中左翼政府领导下完成了千年减贫目标,但仍然是拉美地区收入分配最不公平的国家,没有从根本上改变智利经济发展与社会收入不公平的现状。本文探究了中左翼执政联盟社会公平改革取得有限效果的原因,认为改革效果有限与智利民主政治体制的稳定性、政党体制的包容性以及基于执政目标的政党协调机制的折中性有关。智利民主化以来,国会在社会改革进程中扮演了稳定器作用,避免激进改革引发社会动荡,但是国会行动的延宕却削弱了社会公平改革的效果。智利温和而非极化的多党制保证了智利中左翼政府长期执政,为降低执政联盟政党协调成本,中左翼社会公平改革只能在保增长的基础上兼顾收入公平。中左翼政府社会公平改革最终难以从根本上改变高经济增长与社会分配高度不平衡之间的失衡问题。

关键词:智利　中左翼政府　社会公平　拉丁美洲

20 多年来，拉丁美洲国家中左翼政府纷纷执政，改变了该地区的政治生态，一些国家的施政以"实现社会公正，推动经济发展"为目标，以缩小社会差距和减少社会不公为重点，积极消除贫困，推行社会变革，较大程度上改善了本国的社会公平发展水平。 在拉丁美洲地区的国家政治发展中，存在着一种区域性政治现象，即所谓的"传染效应"，也就是说一个国家出现的政治现象会因为"外溢"而扩散到其他国家，这些国家也因而出现同样或类似的政治发展。 本文以民主化以来智利中左翼政府施行的政策入手，分析智利的社会公平改革成就和得失，希望见微知著，对拉丁美洲国家的社会公平改革运动有初步的认识。

一、引言

2021 年 12 月，智利左翼政党联盟"赞成尊严"赢得总统大选，智利再次迎来中左翼联盟政府执政，新政府主张更高征税率，更公平社会。 社会公平问题一直是智利社会现代化过程中的痼疾，历届中左翼政府都积极推进社会公平改革。 自 1989 年 12 月智利中左翼政党组成"争取民主联盟"赢得大选，开启智利民主化进程以来，中左翼政党联盟一共组建了五届政府。 在中左翼政府领导下，智利成功迈入中高收入国家并加入经济合作与发展组织（OECD，简称经合组织），社会贫困问题也得到一定程度的解决，完成了千年减贫目标。 但是智利社会贫富差距以及收入不公平问题并没有得到根本改善，仍是拉美地区收入分配最不公平的国家。 为什么中左翼政府的社会公平改革很好地解决了贫困问题，但是并没有解决社会公平问题？

既有研究成果主要从制度设计缺陷、政府职能扭曲，以及政治参与动员不足等角度进行分析，认为上述原因导致智利政府公共政策失败，从而不能很好解决智利社会公平问题。 例如拉蒙·洛佩兹（Ramón López）等学者认为智利的税务系统改革失利导致低层次的财政支出，而低税收则难以获得足够资金投入人力资源和知识生产与扩散，进而导致持续的社会不公平现象。①国际劳工组织的研究报告则将这种不公平归为智利教育不公平导致劳动力薪资不公平。② 有学者认为智利社会不公平现象源自政府公共职能体系的扭曲和失效，特别是政府主导下建立的农工体系、采矿业、贸易、金融、教育、医疗健康，以及交通运输等系统的职能扭曲和失效。③ 也有学者从政治制度参与的角度，将智利社会不公平问题归结于智利政治制度，认为缺乏底层民众代表参与政治讨论和决策制定，导致智利的贫困和不公正问题难以得到有效解决。④ 还有学者对智利新千年减贫经验进行了细致梳理，指出拉戈斯政府采取政策理论创新和实践创新措施，促使智利消除贫困的国家意志有显著提升，并取得了明显的减贫效果，但是收入分配领域并没有得到同步改善。⑤

上述研究成果或者从制度设计本身的缺陷，或者从智利减贫行动取得成就等方面探讨了智利社会公平改革的效果，为深入理解智利的社会不公平现象成因提供了有益的视角。 然而，不从政党政治角度深入分析智利的改革进程，就不能找到引发社会公平改革失效的根本性因素，也很难解释政党政治因素在中左翼政府社会改革进程中所扮演的重要作用。 基于此，本文尝试从政党政治视角探讨智利社会公平改革与发展，探讨中左翼政党联盟在治理贫困与社会不公平问题上的改革成效及效果有限的原因。

① Ramón López and Sebastian Miller, "Chile: The Unbearable Burden of Inequality," *World Development*, Volume 36, Issue 12, December 2008, pp. 2679 - 2695.

② Sarah Gammage, Tomás Alburquerque, Gonzálo Durán, *Poverty, Inequality and Employment in Chile*, International Labour Office, Conditions of Work and Employment Series No. 46, Conditions of Work and Employment Branch. -Geneva: ILO, 2014, p. 4.

③ Markos J. Mamalakis, "Poverty and Inequality in Latin America: Mesoeconomic Dimensions of Justice and Entitlements," *Journal of Interamerican Studies and World Affairs*, Vol. 38, No. 2/3, 1996, pp. 185 - 186.

④ Álvaro García Hurtado, "Development in Chile 1990 - 2005: Lessons from a positive experience," *Research Paper*, *UNU-WIDER*, United Nations University (UNU), No. 2006/13, available online at: https://www.econstor.eu/handle/10419/63434. [2021 - 05 - 02]

⑤ 刘捷、刘学东:《新千年智利反贫困政策》,《拉丁美洲研究》2019年第6期。

二、历届智利中左翼政府社会公平改革措施分析

长期以来，贫穷和社会不公正问题一直是拉美国家现代化过程中的痼疾，对智利来说也不例外。促进社会公平发展，特别是解决社会收入不公平问题，是智利中左翼政府社会公平改革的一大目标。从 1990 年到 2018 年，除去 2010—2014 年右翼政党执政，智利中左翼政党联盟一共组建了五届政府。① 其间，无论是中左翼"争取民主联盟"（the Concertación），还是中左翼"新多数派联盟"（Nueva Mayoría），他们都将改革税收、增加社会公共投入、提高贫困人口社会权益，以及动员多元社会力量参与改革作为社会公平施政的重要内容。随着智利社会整体财富的不断积累，历届中左翼政府在解决社会收入不公平问题上都采取了积极措施，大体上是从以下四个方面进行改革：

第一，增强国家税收汲取能力，增加公共福利开支，增加对低收入者的社会保障。中左翼政党联盟借助税收改革，通过富人税、企业所得税等方式增强二次分配力度。艾尔文政府通过税收改革，增加对富裕阶级和中产阶级的个人收入税，对公司征收企业所得税税率从 10％增加到 15％；巴切莱特政府进一步加大对富人的征税力度，提高企业所得税税率，由 2014 年的 21％提高到 2018 年的 26％，降低个人所得税的最高税率，由 2014 年的 40％下调到 2018 年的 35％。② 希望借助新的税收制度保障国家财政稳定，以提高社会公共支出并调节收入分配。

第二，中左翼政府采取加大公共投入方式，促进教育、养老、医疗等领域的社会公平。在保证经济增长和宏观经济稳定的前提下，中左翼政府积极增加社会公共支出以解决居高不下的贫富差距和社会收入不公平问

---

① 这五届中左翼政府分别是：艾尔文（Patricio Aylwin）政府（1990—1993）、弗雷（Eduardo Frei）政府（1990—1999）、拉戈斯（Ricardo Lagos Escobar）政府（2000—2005）、巴切莱特（Michelle Bechelet）政府（2006—2010）、巴切莱特政府（2014—2018）。

② CFA, "Tax Law Reform in the year 2014," http：//www.chilefa.cl/tax-law-reform-in-the-year-2014/. ［2021 - 05 - 04］

题。 艾尔文和弗雷两届政府都通过扩大社会和福利财政支出来提高穷人的生活水平，艾尔文政府的社会和福利财政支出占到国内生产总值（GDP）的 11.7％，对贫困家庭的津贴增加了 50％，同时，通过补贴一些学校的膳食以及妇婴营养项目、利用减贫基金对穷人进行技能培训等多种方式减少社会不公平。① 1991—2001 年，智利社会公共开支占政府总开支的比重由同期的 60.4％提高到 72.2％，由 15814 亿比索（当年价格）增加到 69238.5 亿比索，增长了 337.8％。②

教育不公平引发的学生运动一直是智利社会不稳定的主要因素。 针对这一问题，巴切莱特政府推出一系列涵盖幼儿园到大学的教育法案，推出新的法律法规和监管体系，并给予更多教育经费支持。 首先，巴切莱特政府通过立法，设立幼儿教育副秘书处和管理会，负责学龄前幼儿相关政策的制定、实施和评估，延伸了教育公平的覆盖面。 其次，在高等教育方面，颁布了高校临时管理员和关停管理员办法，通过临时接管问题高校，维护学生利益，帮助学校走出困境。③ 再次，促成智利国会最终通过教育普惠法（Ley de Inclusión Escolar），法案内容涉及教育逐步免费；增加教育财政投入，增加对免收学费学校的资助；取消择优录取，消除教育歧视，大力振兴公办教育机构，促进私立教育转向非盈利性质；要求学校将教育资金和资源用于教育本身，不得挪作他用。 教育普惠法促进了智利全国公共教育体系的建立和完善，将公共教育由市政管理逐渐变为国家管理。④

在公共医疗卫生和养老金领域，智利中左翼政府增加了医疗体系预算，1990 年到 1994 年间，政府预算增加了 70％，将医疗体系覆盖到大多

① Carol Graham, *Safety Nets, Politics and the Poor: Transitions to Market Economies* (Washington DC: Brookings Institution, 1994), p. 41.
② 王晓燕：《智利改革重点的转移》，《拉丁美洲研究》2004 年第 3 期。
③ 李鹿：《西语媒体视域下智利女总统的形象构建——巴切莱特和智利新政》，《时代报告》2015年第 3 期。
④ 中国新闻网："促公平！ 智利总统巴切莱特颁布新公共教育法"，2017 年 11 月 22 日，http://www.chinanews.com/gj/2017/11-22/8383008.shtml.［2021－05－02］

数穷人。① 针对私人养老金问题，2002 年，拉戈斯总统提出了"智利团结计划"（Chile Solidario），向全国 22.5 万户赤贫家庭提供一揽子社会保障，将政府援助与贫困家庭的自身努力结合起来。② 巴切莱特政府继续推动拉戈斯政府的"智利团结计划"以解决极端贫困问题，并将受益家庭增加至 27.5 万户，预算资金占国内生产总值的比重增加到 1%。③ 2008 年，巴切莱特政府出台"团结养老金"（Solidarity Fund）法案，将参保人群覆盖到低收入群体的老年人。

第三，提高工人、妇女、老龄贫困人口的社会权益，提高最低工资水平，减少社会收入不公平引发的社会问题。1990 年艾尔文政府执政后，着力提高工人权益，除了赋权工会、完善劳工立法等，还提高失业工人救济金，适度增加工人最低工资标准（至 1992 年已经提高了 20%）。④ 拉戈斯政府再次提高最低工资水平，由艾尔文政府时期的月最低工资 1.8 万比索（约合 45 美元）提高到 2000 年的 10 万比索（约合 217 美元）。⑤ 2006年，社会党人米歇尔·巴切莱特带领"争取民主联盟"执政，成为智利历史上首位女总统，她承诺要建设一个"更加包容、非歧视的公正社会"，特别要注重妇女权利，并在任期内任命了智利首个性别平等的内阁。⑥ 巴切莱特政府关注老龄贫困人口，通过"团结养老金"法案，采取"团结支柱"、新增母亲补助津贴、调整遗属残障保险费率、提升基金运营能力等一系列改革措施，将国家财政支持的公共养老金覆盖至私营养老金"无力惠及"的边缘群体，比如自谋职业者、老无所依的农民、妇女和街头商贩

① Genero Herrera and Carol Graham, "Chile: sustaining adjustment during democratic transition," cited from Shalendra D. Sharma, "Democracy, neoliberalism and growth with equity: Lessons from India and Chile", *Contemporary South Asia*, 8: 3, p. 363.

② 韩琦：《智利经济—社会转型的特点和经验》，《拉丁美洲研究》2005 年第 4 期。

③ 方旭飞：《拉美左派政府的社会政策实施成效及面临的挑战》，《西南科技大学学报（哲学社会科学版）》第 33 卷第 5 期，2016 年 10 月。

④ John Lear and Joseph Collins, "Working in Chile's Free Market", *Latin American Perspectives*, Volume 22 Issue 1, January 1995, pp. 26 - 27.

⑤ 王晓燕：《智利改革重点的转移》，《拉丁美洲研究》2004 年第 3 期。

⑥ Marcela Ríos Tobar, "Chilean Feminism and Social Democracy From the Democratic Transition to Bachelet," *NACLA Report on the Americas*, Vol. 40, Issue 2, 2007, p. 27.

等贫困人口。①

第四，进行体制改革，推动政治公平。 一方面，中左翼政府通过宪法改革、取消军队等群体特权，促进社会公平；另一方面，扩大政治参与度，推进政治民主，促进社会公平。

历届中左翼政府都将修改宪法作为政治民主化和促进社会公平改革的重要内容，主张削减军方特权、清除军政府时期特权制度。 拉戈斯总统和巴切莱特总统在社会公平改革上更为积极，这两届政府均将修改宪法作为重要施政纲领之一。 拉戈斯政府通过修宪将总统任期改为 4 年，取消终身参议员和指定参议员，促进政府与中产阶级商业团体及个体私营者在商贸政策方面进行交流互动，进一步激发市场活力。 多年来，智利民众认为政府没有达到社会公平的目标，希望政府更广泛倾听民众的政治诉求。 2014年，巴切莱特总统承诺要用一部新宪法来取代军人独裁统治者皮诺切特在1980 年制定的宪法，增加公众的政治参与。

中左翼政府通过机制改革强化政府的社会救济能力，动员社会力量参与社会公平改革。 弗雷政府和巴切莱特政府都进行了制度改革以适应公平施政：在进一步完善劳工法律的基础上，弗雷政府还设立全国消除贫困委员会和全国反腐败委员会两个机构，进一步增加社会救助计划拨款；巴切莱特政府动员广大社会力量参与社会问题决策。 2007 年，巴切莱特政府召集政治、社会和技术部门组建"公平与劳动总统咨询委员会"（the President Council on Labor and Equity），专门研究智利社会不公平问题，并直接向总统提出政策建议。②

三、智利中左翼政府社会公平改革效果分析

智利持续 20 年的社会公平改革，使得中左翼政府的施政方案和改革措

---

① 郭存海：《智利养老金新政的启示》，《人民论坛》2008 年第 6 期。
② 赵青：《智利养老金制度再改革：制度内容与效果评价》，《拉丁美洲研究》2014 年第 3 期。

施能够保持长时间的延续性和创新性，从而在经济发展和减贫方面取得较大成果，但是在缩小贫富差距，特别是在缩减收入差距方面效果不彰。

中左翼执政联盟时期，智利国内生产总值迅速增加，社会经济活力得到进一步释放。 根据国际货币基金组织（IMF）发布的数据，1990—2000年间，智利年均实际 GDP 增长率平均为 6.66%，比同期拉美地区的平均增长率（3.3%）高出 1 倍,是智利历史上经济增长最快的时期。① 尽管受2008 年全球金融危机影响，智利年均实际 GDP 增长率低于十年前的平均值，但仍然达到 4.13%，显示出智利经济发展的稳定性。 2010 年，智利人均 GDP 达到 12808 美元，成功突破人均 GDP 1.2 万美元的所谓 "中等国家收入陷阱"，迈入发达国家行列。② 同年，智利加入经济合作与发展组织（OECD），成为 "富国俱乐部" 的一员。 2014—2017 年间，智利人均GDP 基本保持在 14500 美元左右，超出同时期拉美地区人均 GDP 4000—5000

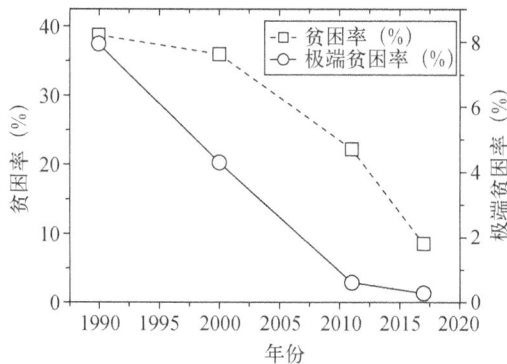

图 1　中左翼政府执政以来智利贫困率变化（1990—2017）

资料来源：The World Bank Data："Poverty headcount ratio at national poverty lines (ofpopulation)-Chile," https://data. worldbank. org/indicator/SI. POV. NAHC? locations＝CL. ［2021 - 12 - 14］

---

① IMF Database，Country Data-Chile，http：//www. imf. org/en/Countries/CHL. ［2021 - 05 - 02］

② World Bank Database，GDP per capita （current US $ ）-Chile，https：//data. worldbank. org/indicator/NY. GDP. PCAP. CD? locations＝CL. ［2022 - 03 - 09］

美元，智利人均社会财富拥有量相对而言取得了不错的成绩。①

智利减贫事业取得巨大成就。 多年的经济稳定发展保证了国民收入的增加，加上智利政府积极进行社会公平改革，社会贫困现象得到极大缓解。 从艾尔文政府强调"增长兼顾公平"的倡议，到弗雷政府对贫穷宣战，再到继任的拉戈斯政府、巴切莱特政府针对贫困和不公平问题采取的一系列社会救济和保障改革，持续 20 年的改革让智利的减贫事业取得了巨大成就。 1990 年中左翼政府执政之初，智利的贫困人口比例高达38.6％，②其后不断下降，从 2000 年的 36％下降至 2011 年的 22.2％，2017 年进一步下降到 8.6％。③ 极端贫困人口（每天生活费低于 1.9 美元）从 1990 年占比为 7.9％下降至 2011 年的 0.6％，2017 年进一步下降到0.3％。④ 就减贫效果看，智利成为拉丁美洲地区唯一成功实现千年减贫目标的国家。

整体而言，智利的减贫事业取得了巨大的成就，然而收入差距问题却并没有因为中左翼政府实施的社会公平改革而得到解决。 以衡量一个国家或地区居民收入差距的基尼系数（Gini index）来看，艾尔文政府时期，智利的基尼系数为 0.53 左右⑤，随后几届中左翼政府时期的基尼系数大致稳定保持在 0.55 左右，2014 年再次执政的巴切莱特政府将基尼系数保持在0.44 的水平，表明智利居民收入差距过大。

智利居民收入差距过大的另外一个表现是社会不同阶层占有的财富比重很不合理，改革之后这一现象基本没有变化，甚至还有所恶化。 从不同

---

① 数据来源：The World Bank Data, https：//data. worldbank. org/region/latin-america-and-caribbean? view＝chart. ［2021－05－02］

② Álvaro García Hurtado, *Developmentin Chile 1990 – 2005*：*Lessons from a Positive Experience* (London：Palgrave Macmillan UK, 2007), p. 1.

③ The World Bank, "Poverty headcount ratio at national poverty lines（％ of population）-Chile," https：//data. worldbank. org/indicator/SI. POV. NAHC? locations＝CL. ［2021－12－14］

④ The World Bank, Country Profile Chile：https：//data. worldbank. org/indicator/SI. POV. DDAY? locations＝CL. ［2021－12－07］

⑤ Oscar Altimir, "Economic Development and Social Equity：A Latin American Perspective," *Journal of Interamerican Studies and World Affairs*, Vol. 38, No. 2/3, p. 48.

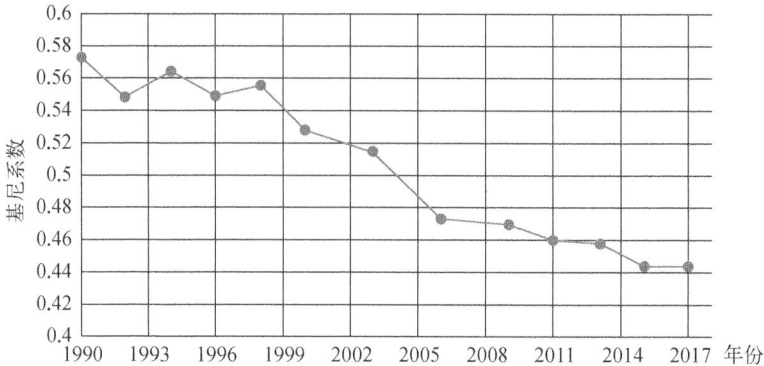

图 2　中左翼政府执政以来智利基尼系数变化（1989—2017）

资料来源：Gini index（World Bank estimate）-Chile，https：//data. worldbank. org/indicator/SI.
　　　　POV. GINI？ end ＝ 2017＆locations ＝ CL＆start ＝ 1987＆view ＝ chart.
　　　　［2021 - 12 - 14］

阶层财富分配差距看，1996 年弗雷政府时期智利最贫穷的 10％的人口收入只占有全国总收入的 1.4％，最富有的 10％的人口收入占有总收入的41.3％[①]；2013 年，智利最贫穷的 10％的人口收入占全国总收入的1.7％，最富有的 10％的人口收入占总收入的 41.5％，收入分配不公平现象反而有所增加。 2017 年底，巴切莱特总统执政后期，智利不同阶层财富分配差距有所降低，最富有的 10％的人口占有总收入的比率降至36.3％，但是在经合组织 34 个成员国中，智利以最不平等国家的头衔名列第一，是拉美地区乃至世界上收入分配严重不均的典型国家。[②]

　　从社会财富集中的程度看，经过 20 余年中左翼政党联盟的执政，智利的社会财富反而越来越集中到少数几家大财团（Grupos）手里。 有研究显示，1990 年到 1995 年间，排名前六大财团的财富总额在国民生产总值

---

① Oscar Muńoz，Carolina Stefoni（coordinadores），*El Periodo del Presidente Frei Ruiz-Tagle*，
　　Editorial Universitaria-FLACSO，Santiago de Chile，2003，pp . 343 - 345. 转引自余安：《智利
　　"民主联盟" 应对社会矛盾的主要做法》，《当代世界与社会主义》2006 年第 6 期。
② 数据来源：The World Bank，https：//data. worldbank. org/indicator/SI. DST. 10TH. 10？ view
　　＝chart. ［2020 - 12 - 02］

（GNP）中的占比从 54.2% 增加到 55.8%。① 2018 年智利排名前六大财团的财富总额占国民生产总值的 59.9%，财富越发趋向集中。

表 1 智利前六大财团总资产在国民生产总值的比重（2018 年）

财团名称	2018 年总资产（亿美元）	占 GNP 比重/（%）
1. LUKSIC	51.52	18.8
2. YARUR	42.11	15.4
3. MATTE	24.79	9.1
4. ANGELINI	16.99	6.2
5. SOLARI	16.25	5.9
6. CÁMARA CHILENA DE LA CONST.	11.76	4.3
总计	163.42	59.9

资料来源：Centro de Estudios en Economía y Negocioseen de Universidad del Desarrollo, "Ranking de Grupos Económicos-2018"，https://ceen. udd. cl/files/2020/02/RGE-18-12vf-2. pdf. [2021 - 12 - 15]

四、政党政治与中左翼政府社会公正改革分析

智利历届中左翼政府都以解决极端贫困问题和社会收入不公平问题作为社会公平改革目标，在保持宏观经济稳定增长基础上兼顾社会公平水平的提升；通过公平施政、税务改革、扩大公共支出、完善法律和机制改革等手段，推动经济增长与社会公平相互协调发展。 总的来看，智利中左翼政党联盟的社会改革取得了一定的效果，但没有根本改变智利经济发展与社会收入不公平失衡的问题，这或与智利政党政治特点有关。

首先，智利的政党政治体现为中左翼政党长期执政，中右翼政党长期把控国会众议院，这阻碍了智利就涉及发展全局的改革达成一致。 尽管智

---

① Stephanie Rosenfeld & Juan Luis Marré, "How Chile's Rich Got Richer," *NACLA Report on the Americas*, Vol. 30, No. 6, p. 20.

利也存在总统制政府、比例代表制议会及多党制竞争，但是自民主化以来，智利保持了较好的政权稳定性和政策的可持续性，在政党政治方面的表现就是中左翼与中右翼政党保持了较长时间较为稳定的政治博弈过程。智利国会由众、参两院组成，众议院负责直接对行政、司法、军事等公共部门的行为实行监督，参议院对众议院在监督过程中所发现的问题及提出的相关处理意见进行最终裁决；国会作为最高立法机构，独立于政府和最高法院。① 智利的政府制度设计就决定了有关国家重大改革或者法案的颁布，需要获得众议院多数票通过，然而皮诺切特军政府时期遗留的选举体系，导致众议院右翼反对政党占多数。 中左翼联盟在 20 年执政过程中，中右翼控制了国会众议院，通常状态下，国会很难就涉及智利发展全局的改革达成一致，特别是在为改革提供资金的问题上。② 多年来，智利亟需新的经济改革以破除可持续发展的结构性瓶颈，但是智利国会中右翼政党的杯葛，一定程度上削弱了中左翼政府社会公平改革的努力。

其次，从中左翼联盟内部党派的构成、主张与协调机制来看，中左翼联盟内部关于"增长第一、公平第二"的政策选择是为了保持内部最大共识，从而保证联盟内部团结和维护政权的可持续性。 智利中左翼政府之所以选择增长优先而非公平优先的发展道路，与执政联盟内的政党协调成本有密切关系，这意味着中左翼执政联盟需要通过寻求政党间政策共识来平衡左翼和右翼政党，从而维系执政联盟的团结和温和性，于是右翼政党关于保增长的诉求与左翼政党关于社会公平的追求就成为中左翼执政联盟的政策共识。

长期以来，拉丁美洲国家普遍存在着政党林立、党派多元的问题，多数党派联合执政的基础是满足共同利益关切点并努力协调彼此需要，智利同样也面临这种现象。 军政府时期，各政党克服政治分歧、团结一致，成立反对皮诺切特军事统治的政党联盟，尤其是基督教民主党和社会党领袖

---

① 徐世澄：《智利的国会与改革（上）》，《中国人大》2015 年第 10 期。
② Álvaro García Hurtado, "Development in Chile 1990 - 2005： Lessons from a Positive Experience," *UNU-WIDER Research Paper No. 2006/13*, the United Nations University （UNU）, p. 1.

克服长期的意识形态对立，形成了较为稳定的联盟，并逐渐向中间党派靠拢。①

自此，团结成为智利民主化转型后维系政党联盟执政的信条，政治生态呈现温和而非极化。 尽管这种政党生态能够保证中左翼政府长期执政，但是也存在联盟为避免冲突而将社会公平改革议题延宕处理的可能。 其中，无论是民选上台替代军政府执政的中左翼"争取民主联盟"，还是后来巴切莱特领导的中左翼"新多数派联盟"，都包含多个中间偏左的政党。 右翼政党求新思变，中间派政党稳中求进，左翼政党寻求变革，执政联盟在社会公平改革的决策和实施过程中，必然要考虑到执政党的意识形态和政治立场。② 对于智利中左翼政党联盟来说，政党结盟的目的是尽可能降低联盟的议价成本，寻求利益最大化，这意味着，社会公平改革必须建立在执政联盟共识的基础上。 倡导社会公平改革，实现经济的"公平增长"，实现经济发展红利能为智利不同阶层共同分享，解决新自由主义政策下社会改革导致的社会贫穷和不公平问题，成为执政党凝聚政党和社会各阶层合作的最大共识。 艾尔文和弗雷政府提出的"公平基础上的增长"纲领，最大程度凝聚了社会共识和政党关于改革与发展的共识；"争取民主联盟"的组织设计将工人、农民、中产阶级和商人的代表联合起来，在推翻军政府独裁斗争中获得了民众的大力支持。③ 针对社会福利制度私有化、市场化带来的弊端，中左翼政府将改革养老金制度、改革教育制度作为政府社会公平施政的首要议题。 在具体的社会公平改革举措中，中左翼政党联盟将经济增长与资源公平分配较好地融合起来，政府在经济改革和市场效率上起到指导性作用，同时建立了一系列社会保障措施，建立了包容性发展的国家改革模式。

社会公平改革需要综合政治经济因素进行全局考量。 从政治角度出

① 郭慧珍、谭融：《论政党在智利政治转型中的作用和特点》，《拉丁美洲研究》2017 年第 6 期。

② 袁东振：《拉美国家执政党的合法性困境与执政难题》，《拉丁美洲研究》2014 年第 04 期。

③ Shalendra D. Sharma, "Democracy, neoliberalism and growth with equity: Lessons from India and Chile," *Contemporary South Asia*, 8: 3, pp. 364 - 365.

发，如果政府难以获得执政联盟的内部支持，则总统的社会改革措施必然要进一步调整，这使得如果中左翼执政联盟内部出现激进改革措施，也会被政党联盟内部平衡，走向温和。 例如，巴切莱特总统在第二次执政时提出较为激进的教育公平改革方案，遭到利益团体和反对党的掣肘，企业家反对提高所得税，反对把增加的所得税用于资助教育；天主教会和右翼议员反对教改方案，认为这将使私立学校关门；而左翼大学生认为，教改方案仍没有明确提出高等教育免费；不少家长则批评教改方案并没有触及私立小学，却会使公立小学关闭。 巴切莱特总统卸任时没能完全兑现 2013 年大选期间的承诺，她推行的教育改革只能向 60％的学生提供免费的大学教育，而不是最初提出的 70％。 税制改革提案面临批评，并且劳动改革似乎在巴切莱特政府的内阁改组后逐步放缓。①

从经济角度出发，智利中左翼政党联盟的社会公平改革需要政府强大的财政能力予以保证，从而实现社会财富的二次公平分配。 其中，经济增长是历届中左翼政府执政的稳定基础，经济增长可以增加国民财富，足够的经济增长能够抵消政府扩大财政预算和社会支出导致的投资不足，政府可以在较小压力下进行养老、医疗、教育、居住等领域的社会保障制度改革和相应的财政安排，这对减少贫困尤其是有效解决极端贫困问题有着巨大帮助。 然而，当政府税收汲取能力下降时，势必影响政府公共支出，智利的社会公平改革就会遭遇一系列阻力，进而影响到政党联盟的稳定性和政府的合法性。

再次，从智利整个政治体制角度看，无论是中左翼执政党，或者中间偏右的执政党，智利政党政治所蕴含的温和性、包容性和趋同性等特点，要求社会公平改革必须保证温和稳健，保证改革政策必须是稳定而连续的，而不是积极冒进的改革政策。 无论从中左翼政党自身执政的需要，还是从智利整体政治环境的要求来看，智利都只能沿着新自由主义方向，将

---

① 《深读拉美|被巴切莱特低估的智利改革》，澎湃新闻，2015 年 11 月 16 日。 http：//www. thepaper. cn/newsDetail_forward_1397272. ［2021 - 05 - 02］

社会公正置于次要位置。

所谓"新自由主义"的经济政策，指的是借助国家力量建立起"自由市场经济"，强调市场效率优先原则，刺激市场在生产资源配置中的积极性，通过"价格自由化""金融自由化""贸易自由化"，以及"企业私有化"等一系列改革措施，加速国民经济和财富的增长。[①] 皮诺切特军政府的新自由主义经济改革为智利经济的持续增长奠定了基础，1981—1989年，智利经济累积增长 27.5%，比同期整个拉美地区经济平均 11.7%的累积增长高出 1.35 倍。[②]

继任的艾尔文政府、弗雷政府对军政府的新自由主义改革采取实用主义态度，继承和修订这一时期的经济改革措施，将发挥市场竞争性与保证社会公平结合起来。[③] 弗雷政府提出"公平的增长"这一施政纲领，实质是继续坚持市场自由化，坚持军政府时期形成的外向型经济发展模式，同时采取一系列公平改革措施，弥补过去对社会不公平现象的忽略。

从艾尔文总统到巴切莱特总统，历届中左翼政府延续了前任的经济政策，保持了市场优先的改革取向，发挥市场在经济发展中的积极作用。 市场效率优先的新自由主义思想依然是指导历届智利中左翼政府国内改革的主要意识形态。 例如在对外贸易领域，智利坚持自由贸易原则，通过降低关税，参加或者倡导双边、地区性的自由贸易协定等方式增强市场活力。尽管中左翼及其支持者们对中左翼"争取民主联盟"出台社会公平政策解决收入极化问题抱有很高期望，但是中左翼政府的社会公平改革需要顾及不同利益集团和党派的政治主张，社会公平改革不能妨碍自由市场经济的发展，中左翼政党联盟对这一观点有着清醒的认知，过于偏离市场的改革在联盟内部就会被平衡。 联盟对新自由主义改革模式的继承，对经济稳定增长的承诺成为一种政治正确，也是执政稳定性的重要基础。 从这个意义

---

① 王晓燕：《智利改革重点的转移》，《拉丁美洲研究》2004 年第 3 期。

② 毛颖：《智利模式的启示》，《商情》2012 年第 15 期。

③ John Sheahan, "Effects of liberalization programs on poverty and inequality: Chile, Mexico and Peru," *Latin American Research Review*, Vol 32, No 3, 1997, pp. 35 – 36.

上讲，智利中左翼政府依然遵循效率优先的新自由主义传统，尽管 20 年来他们努力进行社会公平改革措施，也仅仅是在原有问题上遮上了一层照顾社会公平的温情面纱①，社会公平沦为智利中左翼和中右翼竞选的口号，手握选票的智利中产阶级成为社会公平改革的最大受益者，但是对于最贫困的 20% 的人口，无论是私有化改革，或者是社会保障体系的改革都没有使其获益。② 新自由主义思想引导下的社会福利私有化制度，特别是教育市场化和私有化运行多年催生的既得利益团体，成为智利社会公平改革巨大的阻力。 同时，私有化也导致社会财富越来越集中到少数几家大财团手里，智利的社会不公平现象日益突出。

五、结论

1989 年 12 月，智利中左翼政党联盟"争取民主联盟"第一次赢得了智利大选。 迄今，智利的中左翼政党联盟一共组建了五届政府，他们实施了一系列重视社会与经济的协调发展以及推动社会公平改革的措施。 这一时期，智利国民经济取得很大的发展，社会贫困问题获得缓和，但是智利社会收入分配不均衡、不公平的格局并没有得到根本改善。 智利政党权力格局的稳定性、中左翼政党联盟协调的折中性，以及智利政党体制的包容性，导致中左翼政府的社会公平改革只能是在新自由主义经济改革"保增长"的目标下的有限调整。

"促进经济增长""促进社会公平"是中左翼政党联盟的社会政策共识。 保持经济增长是历届中左翼政府保持执政稳定性的基础，通过经济私

---

① Duncan Green, *Silent Revolution: the Rise of Market Economics in Latin America* （Cassell: Latin America Bureau, 1995）, p. 189. Cited from Robert N Gwynne & Cristobal Kay, "Views from the periphery: Futures of neoliberalism in Latin America," *Third World Quarterly*, Vol. 21, No 1, 2000, p. 153.

② David E. Hojman, "Poverty and Inequality in Chile: Are Democratic Politics and Neoliberal Economics Good for You?," *Journal of Interamerican Studies and World Affairs*, Vol. 38, No. 2/3, 1996, pp. 74 - 75.

有化、市场化维持经济高速增长，是政党联盟的经济政策共识，一旦社会公平措施过激，就会引发政党联盟内部不同利益集团的反对，导致社会公平改革只能取得非常有限的效果。

对中左翼执政联盟来说，寻求社会公平是满足选民政治、实现执政稳定的重要保证，同时也是中左翼联盟凝聚政党和市民社会的共识，是提高政府执政效率的工具。智利政府长期以来进行的新自由主义主导下的市场化、私有化，给智利的社会福利制度带来严重弊端，中左翼政府的社会公平改革在减贫领域取得巨大成就，但是在改善居民收入分配不公平、社会财富结构不均衡方面效果有限。这是因为极端贫困问题得以借助智利国民经济长期发展、国民收入提高予以缓解，但是社会公平改革涉及不同政党多元政治诉求，必须建立在执政联盟共识的基础上。出于联盟执政稳定性需求，中左翼政党联盟在进行社会公平改革方面所受掣肘较大，势必需要稳妥处理。

对智利来说，坚持经济私有化与奉行社会公平改革存在着一定的矛盾，继续坚持新自由主义改革路径，只能导致社会财富越来越集中，政府公平施政的空间越来越有限。在当前自由贸易受阻背景下，国际经济增长乏力，作为以资源出口为主的外向型经济体，智利国民经济发展容易受到大宗商品价格波动的影响，这给智利政府带来财政压力，势必影响到社会公共支出的增加。智利左翼政党联盟上台执政，是否能从根本上改变智利新自由主义发展模式，真正改革税制及养老金制度，实现公平教育，提高社会福利，是非常值得观察的问题。

（马勇田，中共佛山市委党校讲师；席桂桂，四川外国语大学国际关系学院副教授）

中世纪后期与近现代印度史编纂[*]

熊　艺　张忞煜

摘要：本文梳理了编纂中世纪后期与近现代印度史的代表性派别，包括与殖民统治相辅相成的殖民主义史学、被西方理性思维浸润但具备反殖民理想的民族主义史学、与政治缠结并挑战现代史学边界的宗教社群主义史学、追问社会结构体系的马克思主义史学、揭露印度民族主义和英帝国主义同谋关系的剑桥学派、连结人类学和历史学并反思殖民知识的芝加哥学派，以及书写底层历史的庶民学派。本文还分析了不同派别之间的对话与交锋，它们在印度国内外学界的交流中对封建主义、殖民主义和民族主义的深入探研等基本问题，不断更新理论方法，开拓研究领域。

关键词：印度史学　印度史　南亚地区研究

---

[*] 本文是教育部人文社会科学研究项目"印度政教关系史视野下的《治世之道》研究"（批准号：23YJCZH297）、北京大学区域与国别研究学术基金招标项目"境外南亚地区研究学术史研究"研究成果。

引 言

观览印度史研究这一不断发展的庞杂体系，可以通过时段、人物、语言、派别等分类标准渐次切入。① 本文拟以派别为线索，简要梳理从殖民时代以来不同派别的研究者对中世纪后期与近现代印度史的编纂。 当然，各派别绝非相互独立、泾渭分明，本文的择取编排也难免挂一漏万。 行文开始前，需要对"中世纪后期与近现代"的分期问题作出说明。 19 世纪初，殖民者根据印度统治者宗教信仰的差别，移植欧洲的史学经验，提出印度教徒—穆斯林—英国人的三段论划分，这种分期方法和它的变体（古代—中世纪—近现代）长期主导了印度史编纂。 不过，在当前的印度史研究学界，"中世纪"已经得到了反思和挑战，一些秉承马克思主义分析法的学者将中世纪的起点提前，于是中世纪有前期和后期之分，穆斯林王朝属于中世纪后期；②还有研究者将 17 至 18 世纪看作"早期现代"，以凸显该

----

① 比如 C. H. Philips, ed. , *Historian of India*, *Pakistan and Ceylon* (London: Oxford University Press, 1961); S. P. Sen, *Historians and Historiography in Modern India* (Calcutta: Institute of Historical Studies, 1973); Dipesh Chakrabarty, "The Birth of Academic Historical Writing in India," in *The Oxford History of Historical Writing*, Volume 4: 1800 - 1945, eds. Stuart Macintyre, Juan Maiguashca and Attila Po'k (New York: Oxford University Press, 2011), pp. 520 - 536; Supriya Mukherjee, "Indian Historical Writing since 1947," in *The Oxford History of Historical Writing*, Volume 5: *Historical Writing since* 1945, eds. Axel Schneider and Daniel Woolf (New York: Oxford University Press, 2011), pp. 515 - 538; Binod Biharsi Satpathy, *Indian Historiography*, Course Materials for M. A. History, Utkal University, https://ddceutkal. ac. in/Syllabus/MA_history/Paper_07_N. pdf; 王晴佳、李隆国：《外国史学史》，北京：北京大学出版社，2017 年，第 289—294, 368—379 页；〔美〕格奥尔格·伊格尔斯、王晴佳：《全球史学史：从 18 世纪至当代》，杨豫译，北京：北京大学出版社，2011 年，第 40—48, 101—123, 239—263, 302—308 页。
② Mohammad Habib, "An Introduction to the Study of Medieval India (A. D. 1000 - 1400)," in K. A. Nizami, ed. , *Politics and Society during the Early Medieval Period: Collected Works of Mohammad Habib*, vol. 1 (New Delhi: People's Publishing House, 1974), pp. 3 - 32; Brajadulal Chattopadhyaya, *The Making of Early Medieval India* (New Delhi: Oxford University Press), 1994; Romila Thapar, *Talking History* (New Delhi: Oxford University Press, 2017), pp. 126 - 127.

时段世界各地相似的发展趋势。①

一、殖民主义史学的话语和民族主义史学的成长

随着在印度势力的增长，英国殖民者掌握了书写印度史的话语权，他们编纂的印度史与军事征服、土地税收和统治秩序密不可分。 他们往往渴望确证在印度统治的合法性，而且制造了许多深入人心的偏见。 当然，时代不同、身份各异的殖民者并非铁板一块，行政官员、东方学家、传教士、功利主义者对印度产生了分殊的体认，从中可以大致归纳出两种看待印度文明的立场，一种是贬斥和鄙夷，另一种是同情和赞许。

苏格兰功利主义者詹姆斯·密尔（James Mill，1773—1836，亦译作詹姆斯·穆勒）是前一种立场的代表。 密尔从未亲赴印度，他依靠东方学家和旅行者生产的知识，在伦敦撰写了三卷本《英印史》（*History of British India*，1817—1818）。 密尔的史著通常被视为现代印度史学的开端，②但这并不意味着印度人普遍缺乏史学观念，而是说西方的现代历史思维取代了往世书式的记录和穆斯林王朝的编年史。③ 《英印史》的主角不是印度人，而是英国殖民者，因为全书多数章节都聚焦英国人在印度建立统治的过程。 密尔武断地将印度历史分为印度教徒统治、穆斯林统治和英国人统治三个时期，在他看来，穆斯林对印度的征服和统治具有必要性，因为比起穆斯林文明，印度教文明在社会结构、法律、经济、哲学等方面都表现

---

① John F. Richards, "Early Modern India and World History," *Journal of World History*, vol. 8, no. 2 (1997), pp. 197 - 209; Sanjay Subrahmanyam, "Connected Histories: Towards a Reconfiguration of Early Modern Eurasia," *Modern Asian Studies*, vol. 31, no. 3 (1997), pp. 735 - 762.

② Romila Thapar, *Talking History*, p. 126.

③ 关于印度传统的历史观念，见兰坚·高什：《印度、itihasa 与跨史学话语》，张旭鹏译，《史学理论研究》2013 年第 3 期，第 143—149 页。 关于早期现代印度史学被忽视的现代转型，见〔美〕格奥尔格·伊格尔斯、王晴佳：《全球史学史：从 18 世纪至当代》，第 46—47 页。

得更为野蛮、落后、停滞和非理性。① 在比较穆斯林和英国人时，密尔自然地沿袭了爱德华·吉本（Edward Gibbon，1737—1794）的观点，主张英国人比残暴的穆斯林更优越，更能增进大众福祉。② 在英国工业革命持续进行和英国相对于法国占上风的年代，密尔将功利主义思想应用于殖民地的历史，阐释东印度公司接管印度的合理性。《英印史》成为东印度公司职员的培训读本，因此几经再版，获得了权威地位。

很多东方学家对印度文明表达了理解和同情，比如被《英印史》批判的威廉·琼斯（William Jones，1746—1794）和修订《英印史》的 H. H. 威尔逊（H. H. Wilson，1786—1860）。③ 另外，芒斯图尔特·埃尔芬斯通（Mountstuart Elphinstone，1779—1859）的两卷本《印度史》（*History of India*，1841）采取了沉静的笔调，不像密尔的《英印史》那样充满激情和偏见。 埃尔芬斯通批评伊斯兰教的狂热，赞许阿克巴等穆斯林统治者对印度教社会做出的贡献。④ 19 世纪下半叶，埃尔芬斯通的《印度史》被用作印度各大学的教科书，接替了《英印史》的权威。 埃尔芬斯通长年在印度各地就职，他周围形成了一种浓厚的历史编纂氛围，他的下属威廉·厄斯金（William Erskine，1773—1852）翻译了《巴布尔回忆录》⑤，詹姆斯·托德（James Tod，1782—1835）撰写了《拉贾斯坦年鉴和古物》（*Annals and Antiquities of Rajast'han*，1829—1832）。⑥

文森特·史密斯（Vincent Smith，1843—1920）的《牛津印度史：从远古时代到 1911 年底》（*The Oxford History of India：From the Earliest*

---

① James Mill，*The History of British India*，vol. 1 (London：Baldwin，Cradock and Joy，1817)，pp. 625 – 648.

② Amalendu Misra，*Identity and Religion：Foundations of Anti-Islamism in India* (New Delhi：Sage Publications，2004)，p. 196.

③ C. H. Philips，ed.，*Historian of India*，*Pakistan and Ceylon*，pp. 221，224.

④ Amalendu Misra，*Identity and Religion：Foundations of Anti-Islamism in India*，pp. 204 – 205.

⑤ Zehir-ed-din Muhammed Baber，Memoirs of Zehir-ed-Din Muhammed Baber，*Emperor of Hindustan*，trans. John Leyden and William Erskine (London：Longman，Rees，Orme，Brown，and Green，1826).

⑥ James Tod，*Annals and Antiquities of Rajast'han*，vol. 1 (London：Smith Elder，1829)；James Tod，*Annals and Antiquities of Rajast'han*，vol. 2 (London：Smith Elder，1832).

Times to the End of 1911, 1919）是继埃尔芬斯通的《印度史》之后的权威教科书。 此书向读者提供了丰富的插图、年表和参考文献，力图"实现准确的陈述和公正的判断"。① 《牛津印度史》的叙述方式有些类似于当今流行的印度通史，它在开篇勾勒了印度的地理空间，全书强调印度虽然表现出明显的多样性，但印度教凝聚了"根本的统一性"。② 史密斯对英国的殖民统治较为乐观，他对英国统治时期的叙述以历任总督的统治为线索，没有对当时的民族主义运动予以相当关注。③

殖民主义的一些基本预设不仅在殖民者自身的历史书写中得以存续，还作为遗产不断影响印度后世。 首先，他们强调在历史上印度长期处于分裂状态，印度人缺乏民族团结的意识和自我管理的能力，如果没有外来者的统治，那么印度就会陷入无政府的混乱局面。 按照这种逻辑，英国人的到来拯救了印度，英国人统治虽然是专制的，但比穆斯林的专制更加公正仁慈。④ 其次，他们加深了印度教徒和穆斯林的疏离，无论是按照统治者的信仰对历史进行分期，还是突出历史上两个宗教社群的矛盾，都为后来的印穆冲突埋下了伏笔。 再次，殖民者书写的印度史，本质上是对印度的去历史化。 从黑格尔到马克思，印度等东方国家被不断再现为停滞、静止的社会。⑤ 杜宁凯（Nicholas Dirks）提出，1857 年后，伴随着统治策略的转变，人类学取代历史学，成为殖民知识的主要构成。⑥ 另外，从历史思维的角度看，殖民者认为，印度教徒缺乏历史传统，这自不在话下；后来

---

① Vincent Smith, *The Oxford History of India: From the Earliest Times to the End of* 1911 (Oxford: Clarendon Press, 1919), preface.

② Ibid., pp. i-x.

③ 殖民统治后期，印度的民族主义运动获得了更加重要的地位。 作家爱德华·汤普森（Edward Thompson）和英国工党成员 G. T. 加勒特（G. T. Garratt）合著的《英国在印度统治的兴起和实现》（*Rise and Fulfilment of British Rule in India*, 1934）表达了对印度的民族主义者的愿望的同情，这意味着一种逐渐走出欧洲中心主义的心态。

④ Binod Biharsi Satpathy, *Indian Historiography*, pp. 182-183.

⑤ Michael Gottlob, ed., *Historical Thinking in South Asia: A Handbook of Sources from Colonial Times to the Present* (New Delhi: Oxford University Press, 2003), pp. 3-8.

⑥ Nicholas B. Dirks, *Castes of Mind: Colonialism and the Making of Modern India* (Princeton: Princeton University Press, 2001), p. 150.

进驻印度的穆斯林王朝的编年史也无法与西方史学媲美，八卷本《印度史家笔下的印度史》（*The History of India as Told by its Own Historians*，1867—1877）的编者 H. M. 埃利奥特（H M. Elliot，1808—1853）指出，这些编年史不过是枯燥的事件记录，只包含阴谋、叛乱和谋杀，未能追问事件的原因和结果。①

殖民政府通过推行英语教育，培植印度本土的精英，向他们灌输西方的理性和科学观念。因此，当印度知识分子尝试打破殖民者书写历史的垄断时，过去本土文人学者书写的历史不再是具有参考意义的范本。② 也就是说，这些印度知识分子虽然通过重建辉煌的过去来应对殖民者的偏见，但史学思维没有挣脱西方的理性框架。比如，用孟加拉语书写的散文体史著《孟加拉史》（*Bangalar Itihas*，1848）和《印度史》（*Bharatbarsher Itihas*，1859）沿用了密尔的分期，同时拒绝把印度社会描绘为文明的黑暗时期。③

一方面，19 世纪末至 20 世纪初，随着大学教育的推广和一系列历史期刊的创办，印度史学逐渐走向专业化，这使得更多的印度本土知识分子参与印度史编纂。④ 由英国人主持的多卷本《剑桥印度史》（*The Cambridge History of India*，1922—1937）编纂工程就有印度学者的参与，比如，贾杜纳特·萨卡尔（Jadunath Sarkar，1870—1958）负责第四卷中奥朗则布等莫卧儿帝国后期君主和海得拉巴土邦的相关内容。⑤ 萨卡尔尤擅研究莫卧儿时期的统治者，倡导实证的方法，被誉为印度的兰

---

① H. M. Elliot and John Dowson, *The History of India as Told by Its Own Historians*: *The Muhammadan Period*, vol. 1 (London: Trübner and Co., 1867), p. xix.

② Partha Chatterjee, "History and the Nationalization of Hinduism," *Social Research*, vol. 59, no. 1 (1992), pp. 130 - 131.

③ 〔美〕格奥尔格·伊格尔斯、王晴佳：《全球史学史：从 18 世纪至当代》，第 107 页。

④ Michael Gottlob, ed., *Historical Thinking in South Asia*: *A Handbook of Sources from Colonial Times to the Present*, pp. 128 - 129.

⑤ Richard Burn, ed., *Cambridge History of India*, Volume 4: *The Mughul Period* (Cambridge: Cambridge University Press, 1937), pp. xv - xix.

克。① 迪佩什·查克拉巴提（Dipesh Chakrabarty）考察了萨卡尔和同行学者的信件交流，信中，萨卡尔坚决反对特定身份政治对历史材料处理过程的干预，这说明当时的印度史学出现了客观的研究准则。② 萨卡尔不吝称赞英国统治的益处，同意英国统治的必要性。③ 另一方面，独立运动的进行和反英呼声的高涨，也滋养了一批反思殖民统治的史学作品。 两卷本《印度经济史》（*The Economic History of India*，1902—1904）剖析了英国统治对印度经济造成的损害；④《今日印度》（*India Today*，1940）将印度的贫困归因于欧洲资本主义和殖民主义，此书被视为用马克思主义方法研究现代印度的开端之作。⑤

二、马克思主义史学和宗教社群主义史学的对抗

印度独立后的一段时间内，其国内的印度史编纂出现了三种取向，其一是国家资助的、倡导世俗主义的官方史学，其二是宗教色彩浓厚的宗教社群主义（communalism）⑥史学，其三是基于社会形态分析的马克思主义史学。⑦ 国家力量推进了一系列大型编史工程，包括自由斗争史、印度通史，以及甘地、帕特尔、安倍德卡尔等领导人物的传记。⑧

宗教社群主义史学也有庞大的修史工程，比如 R. C. 马宗达（R. C. Majumdar，1888—1980）参与编写的《印度人民的历史和文化》（*The*

① 〔美〕格奥尔格·伊格尔斯、王晴佳：《全球史学史：从18世纪至当代》，第245页。

② Dipesh Chakrabarty, "The Birth of Academic Historical Writing in India," pp. 531 – 534.

③ 〔美〕格奥尔格·伊格尔斯、王晴佳：《全球史学史：从18世纪至当代》，第245页。

④ 王晴佳、李隆国：《外国史学史》，第293—294页。

⑤ Irfan Habib, "Note Towards a Marxist Perception of Indian History," *The Marxist*, vol. 26, vol. 4 (2010), p. 42.

⑥ 宗教社群主义为南亚特有概念，指基于宗教、教派、种姓等社会身份的社会隔阂和冲突现象。 学者批评这一现象本身便是殖民知识体系的产物。 见 Gyanendra Pandey, *The Construction of Communalism in Colonial North India*, (New Delhi: Oxford University, 1990).

⑦ Supriya Mukherjee, "Indian Historical Writing since 1947," p. 516.

⑧ 〔美〕格奥尔格·伊格尔斯、王晴佳：《全球史学史：从18世纪至当代》，第251页。

History and Culture of the Indian People，1951—1977），这套丛书反对
尼赫鲁提倡的印度复合文化，致力于推广印度教文化和价值观，具有宗教
社群主义属性。① 因为世俗主义思想一度盛行，宗教社群主义史学在印
度独立前未能形成体系化的史学，但也依靠报纸、手册、虚构作品、集
会和演讲等方式不断传播，占据了大众的记忆。② 印度教徒生产的宗教
社群主义历史致力于塑造古代理想的印度教社会，并把印度的各种弊病
归咎于穆斯林的到来；穆斯林生产的宗教社群主义历史则试图在中世纪
寻找分离主义的根源。③ 两种宗教社群主义史学都主张印穆的对立和分
裂，承袭了殖民史学中已经存在的宗教社群隔阂，并服务于现代宗教社群
主义政治。

　　印度教的宗教社群主义史学把中世纪视为印穆冲突的历史，突出穆斯
林外来者的身份，强调穆斯林统治者对印度教臣民的迫害，因此中世纪被
描绘为漫长的黑暗时代。 比起抨击殖民统治的民族主义史学，印度教的宗
教社群主义史学更关注宗教之间不可调和的对立。 以宗教社群主义史学的
重要知识来源——《拉贾斯坦年鉴和古物》为例，殖民官员托德曾用浪漫
主义的笔法描述了拉其普特人对莫卧儿帝国的反抗，这在反殖民运动时期
被类比为印度人对英国统治者的反抗，表达民族解放的愿景；④但宗教社
群主义史学选择突出阿克巴的外来者身份，宣扬以拉其普特人为代表的印
度教徒对穆斯林的英勇反抗。 近年来，印度人民党宣称，历史记载了好色
的阿克巴骚扰拉其普特公主基兰·德维（Kiran Devi）但被其制伏的故事，
这种历史知识已在互联网实现广泛流传，正在替代印度公众对阿克巴的正

---

① Supriya Mukherjee, "Indian Historical Writing since 1947," pp. 516 - 517.

② Charu Gupta, *Sexuality, Obscenity, Community: Women, Muslims, and the Hindu Public in Colonial India* (New Delhi: Permanent Black, 2001), pp. 247 - 266.

③ Romila Thapar, "Communalism and the Writing of Ancient Indian History," in *Communalism and the Writing of Indian History*, Romila Thapar, Harbans Mukhia and Bipan Chandra (New Delhi: People's Publishing House, 1969), p. 1.

④ Jason Freitag, *Serving Empire, Serving Nation: James Tod and the Rajputs of Rajasthan* (Leiden and Boston: Brill, 2009), pp. 171 - 198.

面认知。① 事实上，荒淫的阿克巴和忠贞的拉其普特公主的故事的文本形态最早见于《拉贾斯坦年鉴和古物》。② 宗教社群主义史学从殖民时代的遗产挖掘资源，构想当下的他者，从而制造出极具煽动力的历史。

　　与强调宗教冲突的宗教社群主义史学形成鲜明对照的是，印度马克思主义史学将研究视野从征服和王朝的历史转向了社会和经济史，倡导用马克思主义研究方法看待社会变迁，深入探讨印度封建主义③、殖民主义对印度经济的影响和印度民族运动等话题。　不过，在如何看待民族资产阶级的问题上，学院派的印度马克思主义史学与左翼政治文化运动之间亦有差别。　比如，《今日印度》曾将印度民族主义运动看作资产阶级主导的运动，但尼赫鲁大学的比潘·钱德拉（Bipan Chandra）在考察 19 世纪末至 20 世纪初印度爱国知识分子的经济主张时，指出不能机械地分析这一群体的阶级属性，而应看到他们复兴印度工业的理想超越了城市中产阶级的利益诉求。④ 不过总体而言，印度马克思主义史学更注重探究社会的结构与体系，一定程度上忽视了对宗教等意识形态的分析，于是宗教社群主义史学强调的话题便显得不甚重要。⑤ 例如，阿里格尔学派以使用波斯语史料研究印度中世纪著称，其代表人物伊尔凡·哈比卜（Irfan Habib）认为，

---

① Outlook Web Bureau, *Akbar Used to Go to All-Women Meena Bazaars*, *Misbehaved with Bikaner Queen*: *Rajasthan BJP Chief*, 7 June 2019, https://www. outlookindia. com/website/story/india-news-akbar-used-to-go-to-all-women-meena-bazaars-misbehaved-with-bikaner-queen-rajasthan-bjp-chief/331668.

② James Tod, *Annals and Antiquities of Rajast'han*, vol. 1, pp. 344 – 346.

③ 关于印度马克思主义史学围绕印度封建主义展开的讨论，见 Hermann Kulke, "The Early Textbook Controversy and R. S. Sharma's Concept of Indian Feudalism: Some Historiographic Reflections," in *HerStory. Historical Scholarship between South Asia and Europe*: *Festschrift in Honour of Gita Dharampal-Frick*, eds. Rafael Klöber and Manju Ludwig（Heidelberg: CrossAsia-eBooks, 2018）, pp. 219 – 239。

④ Bipan Chandra, *The Rise and Growth of Economic Nationalism in India*: *Economic Policies of Indian National Leadership*, 1880 – 1905（New Delhi: People's Publishing House, 1966）, pp. 753 – 754.

⑤ Sanjay Subrahmanyam, "The Mughal State—Structure or Process? Reflections on Recent Western Historiography," *The Indian Economic and Social History Review*, vol. 29, no. 3（1992）, pp. 295, 320; Supriya Mukherjee, "Indian Historical Writing since 1947," p. 520.

莫卧儿时期的统治贵族极力压榨农民的剩余价值，过高的税收压力引发了农业危机，随之而来的农民起义通常由地主领导或披着宗教外衣。①

尼赫鲁去世后，受印巴战争和印度国内政局动荡的影响，世俗主义面临挫折，印度教宗教社群主义顺势抬头。② 1969 年，罗米拉·塔帕尔（Romila Thapar）、哈尔班斯·穆基亚（Harbans Mukhia）和比潘·钱德拉出版面向公众的《宗教社群主义和印度史的书写》（*Communalism and the Writing of Indian History*），试图揭露和驳斥宗教社群主义对印度史学造成的阻碍。③ 1977 年，此书遭到刚上台执政的人民党政府的不满，《自由斗争》（*Freedom Struggle*，1972）以及《中世纪印度》（*Medieval India*，1970）和《现代印度》（*Modern India*，1967）两部教科书也在人民党的名单中，因为这四部具有左翼色彩的史学作品没有充分批判中世纪的穆斯林统治，也没有充分肯定提拉克（Tilak）和奥罗宾多·高士（Aurobindo Ghose）等民族主义者的贡献。④ 教科书之争愈演愈烈之时，尼赫鲁大学的拉姆·沙兰·夏尔马（Ram Sharan Sharma）出版教科书《古印度》（*Ancient India*，1977），此书随即被撤出课纲。⑤ 夏尔马撰写小册子《捍卫"古印度"》（*In Defence of "Ancient India"*，1978）予以回击。

除多次重演的教科书之争外，⑥马克思主义史学家还积极介入阿约提亚寺庙之争，1989 年 10 月，尼赫鲁大学历史研究中心 25 位学者联名发表宣言《政治对历史的滥用：巴布里清真寺—罗摩出生地之争》（*The

① Irfan Habib, "Note Towards a Marxist Perception of Indian History," p. 44.

② Vinay Lal, *The History of History*: *Politics and Scholarship in Modern India* (New Delhi: Oxford University Press, 2005), p. 17.

③ Romila Thapar, Harbans Mukhia and Bipan Chandra, *Communalism and the Writing of Indian History*.

④ Lloyd I. Rudolph and Susanne Hoeber Rudolph, "Cultural Policy, the Textbook Controversy and Indian Identity," in *The States of South Asia*: *Problems of National Integration*, eds. A. Jeyaratnam Wilson and Dennis Dalton (Honolulu: The University Press of Hawaii, 1982), pp. 139 – 143.

⑤ Ibid. , p. 145.

⑥ 张忞煜：《印度中学历史教科书的"去莫卧儿"风波》，《世界知识》2023 年第 13 期，第 62—64 页。

Political Abuse of History：*Babri Masjid-Rama Janmabhumi Dispute*），试图厘清罗摩出生地故事的建构方式，澄清这类民众耳熟能详的故事的实质，最后建议将阿约提亚的争议区收归国有。① 1990 年，夏尔马出版了《宗教社群主义历史和罗摩的阿约提亚》（*Communal History and Rama's Ayodhya*），这本小册子考察了宗教社群主义史学对印穆关系的认知，并列举证据，指出罗摩出生地故事的纰漏。 1991 年 5 月，夏尔马联合另外两位历史学家和一位考古学家撰写《巴布里清真寺还是罗摩出生地：历史学家向全国的报告》（*Babri Mosque or Rama's Birth Place? Historians' Report to the Indian Nation*），重申对罗摩出生地故事的反驳。 当然，也并非所有学院派史学家都支持投身与宗教社群主义者的公共辩论。 当尼赫鲁大学历史研究者们联名反对印度教民族主义者大肆宣传的罗摩出生地故事时，同校的马吉德・H. 西迪奇（Majid H. Siddiqi）没有参与其中。 他指出，专业的历史学家与社会上的非专业人士展开辩论，意味着让渡出自身的空间，成为道德人物或政治人物。② 2019 年，印度最高法院对阿约提亚争议土地作出最终裁决，判决书引用了 1991 年夏尔马等学者提交的报告，但他们的意见未被采纳。③

　　宗教社群主义史学的崛起及其与印度马克思主义史学的长期对抗，已然超越了纯粹的学术范畴，挑战了现代史学独立、客观的追求。 宗教社群主义史学家和马克思主义史学家都认为，"历史"概念被滥用并引发各方争夺。④ 虽然马克思主义史学家试图阻止非历史知识的散布，但成果相对有限。 印度国内，印度教民族主义组织开办的中小学使用宗教民族主义色彩

---

① Sarvepalli Gopal et al. ，"The Political Abuse of History：Babri Masjid-Rama Janmabhumi Dispute," *Social Scientist*，vol. 18，no. 1/2 (1990)，pp. 76 - 81.

② Majid H. Siddiqi，"Ramjanmabhoomi-Babri Masjid Dispute：The Question of History," *Economic and Political Weekly*，vol. 25，no. 2 (1990)，pp. 97 - 98.

③ S. Padmavathi and D. G. Hari Prasath，*Supreme Court Judgement on Ayodhya Issue：Ram Janmabhoomi-Babri Masjid Land Title Dispute*，Part 2 (Chennai：Notion Press, 2019)，N. 14.

④ Sarvepalli Gopal et al. ，"The Political Abuse of History：Babri Masjid-Rama Janmabhumi Dispute," p. 81；P. N. Oak，*Who Says Akbar was Great?* (New Delhi：Hindi Sahitya Sadan, 2000)，pp. 4 - 5.

浓重的历史教材，在校园之外，非英语小册子广泛流通，而专业的历史学家的历史知识普及与之相比缺乏竞争力。因此，印度大众选择接受与笃信的历史知识，完全不同于精英的、专业的历史研究机构及其与国际学者交流的领域。①

三、国际舆论场上的剑桥学派、芝加哥学派和庶民研究

20 世纪下半叶，在印度国土之外，英国的剑桥学派、美国的芝加哥学派以及海外印度裔学者主导的庶民研究，各自为印度史研究贡献了新的取径，它们展开辩论和争鸣，产生了深远的学术影响力。

印度史编纂领域的剑桥学派诞生于 20 世纪六七十年代英国剑桥大学一些青年学者对印度民族运动的反思。② 印度独立后的 20 年，一方面，历史研究者难以接触与民族运动直接相关的官方档案和私人文件；另一方面，在新兴民族国家建设的氛围中，激情澎湃的反殖民斗争史占据主导。印度档案馆访问权限的扩大与私人文件的公布，向印度民族运动研究提供了新材料，剑桥学派应运而生，为歌功颂德的标准民族主义叙事带来一种替代性方案。③

阿尼尔·西尔（Anil Seal）的《印度民族主义的形成：19 世纪后期的竞争与合作》（*The Emergence of Indian Nationalism : Competition and Collaboration in the Later Nineteenth Century*，1968）研究了三大管区印

① William Dalrymple, "India: The War Over History," *The New York Review*, April 7, 2005, https://www. nybooks. com/articles/2005/04/07/india-the-war-over-history/; Supriya Mukherjee, "Indian Historical Writing since 1947," p. 534.

② 杜宁凯将剑桥学派的源流追溯到 19 世纪，他在批评剑桥学派时，指出剑桥大学的自由主义历史学家约翰·西利（John Seely, 1834—1895）所说的英格兰心不在焉的征服和后来的剑桥学派有明显的连续性，见 Nicholas B. Dirks, *Castes of Mind : Colonialism and the Making of Modern India*, pp. 305 – 306. 这项稍显严苛的指控，反映了后殖民主义批评者和剑桥学派对殖民统治力量认知的差异。

③ Sumit Sarkar, "Nationalisms in India," in *India and the British Empire*, eds. Douglas M. Peers and Nandini Gooptu (Oxford: Oxford University Press, 2012), pp. 136 – 138.

度民族主义政治组织的形成。 此书认为，帝国主义推行的英语教育培养了一批印度本土精英，面对不平衡的社会变革，不同地区、种姓和社群的本土精英角逐利益和权力；帝国主义和民族主义并非全然对立，帝国向本土精英分享部分权力以维系自身统治，二者共同促成了民族主义动员的发生。[1] 1973 年，他在论文集《地方、省份和国家：1870—1940 年印度政治文集》(*Locality，Province and Nation：Essays on Indian Politics* 1870 *to* 1940) 进一步阐释了帝国主义和民族主义的关系，不过此书关注的动因不是英语教育，而是殖民政府的集权行为和代议制的发展。 西尔认为，为了从印度榨取更多资源，殖民当局增强对印度的控制，巩固中央集权，发展代议制，向地方配置一定权力，为垂直而非水平的政治联系提供了条件。[2] 他指出："帝国主义建立了对地方、省份和国家连环统治的体系；民族主义作为与之匹配的政治结构而产生。"[3]剑桥学派的成员大多曾经是西尔早年在剑桥大学指导的研究生，此外，和西尔同样毕业于牛津大学、执教于剑桥大学的 C. A. 贝利（C. A. Bayly）也属于剑桥学派。[4] 他们不强调民族运动参与者们的崇高动机，而是探讨何种因素促成了地方、省份和国家的联系，从较为理性的角度揭示民族主义和帝国主义存在的合作关系。 他

---

[1] Anil Seal, *The Emergence of Indian Nationalism：Competition and Collaboration in the Later Nineteenth Century* (Cambridge：Cambridge University Press，1968)，pp. 342 - 343.

[2] Anil Seal, "Imperialism and Nationalism in India," in *Locality，Province and Nation：Essays on Indian Politics*，1870 *to* 1940, eds. John Gallagher, Gordon Johnson and Anil Seal (Cambridge：Cambridge University Press，1973)，pp. 1 - 27.

[3] Ibid.，p. 27.

[4] 《地方、省份和国家》的作者多为刚完成或即将完成博士学业的青年学人，除在此书展示自身对殖民时代后期印度政治的研究外，他们还以专著的形式出版了博士学位论文，这组成了剑桥学派的研究成果，参见 Gordon Johnson, *Provincial Politics and Indian Nationalism：Bombay and the Indian National Congress* 1890 *to* 1905 (Cambridge：Cambridge University Press，1973)； C. A. Bayly, *The Local Roots of Indian Politics：Allahabad* 1880 - 1920 (Oxford：Clarendon Press，1975)； D. A. Washbrook, *The Emergence of Provincial Politics：Madras Presidency* 1870 - 1920 (Cambridge：Cambridge University Press，1976)； Christopher John Baker, *The Politics of South India* 1920 - 1937 (Cambridge：Cambridge University Press，1976)； Francis Robinson, *Separatism among Indian Muslims：The Politics of the United Provinces' Muslims*，1860 - 1923 (Cambridge：Cambridge University Press，1974).

们避免戏剧性或笼统的叙述，偏好使用社会科学的模型和数据分析。① 剑桥学派倾向于把印度民族主义运动理解为"动物政治"或权力游戏，突出政治人物争权夺利、机会主义的一面，淡化了他们的理想和无奈。②

1981 年，剑桥学派出版了第二部论文集《权力、利润和政治：帝国主义、民族主义和 20 世纪印度的变化论文集》（Power，Profit and Politics：Essays on Imperialism，Nationalism and Change in Twentieth-Century India），此后，剑桥学派的成员们各自探索不同的方向，不再集中探讨印度民族运动。 比如，以研究阿拉哈巴德政治活动起家的贝利将视野投向殖民时代早期，探究印度的城镇社会、信息网络和全球史等丰富的话题；擅长研究南印度的 D. A. 沃什布鲁克（D. A. Washbrook）广泛考察了从早期现代至今南印度的经济和文化。

芝加哥大学是美国南亚研究的一大重镇，它的印度史研究具有一定代表性。 芝加哥学派一方面继承了结合历史学和人类学的传统，另一方面与兴起的后殖民主义和文化转向相呼应，深刻反思了殖民主义知识和权力的关系。 二战后，受美国新扩张主义的驱动，区域研究得到了政府和基金会的支持。 20 世纪 50 年代，罗伯特·雷德菲尔德（Robert Redfield）的比较文明项目获得了福特基金会的赞助，它用比较的宏大视野广泛关注世界各种文明，但后来主要关注印度的农业社会，项目的成果集结于《乡村印度：对小社区的研究》（Village India：Studies in the Little Community，1955）③，学者们试图通过对乡村这一小社区的田野调查，理解乡村所属的更大的文明。④ 《乡村印度》的两位参编者——麦金·马里奥特

---

① Howard Spodek, "Pluralist Politics in British India：The Cambridge Cluster of Historians of Modern India," *The American Historical Review*, vol. 84, no. 3 (1979), pp. 704 - 705.

② T. Raychaudhuri, "Indian Nationalism as Animal Politics," *The Historical Journal*, vol. 22, no. 3 (1979), pp. 747 - 763.

③ Richard H. Davis, *South Asia at Chicago：A History* (Chicago：Committee on Southern Asian Studies, 1985), pp. 29 - 40.

④ McKim Marriott, ed., *Village India：Studies in the Little Community* (Chicago：University of Chicago Press, 1955), p. ix.

（McKim Marriott）和伯纳德·科恩（Bernard Cohn）在他们后来的学术生涯中都促进了历史学和人类学的结合。70 年代，马里奥特和研究孟加拉亲属制度的罗纳德·因登（Ronald Inden）围绕种姓这一人类学研究的热点，提出"印度民族社会学"（Indian Ethnosociology）的构想，①此后不断完善理论框架，主张挖掘利用印度本土范畴的资源进行研究，且强调与法国人类学家杜蒙的二元对立阐释路径不同的非二元论。② 人类学家科恩不仅身处民族社会学盛行的氛围，还具有在历史学界的工作经历，③他呼吁历史学和人类学的互鉴和结合。 科恩为《国际社会科学百科全书》（*International Encyclopedia of the Social Sciences*，1968）撰写的"民族史学"（ethnohistory）词条指出，人类学家和历史学家之间是相互需要的关系。 历史学家必须处理过程和结构的概念，导致他们从其他学科吸纳方法，文化人类学对历史学家的吸引力尤甚。④ 师从科恩的杜宁凯践行了"民族史学"，他的首部专著《空王冠：一个印度王国的民族史》（*The Hollow Crown：Ethnohistory of an Indian kingdom*，1987）既包含在南印度一个土邦的田野调查，又包括在英国和伦敦的档案馆、图书馆的史料研读。⑤

　　科恩之所以大力提倡历史学和人类学的结合，是因为他本人作为一名人类学家，却非常关注殖民主义，特别是殖民主义的文化方面，比如语言、权威仪式、人口普查等。 在科恩笔下，殖民主义不再是历史的侵蚀

---

① McKim Marriott and Ronald Inden，"Toward an Ethnosociology of South Asian Caste Systems," in *The New Wind：Changing Identities in South Asia* ed. Kennith David (The Hague：Mouton，1977)，pp. 227 – 238.

② Richard H. Davis，"Ethnosociology," in *Studying Hinduism：Key Concepts and Methods*，eds. Sushil Mittal and Gene Thursby (New York：Routledge，2008)，pp. 125 – 138；吴晓黎：《印度社会学本土化实践中的理论化探索》，《社会学评论》2018 年第 3 期，第 17—19 页。

③ Bernard S. Cohn，*An Anthropologist among the Historians and Other Essays* (Delhi：Oxford University Press，1987)，p. 2.

④ Bernard S. Cohn，"Ethnohistory," in *International Encyclopedia of the Social Sciences*，vol. 6，ed. David L. Sills (New York：Macmillan，1968)，pp. 445 – 446.

⑤ Nicholas B. Dirks，*The Hollow Crown：Ethnohistory of an Indian Kingdom* (Cambridge：Cambridge University Press，1987).

物，不再需要被剥落以接触人类学的真正主题，研究陷于世界殖民统治体系的所有社会的转型，必须聚焦于殖民主义。① 杜宁凯在完成《空王冠》后，直接转向对殖民历史的系统研究，深入探讨了殖民历史对印度种姓制度的塑造。② 他比科恩还要强调殖民主义知识的力量："殖民主义知识既使征服成为可能，又由征服产生；在某种程度上，知识就是殖民主义的全部。"③曾经提倡印度民族社会学的因登后期也转而大举反思殖民主义在文化方面的深远影响，他的《想象印度》（*Imagining India*，1990）一书尝试解构种姓、印度教、村庄、王权等根深蒂固的观念，批判印度学对印度的本质化。④

　　一批接受人类学专业训练的研究者将人类学历史化，并推动了历史学的人类学转向，是芝加哥学派的显著特征，这使得美国的南亚研究在历史学和人类学的交汇中前进。 芝加哥学派后期对殖民主义力量的强调，与福柯、萨义德具有某种一致性，而与剑桥学派呈现出较大不同。 笼统而言，科恩、因登和杜宁凯等学者主张殖民主义造成的断裂，贝利等学者更注重展现被殖民者的能动性。⑤

　　庶民研究是 20 世纪 80 年代至 21 世纪初由印度裔学者主导的后殖民史学思潮，旨在批判印度史学中的精英主义。 1982 年，拉纳吉特·古哈（Ranajit Guha）刚从英国苏塞克斯大学到澳大利亚国立大学任教，他召集起一批在英美高校获得学位的青年研究者组成"庶民研究小组"，出版了第一辑《庶民研究》（*Subaltern Studies*）。 "庶民"一词借用自葛兰西，原先是一个表示意大利南方农民集团的隐语，《庶民研究》将它用来指在南亚社会的阶级、种姓、年龄、性别、职业等方面处于从属地位的下层，与

---

① Nicholas B. Dirks, "Foreword," in *Colonialism and its Forms of Knowledge：The British in India*, Bernard S. Cohn (Princeton：Princeton University Press, 1996), p. xvii.

② Nicholas B. Dirks, *Castes of Mind：Colonialism and the Making of Modern India*.

③ Nicholas B. Dirks, "Foreword," in *Colonialism and its Forms of Knowledge：The British in India*, Bernard S. Cohn, p. ix.

④ Ronald B. Inden, *Imagining India* (Cambridge，MA：Blackwell, 1990).

⑤ Phillip B. Wagoner, "Precolonial Intellectuals and the Production of Colonial Knowledge," *Comparative Studies in Society and History*, vol. 45, no. 4 (2003), pp. 783 - 785.

"人民"（people）一词可以替换使用。① 第一辑《庶民研究》开篇的《论殖民时期印度史编纂的若干问题》（*On Some Aspects of the Historiography of Colonial India*）提纲挈领地表述了庶民研究的基本主张。 古哈认为，殖民主义和资产阶级民族主义的精英主义长期主导了印度民族主义的史学，遗漏了人民大众的政治这一和精英政治并行的自治领域，庶民研究旨在超越精英主义的历史书写，研究农民起义等庶民历史。② 这是一种自下而上的研究视角，和英国的马克思主义史学有共通之处，但它具备的后殖民特征使之与西方马克思主义史学不同。③

从 1982 年到 2005 年，庶民研究小组共推出了 12 辑《庶民研究》和 2 部文集选编。 前期的庶民研究主要探讨农民、工人、部落民等群体的活动，重建他们的主体性。 随着后殖民主义影响的加深，庶民研究发生了明显的转变。 从第六辑开始，古哈不再担任主编，《庶民研究》逐渐放弃了对政治史、经济史和历史研究中阶级方法的侧重，专注于话语分析，讨论认同政治、文化多元主义等在西方学界更盛行的碎片化问题。④ 后结构主义文学批评家佳亚特里·斯皮瓦克（Gayatri Spivak）的介入是庶民研究发生转变的写照，她向庶民研究提出了"庶民能发声吗"的尖锐问题，质疑庶民的本质涵，并赋予妇女问题结构性的意义。⑤ 庶民研究小组的前成员苏米特·萨卡尔（Sumit Sarkar）秉持用马克思主义方法研究社会史，批评后期的庶民研究背离初衷，认为庶民研究从社会史转向了文化史，用后现代主义和后殖民主义取代了马克思主义。⑥

---

① Ranajit Guha, ed. , *Subaltern Studies Ⅰ：Writings on South Asian History and Society* (Delhi：Oxford University Press, 1982), pp. vii, 8.

② Ranajit Guha, ed. , *Subaltern Studies Ⅰ：Writings on South Asian History and Society*, pp. 1 - 7.

③ Dipesh Chakrabarty, "A Small History of Subaltern Studies," in *Habitations of Modernity：Essays in the Wake of Subaltern Studies* (Chicago：University of Chicago Press, 2002), pp. 7 - 8.

④ 张旭鹏：《"庶民研究"：一种激进史学的兴衰》，《博览群书》2009 年第 7 期，第 48 页。

⑤ Gayatri Chakravorty Spivak, "Can the Subaltern Speak?" in *Marxism and the Interpretation of Culture*, eds. Cary Nelson and Lawrence Grossberg (London：Macmillan, 1988), pp. 271 - 313.

⑥ Sumit Sarkar, "The Decline of the Subaltern in Subaltern Studies," in *Writing Social History* (Delhi：Oxford University Press, 1997), pp. 82 - 108.

结　语

本文依次介绍了编纂中世纪和近现代印度史的殖民主义史学、民族主义史学、宗教社群主义史学、马克思主义史学、剑桥学派、芝加哥学派以及庶民学派。 从殖民时代到 21 世纪初，这些史学派别层层类聚，在不断反思和修正中前行，构成了印度史学蔚为大观的图景。 尤其是对于深受后殖民主义影响的派别，批判和解构前人研究具有立身之本的意义。 本文对各史学派别的划分是出于叙述之便，并不意在对研究者及其论著进行严格的区分和归纳，因为各学派之间不是新旧交替、非此即彼的关系，而是互相汲养渗透。 比如，芝加哥大学的科恩曾在《庶民研究》撰文，①沃什布鲁克等剑桥学派的历史学家注重运用马克思主义分析方法，强调阶级分析的重要性。② 本文回顾的史学派别对封建主义、殖民主义和民族主义等主题进行了深刻的探讨，如今它们正逐渐远去。 当前印度史学既有宏大的整体维度，又有细微的视角：全球史和海洋史正在开阔印度史学的跨区域视野，生态、科学、女性、部落民、达利特和流散群体等正在寻找印度史的多元解释空间。

（熊艺,北京大学外国语学院南亚学系硕士研究生；

张态煜,北京大学东方文学研究中心、外国语学院助理教授）

---

① Bernard S. Cohn，"The Command of Language and the Language of Command," in *Subaltern Studies IV: Writings on South Asian History and Society*, ed. Ranajit Guha (Delhi: Oxford University Press，1985)，pp. 276 - 329.

② Rosalind O'Hanlon and David Washbrook，"After Orientalism: Culture, Criticism, and Politics in the Third World," *Comparative Studies in Society and History*, 34 (January 1992)，pp. 141 - 167.

学术活动
纪要

"道术将为天下裂"

——纪念罗荣渠《现代化新论》出版三十周年学术研讨会纪要

上海外国语大学全球文明史研究所　供稿

2023 年 11 月 17 日，"'道术将为天下裂'——纪念罗荣渠《现代化新论》出版三十周年学术研讨会"在上海外国语大学松江校区国际教育中心举行，会议由北京大学区域国别研究院和上海外国语大学全球文明史研究所共同主办，上海外国语大学全球文明史研究所承办。来自北京大学、清华大学、复旦大学、中国社会科学院、首都师范大学、上海外国语大学等高等院校和科研机构的十多位学者汇聚一堂，共同纪念北京大学原历史学系教授、著名学者罗荣渠先生，并在"中国式现代化"新的语境之中继承和发扬罗先生的思想与学术遗产。会议论文将在不久之后结集出版，在此我们将各位学者的会议发言以纪要的形式发布，以飨同仁。

上午，首先由美国罗文大学杰出教授、上海外国语大学全球文明史兼职教授王晴佳做主题演讲，题目是《罗荣渠先生与现代中国史学的"元"叙述》。王晴佳教授从西方哲学思想的源流入手，尤其是形而上学的历史，展示了中国与西方历史学思维方式的差别。形而上学的历史由来已久，在古希腊时期就有体现。西方的历史哲学可以分为三个阶段，第一个是神学，第二个是形而上学，第三个是孔德开创的实证主义。从形而上学考察人类历史发展的代表人物是黑格尔，他认为理性和精神推动了人类历史的发展。马克思将其颠倒过来，认为物质是历史发展真正的动力，是对形而上学思维的批判。 兰克史学也是形而上学的典型，兰克对一致性的追求，还有对人类能否真正理解上帝意图的质疑构成了与黑格尔的对反。 形而上学在后世也遇到了一些挑战，比如福柯反对形而上学，开启了后人类的构想。 相比之下，中国古代历史学中形而上学的思维少一些，是佛教的传入才让中国史学有了革新，这也是为什么陈寅恪认为佛教有功于中国文化甚大。 宋代对正统论的丰富讨论，是儒释道三教合一的结果，也是中国古代传统史学的一个高峰，由此形而上学规律的思考占了上风。 进入近代，康有为、梁启超贡献了儒家历史哲学，推动历史学的革新。 20 世纪20 年代开始的社会史论战既有历史哲学的意义，也开启了对东亚现代化的讨论。 罗荣渠先生提出的走向工业化，亦即一元多线中的一元，是一种"元叙述"，把现代化作为一种全球性大转变的过程。 他对传统农业社会到现代工业社会的转型进行整体性的研究，把现代化理论提升到中国人构建的历史哲学高度。 一元多线是对西方现代性的挑战和修正，蕴含着三种重估，即传统与当下的关系，儒家文化的价值、西方的现代性，从这里衍生出的对生产力和生产关系、经济与文化的互动这些议题的思考。 从这个方面，罗先生所做的工作有独特的价值。 王晴佳教授借陈寅恪的话作结语：中华文化信奉"道"，通常不做形而上学的思考；与外界的激烈碰撞让中国传统史学有了新的范式，只有与外界交流才能有所进步。

会议部分首先发言的是来自北京大学的昝涛教授。 昝教授发言的题目是《罗荣渠先生的"一元多线"历史观与复数的现代性》，从罗荣渠老先生是"被遗忘的人"这个话题谈起，对先生的生平背景做了详细的分析：出生于民国，中学和西学、旧式教育和新式教育在先生身上交织，加上对马克思主义的研读，构成了先生多元的思想资源和学术传统。 先生在改革开放初期出国访学时，已经具备了深厚的学术积淀和成熟的思想基础，具备自主意识和理论自觉，能够对西方的所谓经典现代化理论进行消化、吸收以及批判与改造。 他提出的一元多线历史发展观，针对的是过去那种僵化的单线历史叙事。 他认为，人类历史的经验表明，人类社会不是直线进步的。"相应的生产力水平有相应的生产关系，形成相应的社会经济结构，但是由于每一种新形态的生产力都具有巨大的能动性、发展弹性和适应性，同一性质与水平的生产力可能与几种不同的生产关系相适应。同一种生产力、同一种生产方式在不同的历史条件下可以适应几种不同的社会结构。"西方的多元现代性论述也强调，各个非西方社会在和西方传播的现代性进行"化合"的过程中，会形成自己特色的文明形态，这种论述和罗先生的"一元多线"历史发展观对近现代社会的分析具有相似性。所不同者，是多元现代性论述更多的是探讨传统文明、文化认同这些层面，忽视了对政治-经济结构的分析，而罗先生对这些问题是同时关注的，且更重视政治—经济结构分析。30年前，罗先生的很多基于学理的分析和预判，对今天仍然有重要的意义。面对今日世界之诸多不确定性，我们似面临一个"道术将为天下裂"的时代，罗先生基于中国历史和实践进行的自觉的理论创造，其中所蕴含的知识生产的自主意识和独立精神，更应被继承和发扬。

随后发言的是复旦大学的殷之光教授。殷教授发言的题目是《通向一个第三世界的现代化》。殷教授认为，1988年罗荣渠先生提出建立马克思主义现代化探索的时候，清楚地意识到了现代化的两种思想传统与实践道路。一种是资本主义式的，另一种是社会主义式的。但是，他并未将两者决然地对立起来，而是希望通过中国式现代化的探索，接续社会主义的脉络，并对当代西方的全球化、现代化做出回应。因此，可以认为，罗先生提出的中国现代化的进程，一方面是对西方现代化的回应，另一方面是在马克思主义传统中发展起来的对自身的思考。此外，罗先生在现代化理论探索中，也有意识地对中国1840年进入现代之前的文化脉络进行整合。罗荣渠先生在1988年这样一个时间点开始对现代化问题进行的讨论极具重要意义。在20世纪80年代，随着苏联的衰落与西方希望走出经济危机的需求，西方国家已经开始在大力推动新自由主义全球化。这其中的一个重要部分就是推动以去国家化为底色的南北合作。在这种政治与经济变动的大浪潮下，诸如保罗·肯尼迪、福山、罗斯托、亨廷顿和艾森施塔特对现代化、国际秩序也展开了大讨论。这样的讨论在西方可以分成两派，一种是一元现代性，比如福山"历史的终结"；另一种就是亨廷顿、艾森施塔特对多元的发现。 所有这些讨论都是基于一种政治想象，即所有世界、所有人迈向现代和工业文明的步骤必然会遵循一个统一的、由西方谱写的逻辑。 因为西方已经给出了一个人类发展的基本的走向，这是来自胜利主义的情绪的发展和繁荣。 但事实上，西方所提供的发展和现代化模式并不是唯一的模式，因为有苏联的存在，给其他国家提供了另一种模式。 那些没有随着殖民主义成长起来，但在殖民世界体系边缘和半边缘的国家，被称作不发展的国家。 他们通过哪一种形式来进行发展？ 曾经苏联给出的模式是由国家推动的集体经济计划经济的发展。 由苏联推动的社会主义全球化在冷战头 20 年中也具有较大影响力。 对原本在世界殖民体系当中，处于半边缘和边缘，希望取得政治、经济以及文化独立的第三世界国家而言，政治独立比较容易，但经济和文化独立就非常困难。 而在冷战头 20 年的全球政治格局中，第三世界国家的确存在着多元选择的可能。 对它们而言有三种可能的选择，第一种是继续与旧的欧洲殖民主义国家合作，第二种是与美国这样的新兴大国合作，第三种是加入苏联阵营。 同时，在当时的多元格局下，在苏联所引导的社会主义现代化阵营中，又有一支新兴的力量，那就是中国。 中国在万隆会议结束之后，开始大规模积极参与第三世界全球化运动；与苏联模式不一样的是，中国更加注重人民外交和社会主义以货易货的贸易。 因此，中国参与其中的第三世界团结运动，对第三世界国家而言，则可以被看作全球化的第四种可能性。 可是随着苏联解体，随之而来的就是资本主义世界胜利主义高歌猛进、罗斯托的经典现代化理论成为主流，这样的可能性就消失了。 为了寻求多元现代性，尤其是那种更加公平、正义的现代化，需要恢复到 20 世纪 50 年代到 70 年代的国际格局，亦即有多种道路，大家有选择。 而今天"全球南方"的重新崛起，特别是以中国为代表的发展中国家的自主崛起，恰恰为世界提供了多元的一种可能性。 中国走的新路跟老路不一样，是自主、不以剥削他人为积累方式的现代化，这就是中国式现代化，也是社会主义现代化的事实。罗荣渠先生在 1988 年提出的现代化论述，在这个历史意义上，恰是对社会主义政治传统、中国与第三世界实践的接续，也是在新自由主义全球化高歌猛进之初，对这一全球化现象的回应。因此，罗先生的现代化论述，具有承上启下的关键意义。殷之光教授指出，今天中国式现代化的提出，以及中国与全球南方的共同兴起，本质上又一次创造了多元国际格局的可能，也是在此意义上，我们完成了对罗荣渠先生的纪念。

第三位发言的是北京大学长聘副教授章永乐。章永乐教授发言的题目是《革命与现代化：对若干思想范式的反思》，区分了三个思想范式。第一个是"告别革命"的思想范式，将"革命"与"现代化"对立起来。冷战终结后，"告别革命"的呼声甚嚣尘上，所谓"要改良，不要革命"。"告别革命"论者将改良界定为阶级调和、协商，互相进行合作，而将革命界定为阶级之间的冲突和斗争，并认为革命导致了中国现代化的滞后。这种叙事会把英美和法国对立起来。然而，晚近的历史研究证明英国光荣革命同样充满了暴力和血腥的成分，并且英国率先进入工业化是诸多原因竞合的结果，海外殖民起到了非常重要的作用，其国内的阶级调和，是以殖民主义的巨大收益作为前提的。第二个思想范式就是罗先生《现代化新论》提出的思想范式，将革命视为现代化的开路环节。罗先生写作本书时处在"告别革命"呼声甚嚣尘上的年代，但他始终坚持革命的正当性。他区分出近代中国历史演进的四个环节：衰败，半边缘化，半殖民地化，最后是革命化。这四个阶段构成了现代化过程，罗先生将革命视为抵抗内部衰败和阻止半边缘化的关键性因素。革命扫清了阻碍现代化的诸多因素，起到为现代化开路的作用。罗先生在苏联解体、东欧剧变的背景之下，提出和坚持这些主张，是非常了不起的。第三个思想范式，是将"革命"与中国文明的"创新性"关联起来，而"现代化"则是中国文明史上无数"创新"之一。在"中国式现代化"已经取得一系列重大成果的今天，"现代化之后怎么样"的问题意识已经出现，因此，对"革命"与"现代化"的关系又可以有新的认识。中华优秀传统文化的性质中包含了"创新性"，而"创新性"恰恰是中国文明保持"连续性"的关键。换句话说，就是通过不断的自我革新保持活力。今天，中国共产党提出以自我革命引领伟大社会革命，就隐含着这样的问题意识。　罗先生的思考尚未推进到这一思想范式，但为这一思想范式的生长提供了重要的理论基础。

　　第四位发言的是来自中国社会科学院的助理研究员傅正博士，发言题目是《中国式现代化道路的视野下重读〈现代化新论〉》。　傅正首先谈起了自己在读研究生时，罗荣渠先生的《现代化新论》是其必读书。　今天罗先生的名著很少被学术界提起，主要有两个原因：第一，史学研究越来越细碎化，罗先生的书在当前学界看来无疑是宏大叙事；第二，今天中国面临的国际形势与罗先生当年已经非常不同了。　罗先生撰写《现代化新论》时，苏联解体不久，美英的新自由主义道路几乎成为现代化的唯一模板。　罗先生当时的任务是吸收西方的现代化理论，与中国国情和马克思主义原理相结合，使之为我所用。　然而在今天，新自由主义神话已经破产，美国霸权逐渐衰落，中国则成长为世界头号工业大国。　如果罗先生复生，也将对新形势做出新思考。　随后，傅正以俄乌冲突对于美西方霸权的挑战和逆全球化的推动作用为例进行了说明。　我们不妨设想，让罗先生来评价俄乌冲突以及其他逆全球化事件，他会怎么说。　这将是一个很有趣的议题。

　　上午最后一位发言的是上海外国语大学全球文明史研究所的王献华教授，他的发言题目是《长征：文明史视野中的中国式现代化》。　罗荣渠先生指出，"在中国的历史条件下，革命化不仅仅是中国巨变的四大趋向之一，而且是中国现代化的一种特殊表现形式"，只是未及从这个角度深入阐发。　王教授提出，或者可以从所谓历史学的"空间转向"和社会网络研究获得启发，尝试将这个论题转换为文明史层次上的一个社会科学问题。考古学家童恩正先生观察到的"半月形文化传播带"现象让我们可以对中华文明有一种更符合长时段历史真相的理解，那就是将"半月形文化传播带"看作中华文明的主动脉，将传播带两翼广阔的平原和高地一起看作历史上中华文明的"力量场"。　毛主席说，"江山如此多娇"。　一个正常的文明乃至国家一定会有江有山、有高地有平原，人为地将人群割裂为低地人群和高地人群不但不科学而且有害，斯科特的做法就是这样。　这样理解中华文明的话，长征便有了非凡的意义。　南岭的问题可以暂时不论，红军长征的主要路线就是沿着半月形文化传播带展开的。 毛主席说，"长征是宣言书，长征是宣传队，长征是播种机"。 王教授认为，这样的论断同样适用于中国式现代化，长征也是中国式现代化的宣言书、宣传队和播种机，因为可以说正是红军长征将现代的知识和思想带进了中华文明的大动脉，从而成功地融入了中华文明的各个方向。 发言的最后，王教授再次引用已故学者刘海波先生所说的"自成体系、自建光荣"，并提到刘海波先生另外一个重要的学术概念即"延安体系"。 在文明史的视野中，红军长征无疑是中国式现代化的关键节点，而且红军长征、人民解放战争、三线建设，直到"一带一路"倡议，完全可以连起来看作另一种长征，我们仍然在中国式现代化这个"长征"的进程之中。

下午，研讨会继续举行。 首先发言的是清华大学的宋念申教授，宋教授的发言题目是《我们是否现代过？ ——也谈第三世界与现代性》。 宋教授认为，中国的现代必然是全球性的，因为 16 世纪以来任何一个国家都不能脱离全球语境。 那种指向工业化的现代化理论掩盖了它的全球性，好像它是源于欧洲然后逐渐蔓延投射至全球的过程，最后所有人群必然走上这样的道路。 今天正是重新思考现代化发生条件的时刻。 在这方面，贝克特的《棉花帝国》非常有启发性。 棉花的种植生产、消费和贩卖都是在不同的地方，构成了一个全球性的、生态的链条。 所谓英国掌握了最先进的棉花生产技术，引发了工业革命，几个以棉纺织为主要产业的工业城市有了英国工人阶级的兴起，等等，这些并不是事情的全貌。 贝克特提醒我们，棉花帝国不仅仅是英国发生的事情，因为没有印度种植的棉花，没有美洲的畜牧和美国的贩卖，没有非洲奴隶到美洲种植园去种植，以及没有棉花由强大的海军组织冲毁第三世界国家国内原有的棉纺织市场——用实力加资本的方式强行打开——最后完成一个从生产到消费的链条，棉花帝国就不可能成立。 英国的所谓现代化，绝不是纯技术、科学和管理方式的发展，而是离不开其他地区对英国的支撑。 正如王献华教授指出的，没有山、没有河的国家不是个正常国家；英国恰恰就是一个国内物理条件、资源条件、地理条件和气候条件不足以完成整个资本主义生产布局和消费布局的国家，佐证了全球资本主义在殖民地扩张的意义。西方的现代化并不仅仅指向工业化的发生，而是一种全球的历史，是资本主义、殖民主义和帝国主义的三位一体。只在特定的历史条件下，我们今天理解的现代或者现代化才可以发生。在此意义上，现代化对于第三世界首先意味着一种桎梏；中国式现代化的成功很大程度上得益于革命遗产，只有充分的主权才能实现政治上自主以外经济上的自主，才可以真正摆脱所谓现代性的束缚。对外去殖民化和对内革命是一体两面的。宋教授发出提问，"只有山，没有河"或"只有河，没有山"的国家不是完整的国家，不足以支撑一整套经济体制运动的生产部门，这带来了分工的必然性。即使中国可以引领新一轮全球化，不同国家究竟应该有怎样分工和合作的关系？为了超越剥削和压制的关系，需要强调的恰恰不是民族主义的原则，而是某种意义上的国际主义，这对我们的现代知识又提出了新的想象。

随后发言的是北京大学的董雨研究员，发言题目是《一元多线现代化范式下的中亚现代化研究刍议》。首先，在沙俄时期，中亚本土民族就根据各自的历史、文化传统等，在与沙俄的现代化进程接触时，已经出现由自发到自觉的探索，表现出了不同的接轨路径。因此，以生产力水平为基础的各族群多线历史发展观较之以沙俄现代化为准线的研究框架更能反映中亚的复杂历史。苏联对中亚的治理和现代化建设的评价一直存在很大的争议。在这个问题上，罗先生一针见血地指出"社会主义运动是落后国家采取非资本主义方式向现代工业社会过渡的特殊方式"。因此，以生产力发展、工业化程度为标准，苏联进行的大规模的严格计划经济，在联盟范围内不以加盟共和国边界为准的经济区划分，都大大推动了中亚的现代化，而这种人民自觉主动参与的现代化同资本主义世界体系里发达国家对第三世界的"恩赐式"现代化绝不可同日而语。苏联现代化进程中的国内分工不能简单等同于资本主义国际体系下的"边缘—中心"。其次，《现代化新论》刚出版时，曾引起"反马克思主义"的质疑声。罗先生的预判其实已经回应了这种质疑：在统一生产力水平条件下，社会情况是多模式的，发展的道路也是多模式的，作为一种过程的、一元多线的现代化模式与更先进的生产关系有内在逻辑关系。也就是说，只要承认生产力仍然是生产方式决定的，仍然是现代化发展的主流，那么随着生产力发展，资本主义一定会向社会主义靠拢。今天，中国特色社会主义指导下的现代化经验并不像西方现代化理论一样，以地区经验抽象出一个标准模板强行推而广之，而这正是罗先生《现代化新论》在反思西方现代化理论方面的深远意义。

第三位发言的是首都师范大学的翟韬副教授，翟韬的发言题目是《〈现代化新论〉与"第二个结合"》。翟韬认为，可以粗略地认为有两种代表性发展理论，一种是罗斯托的，一种是罗荣渠的；一种是西方的发展理论，一种是非西方的发展理论。罗斯托的发展理论即所谓经典现代化理论，是反传统的，当然也是"非共产党宣言"（罗斯托著作副标题）。而罗荣渠先生正相反，能够看到传统的作用，尤其是东亚的传统与现代化的关系，做了非常精深的研究。不仅如此，罗荣渠现代化理论是以马克思主义为底色的。长远看来，以传统和马克思主义作为非西方国家现代化理论的底色是非常符合后发国家或非西方国家历史境遇的。从这个意义上，"第二个结合"与罗荣渠先生的现代化理论非常相近，因此"中华民族现代文明"的理论源头可能就是罗先生的《现代化新论》，两者至少也是暗合。翟韬认为罗先生的想法和"第二个结合"之所以一致，根源在于文化自觉，还有第三世界立场。从这个角度看，罗先生的现代化理论从来没有过时，因为他先知性地精准把握和回应了时代的律动。

第四位发言的是上海外国语大学的程亚文教授，发言题目是《"近代化"为何失败？——比较视野下的晚清变革再回顾》。程教授以《全球化阴影下的中国之路》《欧洲发展的历史经验》和《保护主义：美国经济崛起的秘诀》这几部书引入，指出关于全球化和国家发展的讨论有非常复杂的面向。历史上，许多国家能够发展并不是因为主动融入全球化；恰恰相反，在特定时期"脱钩"和采取保护主义起到了重要作用。当我们谈论现代化的时候，必须更加精细。即使是西方国家内部的现代化同样是一元多线的：在19世纪后期美国、日本和德国的现代化历程中，经济政策的制定都有德国历史学派的影响，他们都遵循了先政治后经济，先脱钩再挂钩的原则，也构成了英国自由贸易学说的对反。 程教授认为，如果基于这些探讨回顾晚清的洋务运动，就会发现洋务运动既不是先政治后经济，也不是先脱钩再挂钩。 将晚清改革与美国南北战争后的经历、日本明治维新进行对比就能发现，当时美国、日本的现代化都以掌握发展主动权为前提，对冲了当时英国推动的全球化的负外部性，中国清朝的洋务运动没有实现自主，无法真正帮助中国建立现代工业体系，它的失败在今天来看，命中注定。

第五位发言的是北京大学的张峧煜研究员，发言题目是《 "一元多线"历史发展观视野下的印度早期现代化研究》。 张老师首先回顾了历史学家对印度早期现代城市纺织业经济的研究：得益于发达的棉花种植和城市纺织业工场，印度在 16—18 世纪从全球贸易中获利，但是，这一发达的手工业经济体系在被殖民统治后遭到系统性破坏。 然而，文化研究的缺失导致对现有研究的一种诠释，即文化现代性的缺乏导致印度即便拥有工场手工业经济也无法自主进入现代化，反而削弱了早期现代印度史研究对殖民主义的批判。 事实上，通过挖掘和剖析早期现代宗教和文学资料中的历史元素可以发现印度工商业资本主义的雏形及其文化生产机制。 在当前后殖民主义批评日益滥用"传统的发明"概念并解构殖民地国家现代化研究的情况下，罗荣渠先生的一元多线现代化理论为学界一方面从一手史料出发继续深入讨论印度和其他殖民地国家的历史和现代化进程，另一方面为避免陷入一种新的话语陷阱——即以反对西方中心论的名义将殖民地国家排除在现代化讨论之外，进而事实上消解殖民地的历史主体性，巩固西方中心论——提供了坚实的理论基础。

下午最后一位发言的是上海外国语大学的喻显龙博士，发言题目是《朝鲜开化派的"现代化"尝试、迷思与挫折》。 喻博士认为，开化派是朝鲜半岛最早探索现代化的政治势力，其形成虽有北学派传承的内部逻辑，但主要源于外部影响。 19 世纪中期，赴华使者、商人等意识到危机，形成早期开化派，开港是当时主要诉求。 随着《江华条约》的签订，朝日积极来往。 于是，朝鲜出现中、日两个路径选择，并于 1881 年同时派出领选使团赴华和绅士考察团赴日。 然而，受日本影响较深的急进开化派将支持朝鲜"洋务"的清朝及稳健开化派视为主要矛盾，并策划甲申政变，造成内斗，并遭受挫折。 并且，地缘政治的复杂性、帝国主义的侵略性等亦令开化派出现迷思。 此后，亲美开化派、亲俄开化派出现，开化派逐渐沦为朝鲜与外国间的中介人，不少开化派亦将外国作为谋求利益的工具。尽管开化派在甲午后多次推动开化改革，但很明显受到权力与环境的强烈制约。 最终，面对日本帝国主义殖民，开化派或亲日卖国，或消极躲避，或无奈接受，只有少数选择海外抗争。 可以说，开化派既不能以内生势力广泛联合推动变革、迅速推动工业化生产，更无力面对外部强势侵略、实现救亡图存。

"帝国、国际法与区域国别研究新视野"暑期班举行

北京大学法学院　供稿

当今世界正在经历"百年未有之大变局"，后冷战时期与单极国际格局相配套的一系列关于秩序与法则的理论、学说和信念，正在受到新的历史进程的冲击与考验，与正在进行的"中国式现代化"实践之间的张力也日渐彰显。 为推动对正在进行的全球秩序变迁的理解，深化对中国与世界关系的新认识，推动法学理论、涉外法治和区域国别研究，北京大学国家法治战略研究院与北京大学区域与国别研究院于 2023 年 7 月 3 日至 7 日举办"帝国、国际法与区域国别研究新视野"第四届"法意"暑期学校。 7月 7 日下午，在暑期班结业圆桌研讨会上，学者们进一步探讨了帝国与国际法/国际体系在全球历史中的相互关系，并思考对这一相互关系的探索将如何促进我国正在发展中的区域与国别研究。

区域与国别研究的知识生产是有主体性的，探索中国自身的主体性势在必行。 复旦大学国际关系与公共事务学院国际政治系教授殷之光指出，19 世纪英帝国理论家对于全球秩序的认知带有深刻的英国霸权主义、帝国主义的烙印。 今天中国学者在建构自主的对于全球的知识体系时候，需要深入思考自己的立场与使命，尤其是要反思历史上殖民主义留下的知识传统。 内蒙古科技大学文法学院副教授李诚予指出，欧洲殖民主义认为帝国统治必须通过文化和宗教输出，去教化和改造所谓愚昧而落后的土著社

会。 这一套"高度道德化和正当化"的理论在遭遇挫折之后,转向对于土著民自然需求和情感关系的关注,但仍然摆脱不了文明等级制度的背景。 晚清以来对于现代或现代性问题的认识,往往也寓于这一理论谱系之中,需要做深入的剖析,而本次暑期班提供了重要的理论视野与方法来展开这一工作。

中华民族伟大复兴进程面临着许多内外因素的挑战,复兴不能依靠侥幸心理,必须在知识生产上有着清晰的主体性。 上海外国语大学全球文明史研究所教授王献华指出,史学是各种社会科学知识的根基,但即便是看似旨在超越民族国家的全球史的写作也存在主体性问题。 他引用已故学者刘海波老师的"自成体系、自建光荣"格言,号召以中国自身的主体性来推进历史研究。 北京大学法学院长聘副教授章永乐认为,"自成体系、自建光荣"正是今日中国面临一个非常重大的任务,建构自主的哲学社会科学知识体系需要很多新的探索,尤其对于留学生而言,在"西天取经"之后,需要带着中国的主体性意识,发现和追溯西方知识体系中的许多概念和命题的历史特殊性,将其从普遍性的层次安置到恰当的位置上去。

中国在国际传播上面临着诸多挑战,而帝国与国际法的研究视角可以为理解这种挑战提供重要的启发。 北京大学新闻与传播学院长聘副教授王维佳认为,帝国概念为国际传播问题提供了一个整体视角,同时,传播可以为在操作层面理解帝国提供一个非常重要的角度。 如何建构传播的网络,谁来控制传播的网络,以何种法律手段来控制传播网络,这些都是具有理论启发性的议题,值得进一步展开。

对帝国与国际法的讨论正在扩展法学研究的边界。 河南大学法学院副教授吴义龙认为,在"法教义学""社科法学""政法法学"共同构成的法学研究版图中,"政法法学"对于帝国与国际法问题的研究视野特别宏大,极大地推进了理论上的批判和反思。 对于"政法法学"特别关注的价值衡量问题,"社科法学"也可以通过将其转化为事实和经验问题,做出应有的贡献。

"区域国别学"作为一个新的一级学科,正逐渐凝聚新的学术共同体。北京大学国际关系学院副教授雷少华谈到,自20世纪90年代中期以来,国际政治学的每一代学生都被西方理论的框架约束。 如今区域国别研究学科蓬勃发展，亟待以中国的主体性破除一系列西方理论范式的束缚，生产新的知识内容。就当下而言，中国在全球产业链中的升级努力正在遭到霸权国家的打压；要维护中国自身的发展权，需要团结全球南方国家共同努力。中国社会科学院哲学研究所助理研究员傅正认为，依赖西方学界自己去破除西方中心论是困难的。许多西方的全球史学者始终未能摆脱西方经验。但要推进中国自身的第三世界研究，还需要克服已经形成的以发达国家为中心的研究生态中的诸多障碍。北京大学法学院博士后陈晓航呼应傅正的观点，以批判国际法学（critical international law）为例，认为其虽对于西方近代国际法传统具有相当尖锐的批判性，但在面对当代国际法规则体系的时候，却又有可能呈现出保守性，漠视其他区域和国家的传统与国际法诉求。

当下中国研究需要探索新的普遍性，但这一普遍性不应该是与旧有普遍性相反的镜像。清华大学人文与社会科学高等研究所教授宋念申表示，中国史研究应当引入全球史视野，但同时也要意识到，全球史研究也有自身的主体性，一些看似摆脱民族国家的全球史研究，实际上又暗暗服务于民族国家建构的目的。但对于许多域外研究，不应陷入非此即彼的状态，在重构我们和世界的知识关系时，应当把自身的可能性塑造得更为充实和圆满。

北京大学社会科学部部长、法学院教授强世功在总结发言中指出，应当对世界上一切思考过的有意义的事情保持学习的热情。首先，学术研究需要提出好的问题；其次，要熟读经典；最后，重视自身所处的传统。强世功认为，在强调主体性的同时，中国特殊论、例外论不应成为未来的方向，中国思想学术应当在普遍性的层面为人类做出贡献。

"帝国、国际法与区域国别研究新视野"暑期班是北京大学"法意"暑期学校的第四期，由北京大学国家法治战略研究院、北京大学区域与国别研究院联合举办，并获得北京大学"研究生教育创新计划"的支持。来自全国各地的 60 多名学员参加了本次暑期班，聆听了上述学者的研讨。

（整理人：阮益嫘　史庆　章永乐）

"太平洋的跨越:'门罗主义'、美国法与近代中国"研讨会圆满举办

北京大学法学院　供稿

2023 年 11 月 25 日,"太平洋的跨越:'门罗主义'、美国法与近代中国"学术研讨会于北京大学法学院凯原楼 B102 会议室圆满举行。 研讨会由北京大学区域与国别研究院、北京大学国家法治战略研究院、华东政法大学法律史研究中心与中国社会科学院美国研究所社会文化研究室共同主办, 来自北京大学、清华大学、中国社会科学院、中国国际问题研究院等高校和研究机构的 57 位专家学者参与了讨论,研究领域覆盖法学、政治学、历史学、外国语言文学与区域国别学等学科,报告主题包含"门罗主义"的形态演变、美国法在近代中国的传播与影响、"域外管辖权"的起源与演变、殖民主义与国际秩序等四个方面。 在超过 10 个小时的研讨过程中,与会学者们展开了深入的思想交流,会议取得了丰硕成果。

开幕致辞阶段,北京大学社会科学部副部长、区域与国别研究院副院长章永乐指出,2023 年恰逢美国"门罗主义"提出两百周年,中国学界有必要发出自己的声音。 区域国别学在 2022 年正式成为一级学科,以"门罗主义"探讨为契机,法学学者可以在区域国别学的学科建设和学术研究中发挥更大的作用,这对于法学与区域国别学而言都意味着"新边疆"的开拓。 北京大学法学院副院长戴昕指出,北京大学法学院一贯重视交叉学科和跨领域的研究。 由于美国的全球影响力,中国在与全球各区域加强联

系的过程中始终需要面对美国这一因素。 对于"门罗主义"、美国法与近代中国的讨论，是运用多元视角探讨中美全球互动的有效切入点。 华东政法大学法律史研究中心主任于明教授指出，以强世功、章永乐教授为代表的北京大学学者近年来对于"帝国""门罗主义"等问题的研究，形成了系列成果，有助于我们重新认识中国与世界的交往。 华东政法大学法律史学科的何勤华、李秀清教授等学者自 20 世纪末开始即致力于中外法律交流史的研究，近年来屈文生教授的团队在近代条约史、"治外法权"等领域也取得了一系列新进展。 因此特别期待能与兄弟单位深入合作，携手推进国际法史、中外法律交流史、区域国别学等领域的研究。 中国社会科学院美国研究所社会文化研究室主任魏南枝研究员指出，美国 200 年前提出"门罗主义"时，虽然着重强调其自身与欧洲殖民帝国的差异，但本质上却是继承了后者的思维逻辑。 而今天我们对于"门罗主义"的反思，则有必要超越欧美的思维框架，回到"人的解放"这个根本问题上来，特别是探讨人如何突破资本和技术的双重束缚。

　　主旨演讲阶段，华东政法大学研究生院院长屈文生教授以"领事官何以行使治外法权"为题，通过翔实的史料和细致的理论分析，探讨了近代英美殖民帝国如何在华建立域外管辖体系。 屈文生教授指出，英美等国最初主要是通过领事官行使治外法权，而此后治外法权的行使虽然被分解到各专门法院，但其权力本质并未发生改变。 清华大学法学院长聘副教授、文科建设处副处长刘晗以"以中释西：鸦片战争前后中国人的'米利坚'宪制想象"为题，系统梳理了鸦片战争前后儒家士大夫如何借助中国传统认知框架理解美国宪制。 以此为切入点，刘晗教授主张，比较宪法研究应从对自身文明的自觉出发展开深度比较，并与区域国别学相融合。

　　研讨会第一场以"'门罗主义'及其历史延长线"为题，由中国国际问题研究院拉美与加勒比研究所所长宋均营研究员主持。 上海环太国际战略研究中心研究员付文广以"'门罗主义'大辩论与亚美利加的重塑和再定位 1895—1920"为题，探讨了 19 世纪末 20 世纪初，在美国全面参与国际事务的背景下，"门罗主义"的解释如何经历重塑，从而弱化了"西半球"这一地理空间限制。 北京大学法学院博士研究生李旭以"大西洋的跨越:作为典范的'门罗主义'与二战前德美现实主义理论的纠缠"为题,分析了 19 世纪末以来德国和美国政治精英如何以"门罗主义"作为认知和解释框架,相互确认彼此国际行动的合法性。 中国人民大学法学院助理教授刘洋以"霸权阳谋? ——'人民自决'的兴衰"为题,总结了一战后威尔逊"民族自决"原则失败的原因,并将其与当下美国在国际秩序中的立场进行了对比。 华东政法大学外语学院副教授李明倩以"伊莱休·鲁特与20 世纪初国美国国际法治的观念"为题,梳理了美国政治家伊莱休·鲁特的思想及其所反映出的美国"以法律为工具"进行国际秩序治理的立场与策略。 中国人民大学历史学院博士研究生李潇以"民国时期中国朝野对'门户开放'之体认与运用"为题,对 20 世纪 20 年代中国官方与民间对于"门户开放"的不同认知与行动策略进行了回顾。 吉林大学东北亚学院博士研究生蔡百松以"重构《九国公约》:日本外务省的'满洲门户开放'主张与对美缓和外交(1931—1933)"为题,探讨了日本外务省对于"门户开放"的认知及其与美国方面在立场上的落差和错位。 北京大学区域与国别研究院副院长章永乐与清华大学法学院长聘副教授刘晗对以上五篇文章进行了点评。

研讨会第二场以"殖民秩序与近代中国法"为题,由华东政法大学屈文生教授主持。 中国法律史学会执行会长、南京大学法学院教授张仁善以"华盛顿会议前后精英界对于法权的期许与应对(1920—1926)"为题,梳理了中国精英尤其是法律精英对于废除治外法权的不同态度,认为他们在对外坚决斗争的同时,也意识到中国司法要进行自我反省和内部改革。 武汉大学历史学院讲师吴文浩以"《调查治外法权委员会报告书》述论"为题,提出"治外法权"不是单纯的"领事裁判权",而是一整套以司法管辖权为核心的、旨在保护在华侨民利益的制度与实践,同时还包括行政管辖、税收管辖等其他方面的意涵。 复旦大学法学院副教授赖骏楠以"商战与律例:晚清的重商主义法律改革"为题,引入"重商主义"这一分析框架重新审视晚清为追求富强而进行的法律改革,认为其构成近代法研究中尚未受到足够关注的重要主题。 华东政法大学博士研究生刘攀以"1786—1864 年中国地方官与美国领事的交涉变化与因由"为题，探讨了中美外交中领事与道台、总领事与藩臬平行框架的形成。 华东政法大学法律学院特聘副研究员史志强与于明教授对以上四篇论文进行了点评。

　　研讨会第三场以"有形帝国与无形帝国"为题，由多伦多大学历史与文化研究系副教授、北京大学人文社会科学研究院邀访学者陈利主持。 南京师范大学法学院教授李洋以"法律帝国主义视野下的排华法案与'门户开放'"一文为基础，探讨了如何以"非正式帝国主义"这一概念推进对于"排华法案"与"门户开放"的研究。 中国海洋大学法学院副教授颜丽媛以"全球国际法史视野下的蒲安臣使团出使欧美"为题，剖析了清廷首次出访在外交实践方面的重大变革，并将其与原有的朝贡体系外交礼仪进行了对比。 中国社会科学院美国研究所助理研究员张佳俊以"隐形'世界帝国'：一种重新认识美国的元框架"为题，通过"隐形'世界帝国'"这一概念分析了美国与历史上其他帝国相比较所呈现出的特色，并指出了美国同时作为"世界帝国"与民族国家这两重身份之间的矛盾性。 北京大学历史学系博士研究生林晓萍以"形塑无形帝国：日本走向构筑势力范围之路（1890—1900）"为题，追溯了日本首相山县有朋借用欧洲"势力范围"思想，将其发展成日本国防理念并投入外交实践的过程。 南京大学法学院张仁善教授与华东政法大学万立副教授对以上四篇论文进行了点评。

　　研讨会第四场以"国际法与国际秩序观"为题，由南京大学法学院张仁善教授主持。 华东政法大学万立副教授以"从万国法到国际法：清季国际法翻译与国际法历史主义转向"为题，分析了丁韪良在 1864 年翻译惠顿的《万国公法》而非瓦泰尔作品的原因，进而指出丁韪良的翻译本质是在假借中国历史资源来推广欧洲中心的国际法思想。 北京大学法学院博雅博士后吴景键以"丁韪良、《公法便览》与中国国际法思想的自然法转向"为题，探讨了丁韪良在耶鲁的求学经历及其《公法便览》翻译对于中国国际法思想"自然法转向"的影响，并指出当时中国士人对于《公法便览》的接受背后存在湖湘理学兴起的特殊背景。 南开大学历史学院助理研究员滕凯炜以"国际法与 20 世纪前期美国国际秩序观的演变"为题，呈现了 20 世纪初美国甫崛起为世界大国时，美国精英如何通过国际法来建构其对于国际秩序的认识，而这种以国际法为中心的国际秩序观于二战后在美国决策层中影响力迅速衰落。 吉林大学法学院博士研究生孙兆航以"赋权还是限权？ ——论欧美的国际法律秩序理解与分歧"为题，分析了美国与欧盟在以国际法解决国际事务方面所反映出的不同国际法律秩序观：前者往往最终选择国内法来解决国际事务，而后者则倚赖欧洲法院的判例体系。 多伦多大学历史系副教授陈利与北京大学法学院博雅博士后陈晓航对以上四篇文章进行了点评。

研讨会第五场以"国际秩序与内外关系的多重面相"为题，由中国社会科学院美国研究所助理研究员张佳俊主持。 华东政法大学法律学院特聘副研究员史志强以"20 世纪初日本在美国的舆论宣传——以家永丰吉为中心"为题，探讨了家永丰吉作为日式"门罗主义"的主要代言人，在美开展外交活动的轨迹与影响。 上海理工大学副教授康欣以"美国经济特使与罗斯福政府对华外交政策的制定（1941—1945）"为题，分析了罗斯福派金融学家居里、农业经济学家华莱士和经济专家纳尔逊在美国对华经济外交中所发挥的政治作用。 华南理工大学法学院副教授王凯以"'王权至尊'的《新约》转向——服从论、路德神学与主权国家的建构"为题，提出英格兰"王权至尊"的理论主张划定了权力的作用范围，类似于一种早期版本的"门罗主义"，只是新教自身的分裂性隐藏了其内在的扩张性。 西南财经大学法学院副教授刘磊以"从文明冲突到文明跨越：'新边疆'的能动性及其展开"为题，基于"新边疆"和"跨体系社会"两个理论，提出"跨体系边疆"可用于诠释中国从自在到自觉的跨体系区域实体转变，并从陆地边疆与海洋边疆两个维度进行了阐述。 中国社会科学院魏南枝研究员与南京师范大学李洋教授对以上四篇论文进行了点评。

研讨会第六场以"'域外管辖权'的历史演进"为题，由西南财经大学法学院副教授刘磊主持。 苏州大学法学院副教授卢然以"从 Capitulation 到 Extraterritoriality：治外法权的早期考察"为题，探讨了

"治外法权"如何从欧洲国家强行打开奥斯曼帝国贸易大门的一个法律工具，一步步发展成为全球殖民扩张的法律武器。 北京大学法学院博士研究生史庆以"'合规'溯源——英美跨国公司规制简史（1600—1950）"为题，指出英美两国均存在跨国公司与国家利益的高度捆绑，而伴随着帝国扩张，公司竞争者的反垄断与反腐败诉求也相应被适用至公司的域外行为。 北京大学法学院博士研究生陈靓以"论美国域外立法管辖：理论、发展与经验"为题，探讨了美国 20 世纪初至今司法实践中"域外管辖"判定标准的变迁，并指出美国法院在此标准上的灵活解释降低了经济秩序的变革成本。 西北政法大学人权研究中心讲师杨博文以"反思武器化法律观：以美国对华'强迫劳动'制裁为考察对象"为题，分析了美国立法制裁中国的不同策略，并认为中国在推行阻断立法之外，也应坚持现行宪法中的"独立自主"和"反霸权"原则。 华东政法大学教授屈文生与北京大学法学院助理教授张康乐对以上四篇论文进行了点评。

会议的"圆桌讨论"环节以"'百年未有之大变局'下的法学与区域国别学"为题，由中国社会科学院美国研究所魏南枝研究员主持。 北京大学国际关系学院副教授雷少华结合其近期在摩洛哥参加"南地中海论坛"的经历，强调了深入实地调查对于区域国别研究发挥服务国家战略作用的关键意义。 北京大学人文与社会科学研究院副院长、法学院长聘副教授阎天提出，法学和区域国别学应避免"相互建制化"，注重培养既精于法学，又精于区域国别研究的"双精"人才。 北京大学法学院院长助理、助理教授左亦鲁提出，"涉外法治"研究的知识基础不应局限于国际法，一线斗争的实践已经提出了做深入具体国别研究的需求，研究者应当在保持理论高度与历史深度的同时，在具体领域做得更加精细。 南京大学法学院张仁善教授提出在研究中美关系时应当坚持学术立场，保持平和心态，既不自傲，也不自卑。 西北政法大学人权研究中心讲师杨博文提出，区域国别学研究可以启发法学学者深入理解《中华人民共和国宪法》序言中历史叙述的规范意义，并与部门法研究形成有机对话。 北京大学法学院助理教授吴训祥提出，近年来区域国别研究为打开部门法的研究思路提供了很大启发，有助于部门法学者在教义学之外更多思考国际关系与地缘政治因素。北京大学法学院博雅博士后吴景键以"中美法律交流历史文献展"为引子，提出区域国别学在将美国从一种代表普遍性的地位下降为区域与国别之一种的同时，也应思考如何提炼中国经验之普遍性的问题。

在会议总结阶段，华东政法大学屈文生教授指出，中国对国际法的接受有着十分复杂的历史，早期通过比附《大清律例》翻译瓦泰尔的《各国律例》，随后又用"万国公法"来翻译"国际法"，但很快便发现国际法既不具有"万国"也不具有"公"的特性，最后则是从日本引入了"国际法"的概念。这一接受过程，涉及不平等条约、治外法权、非正式帝国、法律东方主义与帝国主义等诸多问题。历史学一般被认为是对"时间"的研究，但对于这段过程，最值得注意的则是"同时的不同时性"和"不同时的同时性"，是"时间"与"空间"的多重叠加。北京大学区域与国别研究院副院长章永乐介绍了北京大学区域与国别研究院"建立整全的、问题导向的、专业的区域国别学"的主张和实践。章永乐教授提出，"帝国"问题正是有助于建立学科整全视野的核心问题之一，近代殖民帝国不仅深刻塑造了全球的区域与国别秩序，也高度限定了区域与国别相关的知识体系。而对于殖民帝国的批判性思考，有助于我们对于"中国式现代化"以及当代中国在知识生产中的主体地位形成真正的自觉。

本次会议是一次跨学科的学术思想盛会，在"门罗主义"提出两百周年之际发出了中国学界的声音，代表着法学、政治学、历史学与区域国别学等多学科携手共同推进"自主知识体系"建设的努力。

（整理人：史庆　吴景键）

书　评

多方博弈：20 世纪后期柬埔寨的政治图景与政治难局

——评《柬埔寨民族和解政策》

杨珂萱

柬埔寨经历过长期战乱。 1970 年，朗诺发动政变推翻西哈努克政权，将柬埔寨拖入连绵的国内战争，直到 1998 年柬埔寨才全面实现民族和解。《柬埔寨民族和解政策》一书以政治解决柬埔寨问题为主线，按时间顺序梳理了从 1987 年到 1998 年柬埔寨国内、国外各方势力的博弈，呈现出柬埔寨 20 世纪后期的政治图景与基本面貌。

一、思虑多舛国运的学者

《柬埔寨民族和解政策》柬文原版最早于 2012 年出版。 2023 年，武传兵、徐晓霞、林列华将其译为中文，由当代世界出版社出版。 本书作者迭速卜是柬埔寨知名学者、历史和国际关系教授，他的学习和工作经历与柬埔寨命运紧密相连。

迭速卜出生于 1962 年，完成高中阶段学习后前往苏联深造。 1990 年正值柬埔寨恢复和平的关键时期，结合柬埔寨政治发展情势，他以《柬埔寨民族和解政策》为题撰写硕士学位论文，获得世界史硕士学位，并在莫斯科国际关系学院任教。 1998 年，迭速卜开始博士阶段的学习，以"柬埔寨边界问题"为研究方向。 其间，他出版了俄语著作《不安全的炉灶》和

《柬埔寨危机中中国、苏联和美国的政策》。

2001 年，柬埔寨步入和平建设阶段后，迭速卜怀揣所学，回国工作，先后于教育、青年与体育部教学研究局，国防部政治和国际关系总局的军事历史学院履职，并在国立管理大学、占伦理工大学、柬埔寨大学和万达会计学院等大学任教。 迭速卜教授著作颇丰，从 2001 年至 2017 年共出版 54 部著作，关涉世界历史、地区历史、柬埔寨历史和政治学与国际关系四个领域。 围绕柬埔寨和平进程话题，迭速卜先后出版了《柬埔寨的战争与和平：地区因素和全球因素》和《柬埔寨民族和解政策》。 其中，迭速卜在《柬埔寨民族和解政策》中将洪森及人民党（前身为人民革命党）的民族和解政策总结为 "DIFID" 五项原则，即分化（Divide）、孤立（Isolate）、终结（Finish）、融合（Integrate）和发展（Develop）。 具体来说，就是先破后立再发展，即通过分化挑动竞争对手内部矛盾，制造分裂，达到孤立竞争对手的目的；再颁布举措，将各方面力量融合进国家社会，为柬埔寨向前发展提供保障。

二、要对抗，还是要合作？

20 世纪 80 年代到 90 年代，柬埔寨国内政治力量在对抗与合作之间来回拉扯，在联合政府与金边政权之间，在红色高棉与人民党、奉辛比克党和宋双派三方之间，在人民党与奉辛比克党之间，经历了由敌变友又由友变敌的关系演变。 然而，无论时局如何变迁，西哈努克始终是最重要的协调人与连接者。

民主柬埔寨联合政府（红色高棉、宋双、西哈努克） VS 金边政权 → 红色高棉 VS 奉辛比克党（人民党／宋双派） → 人民党 VS 奉辛比克党

（一）一方与三方的博弈

1978 年底，以西哈努克为代表的柬埔寨三方抵抗力量与以洪森为代表的金边政权展开长达十多年的政治军事对抗。 三方抵抗力量是指西哈努克领导的"争取柬埔寨独立、中立、和平与合作民族团结阵线"（即后来的奉辛比克党）、红色高棉，以及宋双领导的"高棉人民民族解放阵线"。 在东盟的斡旋下，各自保有政治主张和军事实力的三方，出于对抗越南侵略的共同目标，选择联合组建民主柬埔寨联合政府。 联合政府的合法性受联合国认可，是柬埔寨当时在联合国的唯一代表。

20 世纪 80 年代中期，国际局势朝着有利于和平解决柬埔寨问题方向发展。 联合政府与金边政权都意识到，军事斗争无法帮助柬埔寨实现和平，只有通过政治谈判，才能最终达成民族和解。 于金边政权而言，如能联合西哈努克和宋双派，孤立红色高棉，将能制造红色高棉与其他两方势力的嫌隙。 于西哈努克而言，与金边政权谈判将成为摆脱红色高棉的最优路径。 1987 年 12 月的"洪西会"为缓解柬埔寨国内局势，引导各方政治解决柬埔寨问题提供了可能。 会后，洪森与西哈努克就政治解决柬埔寨问题达成共识，同意柬埔寨问题应在无外国干涉的情况下自主解决。 然而，双向奔赴的道路并不平坦。"洪西会"后，西哈努克在红色高棉与宋双派的巨大压力下多次出现态度反复。 尽管如此，"洪西会"动摇了联合政府的内部"团结"，红色高棉成为站在历史对立面的一方。 西哈努克、宋双派与金边政权的逐步和解使得原先一方对三方的局势发生变化。 孤立的一方从金边政权转变为红色高棉。

（二）"锈蚀铁政策"究竟"锈"了谁？

联合国驻柬临时权力机构（UNTAC）进驻柬埔寨后，红色高棉制定"锈蚀铁政策"，扩大势力范围。 一方面，红色高棉希望利用《巴黎和平协定》条款，逼迫洪森转变不与红色高棉分享权力的立场。 另一方面，红色高棉利用停战窗口期，武力蚕食人民党控制的农村地区。 此举既受到人民党军队的反击，也遭到西哈努克强烈批评。 姿态强硬的红色高棉因此撕毁停战协议，退出《巴黎和平协定》，公开袭击人民党军队，甚至偷袭 UNTAC 部队。 红色高棉的举动不仅让柬埔寨再次蒙上战争阴霾，更让柬埔寨民众对其仅存的信任销蚀殆尽。

在红色高棉宣布退出选举的背景下，联合国帮助柬埔寨于 1993 年 5 月举行了制宪议会选举，奉辛比克党成为赢家，人民党位居第二。 新政府与国会的顺利组建令红色高棉彻底脱离柬埔寨政坛，其内部也因领导人政见不和而走向分裂。 1994 年 7 月，柬埔寨国会通过决议，红色高棉集团组织及其活动被宣布非法。

（三）两党的竞合之路

第一首相与第二首相的政治安排既是西哈努克的权宜之计，也彰显了其过人的政治智慧。 人民党与奉辛比克党在西哈努克的居中斡旋下达成了最初的权力分配方案。 奉辛比克党领导政府的 11 个部，人民党领导 10 个部，另外 3 个部由宋双领衔的佛教自由民主党领导。 人民党领导的部门中，国务秘书职位须由奉辛比克党代表出任。 而奉辛比克党领导的部门中，国务秘书则由人民党委派。 重要部门包括国防部和内政部，则由来自两个政党的联合大臣领导。 人奉两党平分全国 20 个省的基层行政权力。 形式上的统一并未带来全面和平，柬埔寨党派之间仍龃龉不断，最终爆发武装冲突。

人民党控制基层权力。 表面上，人奉两党在联合政府中权力平均，但在实践层面，人民党则掌握着几乎全部基层权力机构。 人民党自 1979 年以来就开始组建基层权力机构，稳固基层政权，基层机构负责人在新政府成立后依然听命于人民党。 奉辛比克党中只有 20％的党员长期生活在柬埔寨，大部分党员对柬国内情况，尤其是农村情况，不甚了解，更无法深入群众开展工作。 人民党的官员自然而然地成为基层机构的实际掌权人。

奉辛比克党内部乱象丛生。 奉辛比克党高层领导人之间权力竞争不断，引发分裂危机。 桑兰西、诺罗敦·西里武两位党内重要角色先后离开奉党。 桑兰西离开奉辛比克党后，成立"高棉民族党"，吸引了大批扈从追随，极大削弱了奉辛比克党势力。 桑兰西对拉那烈及奉党高层贪污腐败的指控更削弱了奉党的公信力和内部团结。 在西方势力的扶持下。 桑兰西甚至一度将炮口瞄准柬埔寨的君主制度。 不仅如此，奉辛比克党主席拉那烈缺乏果决裁断的勇气，加之党内缺乏人才，更加突显了人民党在实际工作中的强势地位。

七月事件锁定政局。 人民党的强势引发奉辛比克党执政危机和极度不满，开始将拉拢红色高棉作为平衡人民党的政治策略。 拉那烈与红色高棉进行秘密谈判，甚至签约达成政治军事同盟，此举招致人民党更加强烈的反制。 在"双赢政策"框架下，洪森接受和整编红色高棉军队的行动得到了西哈努克国王的支持，而且成效比拉那烈更为突出。 两党对峙成为"七月事件"的导火索。 1997年7月，人奉两党爆发武装冲突。 人民党两天内结束了战斗，在全面接掌政局的同时，也锁定了未来柬埔寨的政治走向。 自此之后，奉辛比克党只能在权力格局中扮演搅局者与合作者的角色。

三、"被消失"的中国贡献

迭速卜教授在书中花费大量笔墨讲述柬埔寨问题政治解决过程中美国、苏联和日本的影响和作用，虽也在多处提及中国，却未能正确评估中国贡献，令人唏嘘不已。 实际上，中国不仅积极推进中南半岛和平进程，推动政治解决柬埔寨问题，更在越南撤军、赴柬维和等重大事件中发挥重大作用。

推动政治解决，敦促越南撤军。 1981年，中国提出柬埔寨问题全面政治解决必须包括三要素。 第一，越南军队必须在限期内撤出柬埔寨；第二，柬埔寨人民的自决权必须得到允分尊重；第三，对柬埔寨的独立、中立和不结盟地位要确立必要的国际保证。[①] 之后，在多个国际会议场合，

---

① 《中国政府代表团团长、外交部代部长韩念龙在关于柬埔寨问题的国际会议上的发言》，《中华人民共和国国务院公报》1981年16期，第509—513页。

中国重申政治解决柬埔寨问题立场，强调解决柬埔寨问题的关键是越南必须尽早从柬埔寨全部撤军。

为达成这一目标，中国与苏联高级领导人多次会晤，指出中苏关系正常化要消除三大障碍。 首先从解决越南从柬埔寨撤军问题做起，即苏联运用自己的影响促使越南从柬埔寨撤军。① 面对中国压力和失去苏联支持的窘境，越南发表声明，定于 1989 年 9 月从柬埔寨完全撤军。 同时，作为联合国安理会常任理事国，中国参与擘画柬埔寨冲突解决的具体框架。 经过长达八个月的六轮讨论，五个常任理事国最终就柬大选前行政机构过渡安排、过渡时期的军事安排、在联合国主持下举行大选、保护人权及柬主权和领土完整的国际保障等解决柬冲突的五项框架文件达成协议。 联合国安理会于 1990 年 9 月通过的第 668 号决议核准了这一协议②，为柬埔寨结束战争、实现和平铺平了道路。

派出维和部队，助建基础设施。 为帮助柬埔寨恢复和平稳定，应时任联合国秘书长加利的请求，1992 年 4 月 16 日，中国政府派遣 47 名军事观察员和 400 名工程兵前往柬埔寨参加联合国维和行动。 此次行动是中国首次派出成建制的部队参加联合国维和行动。 自 1992 年 4 月至 1993 年 9 月，中国派出两批赴柬维和工程兵大队共 800 名官兵。 他们冒着枪林弹雨，克服气候不适等系列困难，忠实履行维和义务，修复道路 500 多公里，架设桥梁 36 座，修复了波成东和上丁两个机场，修建营房设施数千平方米，成为柬埔寨重建家园的最早参与者和中柬友谊的见证者。

中国工兵大队在维和实践中创造了著名的"架桥效应""上丁效应"，多次受到 UNTAC 主席明石康和联合国驻柬埔寨维和部队司令桑德森的赞扬，赢得了柬埔寨人民的尊重和感激。 余仕利和陈知国两名战士在 1993 年 5 月 21 日的斯昆炮击事件中英勇牺牲，为柬埔寨和平与建

---

① 钱其琛：《外交十记》，北京：世界知识出版社，2003 年，第 12—16 页。
② 王忠田：《大势所趋 举步多艰——柬埔寨问题形势回顾与展望》，《国际展望》1990 年第 24 期，第 3—5 页、第 1 页。

设献出了宝贵生命。①

四、结语

迭速卜教授所著《柬埔寨民族和解政策》从柬埔寨人民党的视角和立场，完整翔实地讲述了，自 1987 年人民革命党中央委员会全体会议表决通过柬埔寨民族和解政策起，柬埔寨实现民族和解的曲折道路。冷战结束为柬埔寨自主解决问题提供了可能。在国际社会协调和帮助下，柬埔寨各方势力在对抗中达成共识与合作。回望过去，战乱令柬埔寨背上沉重的历史包袱，至今未能摆脱贫困。展望未来，唯有政治稳定才能让柬埔寨国家发展、人民幸福。正如柬埔寨前首相洪森的那句著名感慨："感谢和平！"

（杨珂萱，北京大学区域与国别研究院博士研究生）

---

① 马继东：《红与蓝：中国士兵赴柬实录》，北京：华艺出版社，1996 年；王忠田：《深切缅怀两位赴柬埔寨维和烈士》，国际网，2015 年 2 月 9 日，http：//memo. cfisnet. com/2015/0209/1300635. html［2023 - 10 - 05］。

古今之变：全球史视野下的俄罗斯帝国史新范式

——评《俄罗斯草原征服史：从奥伦堡到塔什干》

李　静

引　言

　　1993 年，乌兹别克斯坦首都塔什干市中心的广场上竖立起了帖木儿的雕像。 这座广场见证了百余年历史的风云变迁，最初屹立于此的是康·彼·考夫曼（К. П. фон Кауфман，下文简称考夫曼）将军的雕像。 随着俄罗斯帝国的崩塌，他的雕像也被推倒。 与席卷全俄的革命一起来到中亚的还有列宁的半身像，之后，斯大林的雕像取代了列宁，再之后，斯大林又被马克思代替。 直至苏联解体，独立的民族国家开始寻找自己的民族符号象征，帖木儿的雕像终于得以在此地安家落户，成为这座城市乃至这个国家的新标志。①从考夫曼到列宁、斯大林、马克思，再到帖木儿，包括乌兹别克斯坦在内的中亚经历了被俄罗斯帝国"发现"、内化并改造的过程，如今也都处于苏联解体后寻找自我的新阶段。《俄罗斯草原征服史：从奥伦堡到塔什干》一书，堪称探究中亚地区被俄罗斯帝国征服与改造历程的杰出之作。 从外边疆到内边疆，从帝国之外的东方异国人到帝国之内的属民（поданные），学者施越不仅关注到了帝俄对中亚草原的征服与统治，还

---

① 刘子超：《失落的卫星：深入中亚大陆的旅程》，上海：文汇出版社，2020 年，第 185—186 页。

将中亚草原被纳入到帝国统治乃至现代世界秩序的过程展示出来。 本书巧妙地将俄罗斯帝国的草原征服史嵌入帝国史、国族史、区域与国别研究的框架中，不仅拓宽了对帝俄草原征服史的学术视野，更深化了与帝国构建、民族形成及地域文化研究领域的理论对话。 这种跨学科的研究范式，对于推动俄国史领域的学术研究具有重要的理论价值和现实关照。

一、本书结构与内容

《俄罗斯草原征服史：从奥伦堡到塔什干》一书所涉及的"草原"即中亚草原，主要位于今哈萨克斯坦共和国境内，其地理范围从阿尔泰山和额尔齐斯河流域向西一直延伸到黑海西岸。 相较地处"英俄大博弈"前线的中亚南部绿洲地区，该区域较少为中文学界所关注。[1]本书在构建其历史叙述框架时，巧妙地采纳了传统中亚史的分期方式，选择以1731年哈萨克小玉兹阿布勒海尔汗臣属俄国作为开端，以1917年十月革命作为下限。

18—20世纪对中亚及俄国而言，皆是一个重要的历史阶段。 俄国利用各种政治势力间的斗争，逐渐完成将中亚草原从"外边疆"转化为"内边疆"，从"内边疆"进化为行省的进程。 该进程对今日的哈萨克斯坦意义深远，使其文化中带有了苏俄文化的色彩。 同样，该进程也为观测俄国如何处理央地问题、边疆问题提供了重要案例。

本书主要聚焦于三个阶段。 第一阶段以阿布勒海尔汗遣使俄国为开端，俄国借机介入中亚草原事务。 18世纪30年代至19世纪20年代为俄国征服草原地区的"停滞时期"。 受地理和环境影响，历史上中亚草原民族长期以游牧为其生产生活的主要方式。 在游牧社会中，血缘关系作为维系社会结构的基础，由此形成了不同层次的社会集团。 在中亚草原上，这些集团表现为不同规模和影响力的政治集团。 自头克汗去世后，哈萨克

---

[1] 施越：《俄罗斯草原征服史：从奥伦堡到塔什干》，上海：东方出版中心，2023年，导言第3—4页。

大、中、小三玉兹互不统属，相对独立，各玉兹中又存在着多位汗王统治。 受中亚草原地区政治影响力最大的卫拉特蒙古准噶尔部自外的挤压与北部的俄国影响，中亚草原政治态势不断变化。 在此情况下，哈萨克小玉兹阿布勒海尔汗遣使俄国，寻求沙皇调和与俄国属民巴什基尔、乌拉尔哥萨克间的矛盾。 俄方将此举认同为臣属请求，与阿布勒海尔汗达成了相互利用的关系，借机扩大俄国在中亚草原的影响力。 通过修筑要塞、打造要塞线体系等方式，俄国逐步建立起中亚草原与乌拉尔—西伯利亚地区的"边界"。 俄国在构建了防御体系之外，还同时施遏制草原各游牧部落再次联合形成能与之抗衡的军事联盟。

第二阶段即 19 世纪 20—60 年代俄国征服中亚草原的阶段。 帝国通过设立官僚体系、颁布管理条例、设置现代财政与教育制度、鼓励移民等方式，逐步将中亚草原由"外边疆"转变为"内边疆"。"欧亚革命"后，俄国开始深入草原腹地，帝俄的亚洲扩张与英国在南亚与东亚的扩张相遇，由此产生"英俄大博弈"的格局。 1822 年，俄国颁布了《西伯利亚吉尔吉斯人条例》。 该条例所规划的统治体制不再局限于此前俄国对草原东路所采取的传统政治框架，此举是将临近要塞的牧区纳入俄国当局的行政管理之下的重要尝试。 至 19 世纪 60 年代，俄国的军政力量在中亚草原东路实施了有效的控制，从而稳固了当地的政治秩序。 1865 年俄军成功攻占塔什干，对这一重要战略节点的夺取标志着草原东路与西路要塞线的合拢。随着这一军事行动的完成，帝俄开始重新构建中亚区域的统治体制。 俄国陆军大臣米留金（D. A. Miliutin）领导的跨部门机构"草原委员会"，试图以欧洲的政治观念和框架改造已转化为俄国"内边疆"的中亚草原，并制定了 1868 年《草原地区临时管理条例》。 帝国重新构建了中亚草原地区的统治体制，这一新体制在多个方面产生了深远的影响。 它不仅强化了军政统治，还刺激了商业发展，促进了阶层流动，更为 19 世纪末大量俄国移民来到中亚埋下了制度伏笔。

自俄国完成中亚征服直至十月革命，这一阶段可视作俄国在中亚扩张历程的第三阶段。 在这一时期，俄国不仅成功巩固了对中亚草原的统治，更实现了中亚草原与内地区域的接轨。 随着第二次工业革命带来的技术在俄国的扩散发展，草原统治体制也经历了从传统到现代的转型。 现代交通、通信技术更新了草原的经济体系，铁路的开通使得河中三省的棉花种植业得以与全球市场连接，而草原诸省则形成了与之配合的粮食供应体系。 19 世纪末期，俄国移民大量涌入中亚草原地区，带来了人口和资本的显著增加，深刻改变了游牧社会的传统格局。 大规模移民与一系列改革举措在中亚草原地区引发了深远的社会、经济和政治结构变革，草原诸省的人口规模、族裔结构、游牧社会生产方式和生活方式、游牧社会内部的社会关系都经历了巨大变革。 就此，中亚草原实现了从"危险的边疆"到欧俄粮仓的蜕变，完成了从内边疆到与内地接轨的重要转变。

经过近两个世纪的深刻改造，中亚草原地区已确立现代边界和行政管理体系，实现了游牧社会的定居化转型。 这一进程不仅促进了地区稳定与发展，也为现代政治社会观念的广泛传播铺平了道路，标志着中亚草原地区从传统向现代的深刻转变。 本书通过相对微观的治理技术考察，以丰富的俄语史料和扎实的研究，将俄罗斯帝国的草原征服史置于帝国史、国族史、区域和国别研究之间，展示了近代俄国对中亚草原的"破坏"与重塑，及草原游牧社会的变迁与转型。

二、中、俄、欧美学界的对话：帝国史的不同范式

19 世纪中期起，俄国学界便以"内部殖民论"与"欧亚融合论"为理论支撑，为俄国的扩张行为提供学术辩护。 这种"文明帝国论"在苏联时期遭到了强烈的抨击。 20 世纪 30 年代，苏联史学界对俄国对中亚的征服与统治持批判态度，将其视为"绝对灾祸"。 然而，20 世纪 60 年代以后，苏联史学界中又兴盛起中亚"自愿归并"俄国的"绝对美德论"。①

---

① 施越："俄帝国史与古今之变：以近代俄罗斯与中亚草原关系为中心的考察"，《俄罗斯研究》2022 年第 3 期，第 85—86 页。

苏联解体后，俄罗斯及中亚国家均面临着亟待重构自身民族叙事的迫切需求。在冷战及后冷战阶段，俄罗斯与欧美学界被天然地视作学术和思想上的相反两端。如美国学者埃娃·汤普逊在内的部分学者，受后殖民主义学说影响，从殖民主义语境来重新解读俄罗斯帝国，带有先入的价值判定取向认定俄罗斯帝国剧烈转变为苏联模糊了"俄国是一个殖民大国"的本质，引申至当今的俄罗斯联邦也"包含有寻求主权和身份的不同的边缘"。①此类研究往往被当今俄罗斯学界解读为"西方恐俄症"的表征，将此引申为西方普遍的反俄情绪。对抗性质的学术争辩难免回归到"俄罗斯属于西方还是东方"的争论中，最终也不免落入"俄国生活的斯芬克斯之谜"（Неразгаданный сфинус русской жизни）②的窠臼。

"俄国是帝国吗？"曾被俄罗斯学界视作政治问题的投射。2011年，随着俄罗斯科学院俄国史研究所（ИРИ РАН）主编的《俄罗斯帝国：从起源到19世纪初》③一书的出版，俄罗斯国内开始关注"俄罗斯帝国"史学研究。这一重要著作的出版，不仅为俄罗斯学者提供了重新审视帝国历史的契机，也促使他们摒弃过去讳莫如深的态度，对俄国的帝国身份进行深入探究。随着这一热潮的兴起，俄罗斯学者开始将"帝国研究"这一新视角引入帝俄史、苏联史的研究中，以更全面地揭示俄国历史的复杂性和多元性，打破原有俄国史研究中意识形态的陈词滥调或神话"帝俄"的论调。此书对帝国的定义为"常为中央集权的大国，其特点为多民族、宗教信仰多样，它将以前独立的国家实体纳入领土范围并积极奉行帝国政策，

---

① 〔美〕埃娃·汤普逊：《帝国意识：俄国文学与殖民主义》，杨德友译，北京：北京大学出版社，2009年，第17页。

② 即19世纪俄国思想家亚·伊·赫尔岑（А. И. Герцен）提出的问题：俄国向何处去，东方还是西方？因此称"赫尔岑命题"（проблема Герцена）。

③ Российская империя от истоков до начала XIX века: очерки социально-политической и экономической истории / под ред. Аксенов А. И., Бекмаханова Н. Е., Водарский Я. Е. и др., Москва: Русская панорама, 2011. 877 с.

而领土内各部的社会经济发展却不平衡。"①俄罗斯帝国的"欧亚特性"被反复强调，"既是欧亚之间的屏障（'盾牌'），又是欧亚之间的桥梁，将东西方元素有机地结合在一起。"②在苏联史学界提出的"欧亚融合论"基础上，俄罗斯学界进一步深化了对俄罗斯帝国特性的认识。他们认为，俄罗斯帝国具有民族、宗教多元性的特点。如俄罗斯当代东方学学者罗·尤·波切卡耶夫（Р. Ю. Почекаев，下文简称波切卡耶夫）将18—20世纪初俄国对中亚的统治称作"欧亚大陆一体化"（интеграция на евразийском пространстве）阶段，认为这种一体化在当今仍有现实意义。波切卡耶夫强调，俄国对中亚的统治产生了重大影响，同时部分实现了其边疆现代化和将中亚纳入帝国政治、法律和经济空间的目标。③同样是将俄国视作帝国史研究的对象，俄罗斯当代学者对"俄罗斯帝国"的研究在"欧亚融合论"的基础上与欧美学者的"多元帝国论"进行了对话，并形成了有益的互动，共同推动了对"帝国"如何统治多元族群、广土众民的研究。长期以来，欧美史学家更为关注如何定义1917年革命及如何评判布尔什维克政权的合法性。近些年来，随着"帝国史"研究热潮的兴起，欧美史学界将目光投向俄罗斯帝国研究。俄罗斯帝国疆域辽阔，民族多样，其政府看似软弱无能且秩序混乱。尽管如此，帝俄仍能够长期存在并保持相对稳定，这引起了学者们的关注。④

　　脱胎于"多元帝国论"的俄罗斯帝国史研究范式往往容易陷入将"帝国"本质化的倾向，而《俄罗斯草原征服史：从奥伦堡到塔什干》一书有

---

① Российская империя от истоков до начала XIX века: очерки социально-политической и экономической истории / под ред. Аксенов А. И., Бекмаханова Н. Е., Водарский Я. Е. и др., Москва: Русская панорама, 2011. С. 5.

② Российская империя от истоков до начала XIX века: очерки социально-политической и экономической истории / под ред. Аксенов А. И., Бекмаханова Н. Е., Водарский Я. Е. и др., Москва: Русская панорама, 2011. С. 6.

③ Почекаев, Р. Ю. Российский фактор правового развития Средней Азии, 1717 - 1917. Юридические аспекты фронтирной модернизации. М.: Изд. Дом Высшей школы экономики, 2020. С. 290.

④ Robert D. Crews, *For prophet and tsar: Islam and empire in Russia and Central Asia*, Harvard university press, 2009, p. 7.

效地规避了这种倾向，同时注意到了俄国学界对"俄帝国史"研究潮流的变革。 该书通过深入剖析俄国对中亚的征服与统治这一具体案例，为俄国史学界提供了重新思考俄罗斯帝国史研究范式的契机。 从古今之变视角的帝国理论出发，作者认为俄国自身经历了从"古典帝国"到"帝国—国家"的急剧转变，在发生这种转变的同时，俄罗斯帝国基于地缘政治与资本政治两重视角界定了中亚草原在帝国中的位置，以现代的器物、技术和文化改造着新纳入的边疆地区以及中心与边缘的关系。① 在深入探究俄罗斯帝国史与边疆史的过程中，俄国自身及其边疆统治性质的巨大转变值得重视，这一新颖视角不仅有助于深化对俄国在中亚地区统治机制的理解，还为研究俄国对西伯利亚及远东地区的统治提供宝贵的启示，最终对全面揭示俄罗斯帝国的历史演变及其边疆治理的复杂性具有重要意义。 如1822 年《西伯利亚吉尔吉斯人条例》是此年异族管理条例的一部分，在帝国统治体系中不仅包含了来自中亚草原的哈萨克人，还有鞑靼人、布里亚特人、通古斯人、雅库特人等其他帝国属民。 从古今之变的视角出发，可以深入剖析西伯利亚、远东各民族与帝国的互动关系，及俄罗斯帝国治理边疆的策略，也有助于理解中俄关系史的动态变化。

三、从中亚、俄国到全球：全球史视野的启示

诚如本书作者所言，本书所探讨的议题在哈萨克斯坦国别史中占据重要地位，然而在俄罗斯当代主流通史作品中却鲜有详尽论述，往往仅以寥寥数语带过。 波切卡耶夫等俄罗斯、中亚国家学者常用帝国与被保护国（протекторат）的关系来界定俄国与中亚之间的复杂联系。② 苏联解体后，哈萨克斯坦作为独立国家面临着重塑国族历史的重任。 在哈萨克斯坦国别史的书写过程中，除了对殖民主义进行批判外，也肯定了随着俄国统

---

① 施越：《俄罗斯草原征服史：从奥伦堡到塔什干》，第 245 页。
② Почекаев, Р. Ю. Российский фактор правового развития Средней Азии, 1717 – 1917. Юридические аспекты фронтирной модернизации. М. : Изд. Дом Высшей школы экономики, 2020. С. 9.

治带来的近代化进程。 欧美学界在审视这种围绕国族构建展开的历史叙事时，往往将其界定为保守主义或民族主义。 而如何"穿越"不同话语体系的历史叙事与国族观念构建，更好地理解这段历史，并以此为基础进一步探讨该历史语境下的区域史，本书提供了绝佳的案例。 本书深入剖析不同话语体系下的历史叙事与国族观念构建，有助于读者更好地理解和探讨相应历史语境下的区域史书写。 在传统的国别史书写之外，当代学者亦需要重视将俄罗斯对中亚草原的征服与统治置于当时的全球语境中进行考察。

尽管本书不直接以"东亚"这一地理范围为探讨对象，但其深入剖析的俄国对中亚的征服与统治，以及在这一过程中所涉及的国族观念构建和历史叙事，实际上是理解 18—20 世纪东亚历史的宝贵视角。 以全球史视野出发，清朝对西北边疆统治与治理的强化同样也是"中亚草原被纳入现代世界秩序的过程"的重要外部动因。 将传统的国别史置于区域、全球的情景中，将有助于理解近邻哈萨克斯坦、俄罗斯的历史及中外关系史。

此外，俄国征服中亚草原在其整体地缘战略中占据着举足轻重的地位。 18 世纪 30 年代的奥伦堡远征是俄国中亚战略的重要节点，领导此次远征的俄国地图学之父基里洛夫（I. K. Kirilov）在给安娜女皇的报告中，深刻阐述了远征的战略意义。 他明确指出，奥伦堡不仅是"通往东方的大门"，其重要性不仅在于它作为商贸节点的地位，能够联络延伸至南亚和东亚的广阔市场，更在于它是俄国与卫拉特蒙古、波斯以及荷兰等势力争夺的焦点。 奥伦堡的征服可以为俄国带来丰厚的经济利益，其战略地位甚至可与西班牙和葡萄牙占领美洲相提并论。 这一战略视角不仅彰显了俄国对中亚地区的重视，也揭示了中亚在地缘政治中的深远影响。[①] 俄国东征不仅在其本土及邻近地区产生了深远影响，更在全球范围内引发了连锁反应。 俄国东拓所带来的地缘冲击直接推动了日本对虾夷地区的开拓进程，显示了远东地区地缘政治格局的复杂性和互动性。 此外，此次俄国东征也为后来 19 世纪"英俄大博弈"的爆发埋下了伏笔，使得东亚地缘政治格局

---

① 施越：《俄罗斯草原征服史：从奥伦堡到塔什干》，第 50 页。

更加错综复杂。

"英俄大博弈"作为 19 世纪东亚地缘政治的重要事件，其影响深远，至今犹存。 英俄两国为争夺在亚洲的势力范围展开了激烈的竞争，这不仅改变了亚洲地区的历史走向，也对全球政治格局产生了深远的影响。 同时，"英俄大博弈"带来的地缘政治博弈也影响了俄国的边疆治理和央地关系的处理，全球化的影响也深入至俄国边疆，使得俄国的边疆政策不仅仅是帝国内政的一部分，也面临着帝国竞争、列强博弈的压力。 因此，可以说俄国东征是引发这一系列连锁反应的重要起点，它推动了全球地缘政治格局的演变，为后来的历史发展奠定了基调。 本书深入探讨了俄国东征的重要组成部分——对中亚草原的征服，这一历史事件对研究东亚史、亚洲史乃至全球史的学者均具有重要的启发意义。

反对过去以民族国家为叙述单位的历史叙事不是全球史研究的全部，全球史不仅仅停留在打破原有国族疆界的层面，而是可以指向国族重塑的历程。[①] 《俄罗斯草原征服史：从奥伦堡到塔什干》一书正是极佳的例子，将中亚草原与俄国的关系置于全球史视野中，打破了原有欧洲中心论的视角，展示出了中亚草原在帝国统治下现代化的过程，有助于理解现代作为民族国家的哈萨克斯坦文化的"苏俄因素"。

四、结　语

塔什干市中心广场内的雕像更迭现象并非孤例。 在塔吉克斯坦的苦盏，伊斯梅尔·索莫尼的雕像取代了 22 米高的列宁雕像，这座雕像曾是苏联时期中亚最大的列宁像，也在苏联解体后与城市的中心匆匆作别、移居市郊。 苏联解体后，中亚诸国踏上了寻找并构建本民族国家符号、象征和历史的道路。 理解民族国家的国族观念构建，离不开对其历史语境的深入

[①] 殷之光、李诚予、王献华等：《帝国、国际法与区域国别研究新视野》，《东方学刊》2023 年第 4 期，第 91 页。

探寻，而《俄罗斯草原征服史：从奥伦堡到塔什干》一书则有助于理解当今中亚各国国族观念与苏俄文化复杂关系的历史根源。

综上所述，本书在理论框架的新意值得俄国史、帝国史、边疆史、东亚史、全球史、区域研究学者关注。此外，作者在史料文献搜集整理方面付出的努力也值得称道。作者不仅使用了藏于俄罗斯的帝俄中央政府档案，还采用了包括位于阿拉木图市的哈萨克斯坦中央国立档案馆（TsGA RK）、位于塔什干市的乌兹别克斯坦中央国立档案馆（TsGA RUz），以及位于俄罗斯联邦鄂木斯克市的鄂木斯克州历史档案馆（IAOO）等地方政府档案，以央、地档案全面地展开了精彩论述。当然，作者尚未关注到近年来俄罗斯学者对中亚史的叙事，如波切卡耶夫、叶·伊·拉琳娜（Е. И. Ларина）、德·弗·奥夫相尼科夫（Д. В. Овсянников）等年轻一代学者并未延续苏联史学的传统观念，其论著有助于理解当今俄罗斯对多元主义下的欧美"俄帝国"历史叙事的回应。总而言之，该作品在理论框架构建和文献整理方面都展示了作者深厚的治史功力，是区域研究领域值得关注的佳作。

（李静，清华大学历史系博士研究生）